U0871786

Chuangyi Chuangxin Chuangye
Shijian Jiaocheng

创意·创新·创业
实践教程

主　编◎王　苹
副主编◎马彦彬　陈志椿　张铭珊
李　媛　陈月红　陈薏菁

同濟大學出版社
TONGJI UNIVERSITY PRESS
·上海·

内容提要

本书遵循大学生的学习特点和认知规律编写，在内容上，提供了创意、创新、创业的具体、实用、操作性强的学习内容；在编写体例上，学习目标和知识要点醒目，案例丰富。这既有助于提高学生的学习兴趣，又方便学生的学习。全书分为创意启发篇、创新实践篇和创业指导篇，循序渐进，以此帮助学生更深入地理解从创意到创新再到创业的过程。

本书可作为高等院校本、专科创新创业教育的通用教材，也可作为企业继续教育的培训教材，还可以作为社会人员拓宽视野的自学用书。

图书在版编目（CIP）数据

创意·创新·创业实践教程 / 王苹主编. -- 上海：同济大学出版社，2023.8（2024.8 重印）

ISBN 978-7-5765-0737-9

Ⅰ.①创… Ⅱ.①王… Ⅲ.①创业—教材 Ⅳ.①F241.4

中国国家版本馆 CIP 数据核字（2023）第 152588 号

创意·创新·创业实践教程

主　编　王　苹

副主编　马彦彬　陈志椿　张铭珊　李　媛　陈月红　陈薏菁

责任编辑　任学敏　**助理编辑**　夏晗丹　**责任校对**　徐春莲　**封面设计**　渲彩轩

出版发行　同济大学出版社　www.tongjipress.com.cn
（地址：上海市四平路 1239 号　邮编：200092　电话：021-65985622）
经　销　全国各地新华书店
制　作　南京月叶图文制作有限公司
印　刷　启东市人民印刷有限公司
开　本　787 mm×1092 mm　1/16
印　张　15
字　数　374 000
版　次　2023 年 8 月第 1 版
印　次　2024 年 8 月第 3 次印刷
书　号　ISBN 978-7-5765-0737-9

定　价　49.80 元

前　言

创意、创新与创业是关系国家和民族未来发展的重要课题，特别是创新，创新是民族进步的灵魂。1998年10月，联合国教科文组织在首次世界高等教育会上发表的《21世纪的高等教育：展望与行动世界宣言》和《高等教育改革和发展的优先行动框架》中提出，必须把培养学生的创业技能和创新精神作为高等教育的基本目标。“创意、创新、创业”人才培养是国家、社会及高等学校近几年持续关注和热议的话题。党的二十大报告指出，要深入实施科教兴国战略、人才强国战略、创新驱动发展战略，开辟发展新领域新赛道，不断塑造发展新动能新优势。由此可见科技创新与人才培养的重要性。2021年10月印发的《国务院办公厅关于进一步支持大学生创新创业的指导意见》指出，大学生是大众创业万众创新的生力军，支持大学生创新创业具有重要意义，要坚持创新引领创业、创业带动就业，提升人力资源素质，实现大学生更加充分更高质量就业。《教育部关于大力推进高等学校创新创业教育和大学生自主创业工作的意见》也指出，要在高等学校大力开展创新创业教育。总之，深化高校创新创业教育改革，建立以创新创业为导向的新型人才培养模式，由创新引领创业，以创业带动就业，是在习近平新时代中国特色社会主义思想指导下，实现高校人才高质量就业的必要举措。

加快建设世界重要人才中心和创新高地，是建设高质量教育体系的题中应有之义。尤其是在“大众创业、万众创新”的浪潮下，社会各界对该口号积极响应，我国已加快进入全民创业的时代。随着我国创业环境的改善和创业文化的逐步形成，大学生的创业意愿日渐高涨。《中国青年创业发展报告（2022）》显示，19～23岁的在校大学生、应届毕业生和毕业后待业人员是青年创业主体。但创业并不是一件容易的事，由于欠缺必要的管理经验、市场运作能力、组织策划能力，缺乏创意与创新思维，缺乏正确面对失败的心态及足够的资本支持等，大学生创业的成功率较低。解决大学生创业问题，不仅需要从外部营造创业氛围、优化创业环境，还需要从内部提高大学生自身素质。因此，对大学生进行系统的创意、创新创业教育和训练，强化其创新创业意识，培育其创新创业精神，锻炼其创新创业能力，有利于大学生为未来自主创业、灵活就业做好准备。

本书作为创新创业相关课程的教材，根据教育部关于大学生创新创业教育的指导精神撰写，致力于激发大学生的创新创业意识，增强其创新能力，训练其创业行动力。本书遵循以学生为本的原则，介绍了大学生创新创业基础教育课程的知识要点和相关技能，在借鉴国内外成功经验的基础上，吸纳当代创新创业教育的成果，立足当前实际，按照“必需、够用、兼顾发展”的原则，令读者能够开拓视野，学以致用。与目前市场上的其他同类教材相比，本书具有以下特点：

第一，知识分布合理。为了帮助读者学习、掌握创业与人生规划的关系，树立正确的创业思维，顺利组建创业团队，抓住创业机会，成功进行创新创业实践，本书从创意、创新创业精神与人生规划入手，详细介绍了从创新与设计思维到企业创办与管理的一系列内容。

第二，体例结构新颖。本书采用“知识要点＋学习目标＋课堂活动＋拓展阅读＋案例分析”的体例结构，可以帮助读者更好地理解和掌握知识。

第三，案例生动丰富。本书在正文讲解中附有丰富的创新创业案例，这些案例真实生动，具有很强的可读性和参考性，大学生可以从中总结经验教训并获得感悟。

本书由阳光学院王苹任主编，马彦彬、陈志椿、张铭珊、李媛、陈月红和陈薏菁任副主编，同时，蒋湘玉、林玥颖和汪润田也参与了编写。本书在编写过程中参阅了相关资料，吸取了许多有益的内容，阳光学院也给予了极大支持。在此一并致以深深的谢意。

由于编者水平有限，书中难免有错误和不当之处，恳请广大师生和读者予以批评指正，以臻完善。

编　者

2023 年 3 月

目　录

创业指导篇

创意启发篇

第一章　创意、创新及创业概述

知识要点

1. 创意、创新及创业的概念；
2. 创业的关键要素；
3. 创业的类型。

学习目标

1. 了解创意、创新及创业的概念；
2. 了解创业的关键要素；
3. 掌握创业的类型。

近年来，创意、创新与创业一直是我国关注的重点。党的二十大报告指出，必须坚持科技是第一生产力、人才是第一资源、创新是第一动力，深入实施科教兴国战略、人才强国战略、创新驱动发展战略，开辟发展新领域新赛道，不断塑造发展新动能新优势。

一、创意的概念

创意是创造意识或创新意识的简称。它是指由对客观事物的理解和认知所衍生出的一种新的抽象思维和行为潜能。

创意是一种通过创新思维挖掘和激活资源组合方式，进而提升资源价值的方法。创新思维是创意形成的主要途径，创意是创新思维的表现形式。

（一）创意的特征

创意具有 6 个基本特征。

1. 独立性

独立性是指不依赖现成答案、不易受他人暗示。缺乏独立性的思维，照本宣科、墨守成规，就不可能产生创意。

2. 灵活性

灵活性是指能随时调整、改进原有思路或假说、假设、方案等。直线思维、反应迟钝、不知进退无法产生创意。

3. 深刻性

深刻性是指善于透过现象看到本质，能从多方面和多种联系中理解问题，进而找到解决问题的突破口。思想过于肤浅，抓不住问题的根本，就不可能产生创意性的思维成果。

4. 难言性

难言性是指创意的观念、想法、灵感等是非标准化的，难以准确描述和表达，创意的产生高度依赖于个体的体验、直觉和洞察力，难以充分交流。

5. 不确定性

不确定性是指创意使用价值和价值实现的未知性，某种创意能否转化为现实的产品或服务且被市场接受，在事前大都是未知的，只有最终经过市场的检验才能够有明确的答案。

6. 互补性

互补性是指创意是在已有知识存量基础上的一种增量知识，是对知识的一种分化，其本身并不能直接转化为现实生产力，只有与已有的各种相关知识及各种类型的要素资源有机结合起来，才能有效发挥自身的使用价值。

以上创意的特征说明了与常规思维相比，创意思维在思维的高度、广度和深度方面有明显优势，也说明创意的产生对创意主体的思维能力要求颇高。

（二）创意方法的原则

创意方法可以灵活变换，这取决于创意主题的选择。而创意方法有其独立的原则，需要每一位创意工作者严格遵守。

1. 策划调查原则

不可否认，创意过程是一整套科学行为，因此每一个创意的提出都要有理有据。创意终将要运用到各个具体产业或者行业内部，并带来经济效益和社会效益。一个好的创意需要考虑的不仅仅是新颖与否、潮流与否，还要考虑市场的接受程度。毕竟创意不是拿来自我欣赏的，而是拿来引导受众的，因此只有积累了足够的市场数据、产业信息、受众心理资料以及细致的市场划分条件之后，才能大体定下选择什么类型的创意。被运用到产品销售中的创意，就必须考虑到以下内容：希望达到什么目的？消费者对品牌的态度是什么？提出创意的系列方针、步骤是什么？采用什么样的媒体为宣传载体？如何给服务定位？采用什么明显的识别手段？潜在消费者是谁？关键消费利益是什么？基调和姿态是什么？等等。

2. 表现集聚原则

创意方法有很多，在具体工作时要注意灵活搭配。但不论我们采用了多少种方法，在创意成果上都要集中表现某一个特性，至少适用于大部分群体，能让受众集中感受该创意的理念或价值观。如品牌形象就是此项原则的突出代表。

3. 协作原则

提出创意的主体可以是一个人，但大多时候是一个团队，团队成员分工合作，集思广益，最终完成创意的制作。另外，随着创意产业的发展，“功能集聚”现象日益明显，产业链不断完善和延伸。小到整合一项创意工作的各种意见，大到整合整个产业链内部的各种因素，协作原则不能被忽视。

4. 法纪、道德原则

创意产业是沟通经济与文化的产业，它能带来经济和精神的双重利益，也必然受到法律和道德的双重约束。

5. 艰辛工作原则

如果认为只要拥有一个奇思妙想的创意就足够，那就大错特错了。提出创意是一项极其艰辛的工作。它需要创意者具备的常识、毅力、坚韧性远多于幻想。一项成功的创意背后，绝对是以数个、数十个甚至数百个未成形的想法雏形作为铺垫的。

课堂活动

画出你的创意

每个人拿出一张A4纸，画出自己对某一件感兴趣的产品的创意，然后思考这个创意能否激发其他人的兴趣。在10分钟内完成创意绘画，并与同学相互分享创意内容。

二、创新的概念

创新，顾名思义，即创造新的事物。我国古代的百科词典《广雅》中说：“创，始也。”新，与旧相对。“创新”一词出现得很早，如《魏书》中有“革弊创新”，《周书》中有“创新改旧”。在西方，英语“innovation”（创新）一词起源于拉丁语，有3层含义：一是更新，即对原有的东西予以替换；二是创造新的东西，即创造出原来没有的东西；三是改变，即对原有的东西进行发展和改造。

（一）创新概念的不同解释

创新是人类特有的认识能力和实践能力，是人类主观能动性的高级表现形式。从哲学角度来说，创新是人类为了满足自身需要的创造性实践行为，是对旧事物的扬弃和发展；从社会学角度来说，创新是人们为了发展需要，运用已知的信息和条件突破常规，发现或创造某种新颖、独特的有价值的新事物、新思想的活动。下面介绍经济学和管理学意义上的创新概念。

1. 创新概念的经济学解释

经济学上的创新概念是由美籍奥地利经济学家约瑟夫·熊彼特（Joseph Alois Schumpeter）首先定义的，他在其著作《经济发展理论》中提出，创新是指企业家对生产要素进行新的组合，从而获得超额利润的过程。熊彼特将其所指的创新组合概括为5种形式：引入新的产品或提高旧产品的质量；采用新的生产方法、新的工艺流程；开辟新的市场；开拓并利用新的原材料或半成品及新的供给来源；采用新的组织方法。

熊彼特创立创新理论的主要目的在于为经济增长和经济周期的内在机制提供一种全新的解释，利用创新理论分析资本主义经济运行呈现“繁荣—衰退—萧条—复苏”4个阶段循环的原因，说明不同程度的创新会导致长短不等的3种经济周期，并确认创新能够带来经济增长。熊彼特对创新的定义突出强调了经济要素的有效组合，即创新应是信息、人才、物质材料与企业家才能等经济要素有机配合，形成独特的协同效用。

熊彼特所描绘的5种创新组合形式，大致可归纳为3大类：一是技术创新，包括新产品的开发、旧产品的改造、新生产方式的采用、新供给来源的获得以及新原材料的利用；二是市场创新，包括扩大原有市场的份额及开拓新的市场；三是组织创新，包括变革原有的组织形式及建立新的经营组织。在熊彼特之后，他的主要追随者从不同的角度与层次对创新理论进行了分解研究，并发展出2个独立的分支：一是技术创新理论，主要以技术创新和市场创新为研究对象；二是组织创新理论，主要以组织变革和组织形成为研究对象。

2. 创新概念的管理学解释

1985年，被誉为“现代管理学之父”的彼得·德鲁克（Peter F. Drucker）发展了创新理论。他提出，任何使现有资源的财富创造潜力发生改变的行为，都可以称之为创新。德鲁克主张，创新不仅仅是创造，而且并非一定是技术上的。一项创新将面临的考验并不在于它的新奇性、它的科学内涵或它蕴含的聪明才智，而在于它被推向市场后的成功程度，即能否为大众创造出新的价值。

从企业管理的角度来看，组织创新是技术创新的前提，推动技术创新已成为企业发展的根基，因此，技术创新能力的提升是企业核心竞争力提升的关键。技术创新的管理学解释强调“过程”与“产出”（从设想到投入市场），是指从新思想产生到研究、发展、试制、生产制造直至首次商业化的全过程，是发明、发展和商业化的聚合。在这一复杂过程中，缺失任何一个环节，都不能形成最终的市场价值，任何一个环节的低效连接，都会导致创新的滞后。

（二）创新的基本特征

1. 创新的起点在于问题

爱因斯坦说过：“提出一个问题往往比解决一个问题更重要。”因为解决一个问题也许仅仅是一个数学上或实验上的技能而已，而提出一个问题则需要想象力，而且提出问题意味着科学的探索与进步。发现并提出的问题并非都很完美、正确，因为好的问题不是一下子就能在头脑中形成的。不过，我们提出的问题越多，出现好问题的概率也就越大。

2. 创新的关键在于突破

要创新，就要突破常规戒律，突破已有经验，突破过去的思维定式，创新就是对传统的“背叛”。

3. 创新的本质在于新颖

创新的意义在于“出新”，新是创新的本质，是创新的价值所在。所有创新都必须在创新思维的作用下，用新的思路、新的方法去解决问题，从而获得新的理论、新的技术、新的设计、新的方案或新的产品。

4. 创新的基础在于继承

牛顿曾经说过这样一句话：“如果说我比别人看得远的话，那是因为我站在了巨人的肩膀上。”这就很好地说明了新与旧的关系：无旧便无新，新是在旧的基础上发展变化而来的。所以，继承是一切创新的基础，只有在继承的基础上创新，才是科学的。

5. 创新的目的在于发展

创新的目的很明确，就是要有利于自然界的发展，有利于社会的发展，有利于人类的发展。

案例分析

海底捞超级 App

餐饮业创新的标志性企业——海底捞，和阿里云等企业合作，推出了“千人千面”的超级 App，通过应用先进的互联网技术开始新的蜕变。

海底捞多年前在国外购置的客户关系管理系统，仍然基于传统的 IOE（使用 IBM 的小型机、Oracle 数据库、EMC 存储设备）架构，无法负荷门店扩张的速度和适应互联网高并发流量的需求，营销部门也不敢大范围地开展促销和推广活动。节假日和平日高峰时段的高请求量渐渐使得现有的系统不堪重负，CPU（中央处理器）利用率满了，服务系统一到周末或者“大促”时段就会“宕机”，这对海底捞旗下所有门店的正常营业影响很大。不仅如此，“网红”餐饮兴起，外卖行业竞争激烈，海底捞也需要打破现有的会员体系和改变营销手段。

海底捞超级 App 不仅让排号、订位、点餐等基础功能更流畅，还创新性地集成了社区、短视频分享、智能语音交互等功能和新技术，在实现基础功能的基础上，为用户提供游戏、社交、娱乐等增值服务，此外还有智能客服“捞小蜜”24 小时在线服务。

而这款超级 App 最为“超级”之处，是真正做到了能够分辨出每位顾客的口味和喜好。换句话说，每一位顾客打开海底捞超级 App，看到的菜品推荐、促销信息、达人分享等内容都不一样。

这套全新的架构，为海底捞带来了看得见的“价值”。海底捞的客户关系管理系统性能提升了 18.6 倍，实现了新零售环境下的新会员体系和成长体系的建立。目前，这套系统能够支持亿级的会员数量和千万级参与者的营销活动，发红包系统上云后，服务性能提升了 46 倍。

分析：“蜕变”的海底捞超级 App，服务直达用户，线上多个活动可触达用户。线上线下交互式的消费，吸引了更多流量，从而形成了内容引流。同时，新的 App 使得品牌整体更显年轻化。除此之外，海底捞的积分、卡券等传统营销模式变得更智能化，即由算法推荐最优的运营策略，实现了“千人千面”的营销。总之，海底捞超级 App 通过跨界＋互联网的方式，增加了用户对品牌的黏性。

（三）创新的类型

对于企业来说，创新一般可以分为以下 4 类。

1. 产品创新

产品创新是指推出一种能够满足顾客需要或解决顾客问题的新产品。例如，苹果推出的 iPhone 手机、海尔推出的“环保双动力”洗衣机（不用洗衣粉的洗衣机）、华为推出的拥有人工智能的 Mate 2.0 智能手机等，都属于产品创新。

2. 工艺创新

工艺创新是指企业对产品的加工过程、工艺路线以及设备所进行的创新。例如，新型洗衣机和新型抗癌药的生产过程中生产工艺及生产设备的调整、银行数据信息处理系统相关程序的使用及处理等。工艺创新的目的是提高产品质量、降低生产成本、降低消耗与改善工作环境。

3. 服务创新

服务创新是企业为了提高服务质量和创造新的市场价值而重新整合服务要素，对服务系统有目的、有组织地改造的动态过程。服务创新源于技术创新，二者之间有着紧密的联系。但是，由于服务业的独特性，服务业的服务创新与制造业的技术创新有所区别，并有它独特的创新战略。服务创新可以分为 5 种类型：服务产品创新、服务流程创新、服务管理创新、服务技术创新和服务模式创新。

4. 商业模式创新

商业模式包含 9 个要素：价值主张、消费者目标群体、分销渠道、客户关系、价值配置、核心能力、合作伙伴网络、成本结构和收入模型。商业模式创新是指企业对目前行业内通用的为顾客创造价值的方式提出挑战，力求满足顾客不断变化的要求，为顾客提供更多的价值，吸引新的客户群，为企业开拓新的市场。例如，传统的书店决定利用互联网来销售书籍，即开通网上书店，与传统书店相比，当当网就是一种商业模式创新。

案例分析

阿里巴巴的商业模式

自1999年成立以来，阿里巴巴的电子商务平台实现了巨大的商业模式创新。阿里巴巴创新的特殊性在于他们真正建立了一个生态系统：一个生物体（企业和许多类型的消费者）与环境（在线平台和更大的离线物理元素）相互作用的社区。阿里巴巴的战略要务是确保该平台提供与商品有关的资源和对资源的访问，以确保成功开展在线业务，并以此支持生态系统的发展。

阿里巴巴最初建立的生态系统很简单：将商品的买卖双方联系在一起。随着技术的进步，更多的业务功能转移到网上，包括已建立的功能（如广告、营销、物流和金融）和新兴的业务（如会员营销、产品推荐器和社交媒体影响者）。阿里巴巴扩展了生态系统以适应新的需求，创建了新型的在线业务，从而彻底改造了中国的零售业。

分析：今天的阿里巴巴不仅仅是一家在线贸易公司，消费者可以在这里获得与零售相关的很多功能；同时，它更是一个庞大的、数据驱动的卖方、营销商、服务提供商、物流公司和制造商网络。换句话说，阿里巴巴在金融服务的帮助下，可以做亚马逊、eBay、PayPal、谷歌、联邦快递、批发商以及很多制造商能做的事情。

三、创业的概念

我们不难发现创业已经深入社会的各个领域，学者们对创业的定义也是见仁见智，其中有两大学派的定义被广泛接受。以霍华德·史蒂文森（Howard Stevenson）为代表的哈佛商学院学派认为，创业是不拘泥于当前所控制资源而探寻机会并创造价值的过程；以杰弗里·蒂蒙斯（Jeffry A. Timmons）为代表的百森商学院学派认为，创业是一种思考、推理和行动的方法，它不仅要受机会制约，还要求创业者有严谨的实施方法和讲求高度平衡技巧的领导艺术。哈佛商学院学派强调了创业的本质，即把握机会，不是等到资源齐备后再去寻找机会，而是寻找机会在先，整合资源在后；百森商学院学派既强调机会的重要性，又强调实现创业的主体是创业者。两派观点各有所长，各有侧重。

本书认为，创业是创业者积极地探寻机会，主动整合资源，充分利用机会，实现价值创造的过程。

(一) 创业的关键要素

"创业教育之父"杰弗里·蒂蒙斯所提出的创业要素模型被称为"蒂蒙斯模型"，该模型将机会、团队和资源视为三大核心要素，其中任一要素的弱化都会破坏三者之间的平衡（图 1-1）。

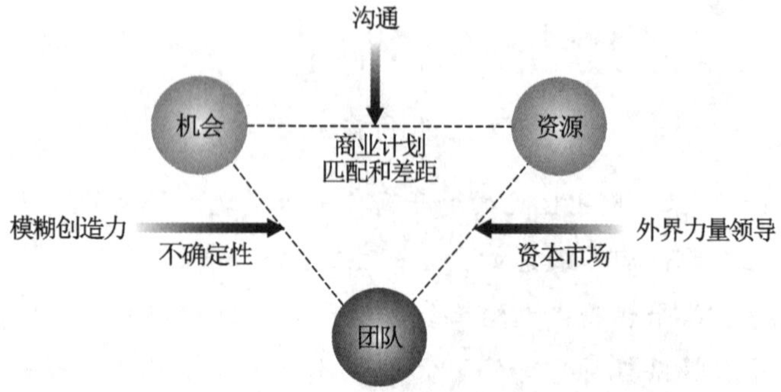

图 1-1　创业过程模型

1. 创业机会

创业机会是指创业者可以利用的商业机会。从创业过程的角度来看，创业机会是创业的起点，创业过程就是针对创业机会进行识别、开发和利用的过程。

2. 创业团队

创业团队是指在创业初期（包括企业成立前和成立早期），由一群才能互补、责任共担、愿为共同的创业目标奋斗的人所组成的特殊群体。

3. 创业资源

创业资源是指创业企业在创造价值的过程中需要的特定资产，包括有形资产与无形资产。它是企业创立和运营的必要条件，主要表现为创业人才、创业资本、创业技术和创业管理等。

蒂蒙斯模型主要表明了以下观点：

第一，创业机会、创业团队和创业资源这 3 个要素是缺一不可的。没有机会，创业活动就成了盲目的行动，根本谈不上创造价值；机会普遍存在，没有创业者识别和发掘机会，创业活动也不可能发生；创业者除了要把握住合适的机会，还需要相应的资源，否则机会就无法被发掘和利用。所以，创业机会是创业过程的核心驱动力，创业团队是创业过程的主导者，创业资源是创业成功的必要保证。

第二，创业过程是创业机会、创业团队和创业资源三者匹配和平衡的结果。处于模型底部的创业团队要善于配置和平衡各类要素，包括对商业机会的理性分析和把握，对风险的正确认识和规避，对资源的合理整合和利用，对工作团队适应性的分析和认识等，以此推进创业。

第三，创业过程是一个连续不断地寻求平衡的行为组合。企业要保持发展，必须追求3个要素的动态平衡。创业者应思考如下问题，展望企业的未来：目前的团队是否能领导公司未来的成长和平衡资源状况？下一阶段可能会面临哪些困难与陷阱？这些问题会在不同的阶段以不同的形式出现，关系到企业的可持续发展。

总之，在模糊和不确定的动态的创业环境下，创业者或创业团队在推进业务的过程中，应保持并提高捕捉商机、整合资源以及构建战略、解决问题的能力，始终勤奋工作，富有牺牲精神。

拓展阅读

雷军的创业人生

2021年7月15日，福布斯中国发布“2021年最佳CEO榜”，小米集团的雷军荣登榜首。小米集团走到今天，雷军功不可没。

同其他互联网创始人一样，雷军的成功也不是一蹴而就的。1987年，雷军考上了武汉大学计算机系。大学期间，雷军勤奋好学，两年就修完了所有学分并完成了大学的毕业设计。一次在图书馆看书时，他被一本名为《硅谷之火》的书吸引。这本书介绍了史蒂夫·乔布斯、比尔·盖茨等人的创业经历，并讲述了苹果等公司的崛起与现状。年轻的雷军被乔布斯的故事深深吸引，心里燃起了创业的激情：“（我）想写一套软件在世界的每台电脑上运行，梦想创办一家在全世界很牛的软件公司。”

大学毕业后，雷军被分配到北京附近的一个研究所当研究员，薪资比他工作多年的父亲还多几倍。虽然同龄人都羡慕他的工作，但他心里仍然有梦想——去互联网技术行业闯荡。1991年，在一次计算机展览会上，雷军与金山软件创始人求伯君一见如故。1992年，雷军与同事合著了《深入DOS编程》一书，并在之后不断学习加密软件、中文系统等各种实用小工具。同年，雷军应求伯君之邀进入金山软件公司当一名程序员。在之后的16年里，他先后出任金山软件公司北京开发部经理、珠海分公司副总经理、北京金山软件公司总经理等职务，期间还完成了金山的上市工作。

求伯君立志让金山成为一个可以挑战微软的民族企业，但理想实现之路并不容易。20世纪90年代，雷军算是中关村的“元老”，金山在业内发展也比较好，彼时，马化腾、李彦宏、周鸿祎等人尚且名不见经传。在我国迎来互联网大潮时，金山一直忙于做WPS Office，在经历了从办公软件到词霸、毒霸等多次转型的起起落落之后，才于2007年在香港上市。这时，腾讯、阿里巴巴已经得到了非常好的发展。这让雷军非常感慨，并不断反思。

2007年，雷军辞去金山CEO一职，转身成为天使投资人，开始以更广的视角看待互联网，这让他看到了移动互联网的机会。2009年，40岁的雷军决心用互联网的方式做手机。他联合北京科技大学工业设计系主任刘德、金山词霸总经理黎万强等7人，于2010年4月正式注册创立了小米科技有限责任公司。同年8月，其第一个移动操作系统MIUI正式上线。2011年8月，小米1正式发布。2012年，小米手机全年销量达719万台，营业收入（含税）为126.5亿元。2013年，小米手机的销量增长到1 870万台，小米也成功完成四轮融资，公司估值迅速突破100亿元。2018年5月，小米在港交所提交了上市申请，并于同年7月成功上市。2021年7月，在知名咨询公司科纳仕（Canalys）发布的第二季度全球智能手机市场占有率排名中，小米手机销量超过苹果手机，首次晋升全球第二。多年来，小米公司的业务不仅涉及手机、平板，还包括智能家居。小米凭借小米生态链成为当之无愧的智能生活领先者。

分析：雷军曾说："大学时代，我觉得我跟别人最大的不一样就是我比他们更早地确立了人生的梦想，并且付诸实践。"为了实现人生梦想，雷军放弃高薪工作，进入互联网技术行业闯荡并不断学习、不断探索，积极寻找创业机会，当机会来临时，将其紧紧抓住，并且始终努力前行，终于取得了巨大成功。

（二）创业的特征

创业具有自觉性、创新性、风险性、利益性和曲折性5个特征。

1. 自觉性

创业是创业者自觉作出的选择，是其能动性的反映。创业者将自主选择自己感兴趣并适合自己的项目或行业进行创业，选择适合的时间和合伙人进行创业。

2. 创新性

创新是创业的主旋律。创业是一个不断创新的过程，往往会带来产品、工艺、服务或商业模式的革新，从而为社会创造价值。同时，只有不断创新，企业才会有生命力。

3. 风险性

创业是有风险的。一般来说，创业可能存在5个方面的风险：一是政策风险，特别是临时、突然出台的政策法规，对初创企业可能产生较大打击；二是决策风险，不同的决策方案有不同的机会成本，创业者对于市场的把握不准确和经验的缺乏都容易放大这一风险；三是市场风险，这是核心风险因素，例如，更强势的竞争对手出现导致竞争加剧，市场形势变化不利于企业发展等；四是扩张风险，如果盲目扩张，会超出企业能力范围，而与市场需求不符，这是极其危险的；五是人事风险，人事风险不仅仅表现为企业组织不能正常运行，还表现为员工不能为企业所用，到竞争对手那里去挖该企业的"墙脚"等。

4. 利益性

创业以增加财富为目的，没有利益的驱动，就不会有人愿意承担创业所面临的风险。创业过程中获利的多少，往往也是人们衡量创业者成功与否的重要标志。

5. 曲折性

创业者往往要克服重重阻碍，经过多年艰苦奋斗，倾注大量心血，才可能获得成功。创业者必须做好吃苦的思想准备，只有在困难面前不屈不挠，才能成为笑到最后的成功者。

（三）创业的类型

创业活动涉及各行各业，创业者的创业动机千差万别，创业项目多种多样，创业的类型也因此呈现多样化。归纳起来，创业主要有以下类型。

1. 按创业动机划分

按创业动机的不同，创业可分为生存需要型创业、积累需要型创业、自我实现需要型创业和就业需要型创业。

（1）生存需要型创业

由于经济的原因，许多家庭越来越难以负担子女昂贵的学费，即使有国家的助学贷款、奖学金制度也不能完全解决问题。在沉重的经济压力之下，为了顺利完成学业，一部分学生利用课余时间打工来维持正常的学习和生活。在打工的过程中，具有创业素质的人会发现商机并且把握住它，走上创业的道路。

另外，当前我国高校学生中城镇生源的学生有95%是独生子女，培养他们的独立性已经成为当务之急。目前已经有一部分学生开始独立承担自己的学习、生活费用，在他们中也产生了一定数量的创业者。这类创业者通常以学习为主要目的，进入投入时间、精力较少的行业，对经济回报要求较低。

（2）积累需要型创业

美国著名管理学家克雷顿·奥尔德弗（Clayton Alderfer）的ERG理论，将人的需求分为生存（existence）、相互关系（relatedness）和成长发展（growth）。这3种需求并不一定严格按照由低向高的顺序发展，而是可以越级的。当代大学生随着年龄的增长，对于相互关系和成长发展的需要会逐渐强烈。一部分大学生会为了增加实践经验，丰富社会阅历，或者为了以后的发展，实现某个目标做好经济上的准备。在条件成熟的情况下也会利用课余时间走上创业的道路。这个类型的创业者往往以锻炼为目的，承受失败的能力较强。同时由于压力较小，失败和半途而废的比例也比较高。

（3）自我实现需要型创业

心理学研究表明，大学阶段是很多人创造力最为活跃的时期，这个年龄段的青年正处于创造能力的觉醒期，对创新充满了渴望和憧憬。他们思维活跃、创新意识强烈，同时所受的束缚较少，对成长的需要也更为强烈。另外，由于大学生所处的环境，他们往往更容易接触一些新的发明和新的学术成果，甚至他们中的一部分人自己就有拥有自主知识产权的科研成果。为了能早日实现自己的目标，他们中的一部分人开始了自己的创业生涯。

（4）就业需要型创业

当前，我国的就业形势相当严峻，一方面表现为就业岗位不足，另一方面表现为大学毕业生的工资待遇低。在这种情况之下，为了找到一份自己满意的工作，有一部分大学生开始了创业。

2. 按创业起点划分

按创业起点的不同，创业可分为创建新企业与企业内创业。

（1）创建新企业

创建新企业是指创业者个人或团队成立全新的企业组织。这个过程充满挑战和刺激，个人的想象力、创造力可得到最大限度的发挥，但风险和难度也很大，创业者往往缺乏足够的资源、经验和支持。

（2）企业内创业

企业内创业是指在现有企业内的有目的的创业过程。企业内部流程再造本质上也是一种创业行为。企业内创业是动态的，正是通过二次创业、三次创业乃至连续不断地创业，企业的生命周期才能不断延长。

3. 按创业者数量划分

按创业者数量的不同，创业可分为独立创业与合伙创业。

（1）独立创业

独立创业是指创业者独立创办自己的企业。其特点在于产权归创业者个人独有，企业由创业者自由掌控，因而决策迅速。但创业者要独自承担风险，创业资源整合比较困难，并且企业发展受个人才能的限制。

（2）合伙创业

合伙创业是指与他人共同创办企业，其优劣势正好与独立创业相反。

4. 按创业项目性质划分

按创业项目性质的不同，创业可分为传统技能型创业、高新技术型创业和知识服务型创业。

（1）传统技能型创业

传统技能型创业是指使用传统技术、工艺的创业项目。这些独特的传统技能项目具有永恒的生命力，尤其是在酿酒、饮料、中药、工艺美术品、服装与食品加工、修理等与人们日常生活紧密相关的行业中，许多现代技术都无法与传统技术竞争。

（2）高新技术型创业

高新技术型创业是指知识密集型、带有前沿性、具有研究开发性质的新技术或新产品项目。例如，航天等高新技术领域的成果实现产业化，形成新产品。

（3）知识服务型创业

知识服务型创业是指为人们提供知识、信息的创业项目。当今社会，信息量越来越大，知识更新越来越快，各类知识型咨询服务机构将会不断增加和细化，例如，律师事务所、会计师事务所类项目投资少、见效快，竞争也日渐激烈。

5. 按创业方向或风险划分

按创业方向或风险的不同，创业可分为依附型创业、尾随型创业、独创型创业和对抗型创业。

（1）依附型创业

依附型创业包括 2 种类型：一种是依附于大企业或产业链而生存，为大企业提供配套产品或服务，例如，专门为某个或某类企业生产零配件，或生产、印制包装材料；另一种是使用特许经营权，例如，加盟麦当劳、肯德基等。

（2）尾随型创业

尾随型创业即模仿他人创业，跟着别人做。其特点一是短期内只求能生存下去，随着企业的成熟，再逐步进入强者行列；二是在市场上“拾遗补阙”，不求独家承揽全部业务，只求在市场上分得一杯羹。

（3）独创型创业

独创型创业是指提供的产品或服务能够填补市场空白。独创型创业也可以是旧内容、新形式，例如，在产品销售过程中提供送货上门的服务，其经营的产品并无变化，但在服务方式上有所变化，从而更具竞争力。

（4）对抗型创业

对抗型创业是指进入其他企业已占据垄断地位的某个市场，与之对抗较量。这类创业风险最高，必须在知己知彼、科学决策的前提下，抓住市场机遇，乘势而上，把自己的优势发挥到极致。

6. 其他类型

（1）创意创新类创业

此类创业模式对创业者的个人素质要求很高，创业成功后往往成为独角兽企业，或形成新的业态。

（2）迭代创业

迭代创业一般指抓住互联网时代认知迭代、产品迭代、组织迭代、营销迭代的机遇进行创业，进而实现创业模式的不断迭代。

（四）创业精神

创业精神是创业者典型个性特征的外在表现，如突出的独立性，强烈的冒险欲望、控制欲望、成功欲望，吃苦精神等，都是产生和强化创业精神的重要因素。大多数经济学家认为，创业精神是刺激经济增长和创造就业机会的一个必要因素。熊彼特将创业精神看作一股“创造性的破坏”力量。总之，创业精神就是发现和把握商业机会，无论如何受资源的制约，都能创造新事物以满足社会需求、产生社会价值。

心理测试：测测你的创业精神

当你和朋友到酒店里用餐，你点菜时通常是：

A. 点和别人同样的菜。

B. 不管别人，只点自己想吃的。

C. 先点好，再视周围情形而调整。

D. 先请店员说明菜的情况后再点菜。

E. 犹犹豫豫，点菜慢吞吞的。

F. 先说出自己想吃的东西。

测试结果：

A. 顺从型，不适合创业。

B. 做事果断，容易跨出创业的第一步，但能否成功却难说。

C. 小心谨慎，缺乏掌握全局的意识，在创业中千万不可犹豫不决。

D. 讨厌别人指挥，如能谦虚，将对创业更有帮助。

E. 做事一丝不苟，认真努力，较有创业优势。

F. 性格直爽、胸襟开阔，适合创业。

（五）创业能力

创业能力是指拥有发现或创造一个新的领域，致力于创造新事物（新产品、新市场、新生产过程、组织现有技术的新方法等）的能力，借此人们能运用各种方法利用和开发新的原材料，然后产生各种新的结果。创业能力分为硬件和软件 2 个方面：硬件包括人力、物力和财力；软件就是创业者的个人能力，包括专业技能和创业素质。

在你决定自创事业之前，请先仔细看看下面列出的一些企业家素质。

1. 企业家都准备作出牺牲

这里所说的牺牲不是我们平时在工作上所作的普通的牺牲，如工作得很晚或匆匆地吃顿简单的午餐等。企业家们为了实现自己的一个想法甚至愿意付出一切。

2. 企业家对自己和自己的想法有高度的自信

大多数人只有勇气换工作、要求加薪，而企业家敢于推进一个有风险的想法，且对自己使之成功的能力有着无比的自信。这种自信到近乎自负的态度在大多数企业里是决不会得到容忍的，但是对于企业家来说，它是一种自我激励，可以增加事业成功的可能性。

3. 企业家必须有充沛的精力

如果你只想从事朝九晚五的稳定的工作，那么你不宜创业，因为如果自办企业，起步阶段必定是艰苦卓绝的。有一个在烘烤食品商店工作的经理特别想自己开一家烘烤食品商店，后来他得到了经营许可证，但他在头几年里每个星期都要工作整整 6 天时间。现在的他又重新给别人当经理去了。

4. 企业家是精明的人

企业家必须具备做生意的头脑。如果你没有一副精于计算的金融头脑，那么最好还是不要自办企业。

5. 好的企业家能承受压力

新企业经营失败的案例往往比成功的多，办企业的第一年往往最容易破产。事实证明，一个企业的最大弱点往往就存在于该企业创办人的个性之中。一名优秀的企业家必须在巨大的压力下仍能理智行动。在你现在的工作中，你可能是个冷静坚定的人，但你要记住，创业可能是要拿你一生的积蓄去冒险的。在经济上面临绝境时仍能作出慎重、正确的决定，这是好的企业家必备的能力。

6. 企业家是领导者

如果你曾在企业里做过领导，你就会知道你能否领导你的属下并激发他们的积极性。如果你自办企业，这是很重要的能力。在你自己的企业里，你对所有的事都有最后决定权，对所有的矛盾都是最后仲裁人。有些人喜欢拥有这么大的权力，而有些人却易受到这种权力的震慑，产生心理负担。

7. 企业家善于管理别人

一个企业的领导者必须懂得如何雇佣、激励、领导和奖励员工。没有这种本事就办不好一个企业。

拥有企业家素质的人并不多，大多数人做不到自办企业，但是他们能够做到在非自办的大中型企业中建功立业。在大公司里，大多数人想进行革新的欲望是能得到满足的。你只有确定了自己是否适合当一个企业家，才能作出正确的人生选择。

案例分析

“90后”海归农场主南亚林

2021年，远在莫斯科担任一家旅游贸易公司市场经理的南亚林，因年迈的父母无力经营家庭农场，回乡帮助父母打理田地。现代农业和传统农业差别巨大，新品种、新技术不断涌现，需要与时俱进才能办好农场，但父母已力不从心，很难规范经营农场。回国后的南亚林主管农场经营，父母负责种养。他采取了积累客户、规划农田、改善设施、优化环境等一系列举措，并将农场改名为“淘果园”家庭农场，以水果种植和畜禽养殖为主线，走出了“互联网+农场+旅游”的休闲观光农业之路。

经过南亚林2年的努力，占地300多亩的“淘果园”产值从30万元增长到了300多万元。随着“淘果园”的名气越来越响，他以农业社会化服务为主，建立农技知识分享平台，为农产品提供商品化、网货化和品牌化服务。空余时间，南亚林还对有志于创业或从事电子商务的农村青年进行创业指导。

分析：返乡创业的南亚林抓住了农业现代化发展的机遇，把握住了人才返乡和资本下乡的利好政策，并充分活用在海外工作积累的市场管理经验，实现了从传统农业到现代农业的发展转变，走出了一条农业创新之路。不仅如此，他还热情分享自己的创业经验，使更多的农村青年得到启示。从南亚林的身上，我们可以看到一个成功的创业者必备的特质，也可以看到成功的创业所能带来的巨大社会效益。

第二章 激发创意意识，发现用户需求

知识要点

1. 激发创意意识的方法；
2. 发现用户需求。

学习目标

1. 掌握激发创意意识的方法；
2. 学会发现用户需求。

对于创新企业来讲，创意意识既关键又重要。任何创新创业都是和创意意识紧密联系在一起的。从某种意义上说，创意意识是创新创业的灵魂。

一、激发创意意识

直接激励和推动人们从事创新活动的内在驱动力来自人们自身的创意，培养创意能激发人们的主体性、能动性和创造性，对人们的创意行为起引导和催化作用，从而促使人们更好地从事创意活动。

创意意识是创新活动的动力和先决条件。要培养创新意识，我们应从以下 2 个方面入手。

（一）树立问题意识

问题意识是人们在认识活动中，对客观存在的矛盾的敏感度，是人们在思考一些难以解决或令人疑惑的问题时，产生的一种怀疑、困惑、焦虑、好奇的心理状态。实践表明，一切创新活动都源于对问题的发现。问题意识能驱使个体积极思考，不断提出问题和解决问题。可以说，树立问题意识是培养创意意识的基础。

1. 培养批判意识

培养批判意识首先要求我们合理看待权威，勇于批判。纵观人类历史，对权威的怀疑推动着人类文明不断发展，不少科学真理的发现都源于对权威理论的怀疑。我们要改变自己的工作方式和思维方式，不让自己被习惯束缚，学会以质疑的眼光看待传统的观点，从而得到真正想要的结果。

与此同时，培养批判意识需要我们把握系统性原则，合理批判，避免以偏概全或只顾眼前利益。事物都是由一定的结构和层次组成的有机体，所以培养批判意识应坚持系统观念，如果在批判的过程中无法把握事物的系统性，那么这个批判是站不住脚的。系统观念是马克思主义哲学认识问题和解决问题的科学思想方法和工作方法。党的二十大报告将“必须坚持系统观念”作为把握好习近平新时代中国特色社会主义思想的世界观和方法论的“六个必须坚持”之一。报告强调的系统观念是辩证唯物主义的重要认识论和方法论，是具有基础性的思想和工作方法。万事万物是相互联系、相互依存的。只有坚持系统观念，用普遍联系的、全面系统的、发展变化的观点观察事物，才能把握事物发展规律。党的十九届五中全会审议通过的《中共中央关于制定国民经济和社会发展第十四个五年规划和二〇三五年远景目标的建议》中，将“坚持系统观念”作为“十四五”时期我国经济社会发展必须遵循的五项原则之一，为提高社会主义现代化事业组织管理水平指明了方向。

2. 打破思维定式，善于捕捉问题

个体要成功捕捉问题，应从克服从众心理、打破思维定式入手。

要克服从众心理，个体首先需要克服盲从，保持高度的自信，独立作出判断；其次，个体需要增强自制力，在作出独立判断后不轻易改变，顶住“另类”所带来的群体压力，坚决执行已有的决定。从众也就是通常所说的“随大流”，即个体在群体的影响和压力下，放弃自己的意见而选择与大多数人相一致的行为。从众是日常生活中常见的现象，在特定的条件下，由于没有足够准确的信息，我们可以通过模仿他人的行为来降低决策的风险，但盲目地从众会扼杀一个人的独立意识，使其失去发现问题的能力。

要打破思维定式，个体应挣脱固有经验的枷锁，不断增长见识，做到见多识广，看待似曾相识的问题时不想当然。在此基础上，个体还应关注自身的新的体验或认知，想办法将新的体验或认知与固有经验相结合，当新的体验或认知明显优于固有经验时，应放弃后者，果断选择前者。

3. 多角度思考问题的解决办法

个体应努力培养独立思考能力和观察能力，学会从多角度分析和思考问题；应重新界定问题，学会以质疑的眼光看待传统的观念，换一个角度，从产生问题的客观环境而非问题本身来思考解决问题的方式。在面对难以解决的问题时，个体可利用过往的经历或经验，从中寻找可以用于解决问题的方法并加以组合。

（二）激发创意动机

根据动机的来源，创意动机可分为内部创意动机和外部创意动机。内部创意动机是指由主体内在需要产生的动机，外部创意动机则是由主体以外的刺激诱发产生的动机。个体要激发创意动机，可分别围绕内部创意动机和外部创意动机的不同特点展开。

1. 激发内部创意动机

内部创意动机对个体创新意识的培养、创造活动的产生和创造力的发挥具有重要作用。个体应积极主动地寻求激发内部创意动机的方法。

第一，准确评估自身潜能，分析自身的特长，发掘自身潜能。

第二，保持良好的精神状态。舒畅的心情能使人的思维活跃起来，只有思想无拘无束，灵感才能层出不穷。如果一个人的情绪总是十分紧张，长此以往，他的大脑神经系统将会受到伤害，思维反应也会变得迟钝，甚至影响其日常行为能力。

第三，营造轻松的环境。轻松的环境有助于个体充分地放松和想象，达到“忘我”状态，可以最大限度地激发和释放潜能。个体在工作时应尽量减轻客观环境对思维活跃程度的压抑，特别是不要对自己的言行进行不必要的约束。

第四，进行积极的归因。归因，即归结行为的原因，指个体根据相关信息、线索对行为原因进行推测与判断的过程。无论是成功还是失败，每个人都会力求解释自己的行为，分析导致行为结果的原因。面对成功或失败，积极地归因有助于让个体在失败的时候不至于太悲观，同时也可以减少其内心的焦虑与内疚感，而在成功的时候个体也会感到满意和自豪。这种积极的心理体验将使个体对持续某一行为的积极性保持在较高水平。

2. 激发外部创意动机

实践表明，恰当的外部创意动机能够推动创新活动的开展。个体在激发外部创意动机时应注意以下 2 个方面。

第一，借用外部创意动机激发内部创意动机。个体在刚刚接触一个新事物或进入一个新领域时，由于对新事物或新领域不熟悉，很难产生强烈的内部创意动机。此时个体可适当采取奖励强化法，利用外部创意动机去支撑行为，即当自己对一项工作不感兴趣但又必须完成时，可以事先与自己做个约定——在完成一部分工作后给自己一个奖励，并设定一个奖励标准。

第二，合理地自我强化。自我强化是指个人依据强化原理安排自己的活动或生活，每实现一个小目标，就给予自己一些物质上的或精神上的“报酬”，直到最终目标实现。自我强化可以用来培养兴趣爱好，使个体保持兴奋的状态，并保证其行为活动的持续开展。自我强化根据强化物的不同可以分为物质强化和精神强化。

物质强化，也就是个体在进行创新活动之前，先为自己制定一些活动标准，在活动过程中时常将自己的活动情况与标准进行比较，如果达到了所制定的活动标准，就予以自己一定的物质奖励。

除了物质强化外，个体更应关注的是精神强化，也就是通过精神、心理方面的体验来强化自身的创新兴趣。每个人都会自发地进行精神强化，例如，在创新过程中努力寻求积极的心理体验（主要包括“快乐”“喜悦”“自豪”“满足”等积极的情绪和“成就感”“荣誉感”等比较高层次的需要）。个体在创意活动的过程中应扬长避短，发挥自己的特长和优势，让创意活动的过程和成果给自己带来积极的心理体验，不断加深参与创意活动的兴趣。此外，在创意活动的过程中，挫折是难以避免的，个体要勇于面对挫折的考验，学会正确对待挫折，避免负性强化导致兴趣消退。

拓展阅读

创意意识的挖掘

对于创业者而言，创意意识的挖掘非常重要。在挖掘创意意识之前，创业者需要立足自身，在深刻认识自我的基础上，从自身拥有的资源出发，通过行动去创造价值。大学生创业者可以借助 KAR 模型和资源—价值画布来认识自我，促进新价值的产生。

1. KAR 模型

KAR 模型是根据萨拉斯（Saras Sarasvathy）的效果推理理论设计出的一种自我认知工具，主要由“我是谁”“我知道什么”和“我认识谁”3 个维度组成，如图 2-1 所示。

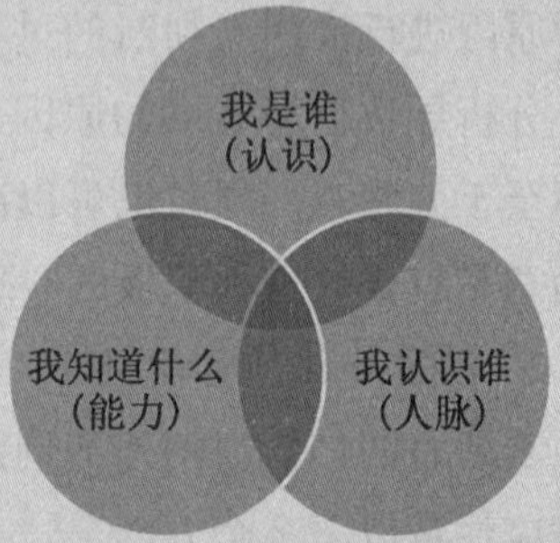

图 2-1　KAR 模型

该模型通过对知识、技能、经验和人脉等自身所拥有资源的分析与反思，引导创业者思考“我能做什么”，从而使其将关注点转移到为他人或为自己创造价值上。

2. 资源—价值画布

资源—价值画布，即从创业者自身拥有的资源出发，创造有价值的想法。其中，资源指创业者通过自我认知或 KAR 模型分析获知的可以为自己创业提供帮助的、立足于自身与外部环境的条件，这是价值创造的基础。价值则包括客户和问题 2 个要素，其中，客户指创业者运用资源而要去帮助的对象，问题则是指客户面临的问题。因此，资源—价值画布的本质是通过为客户解决问题来创造价值。

资源—价值画布的应用非常简单，创业者可按照以下问题依次进行梳理和思考。下面以某学校助学基金中心的一名成员为例，介绍资源—价值画布的应用。

第一步：我是谁

例如，我是学校助学基金中心的一名成员，我乐于助人，亲和力较强，喜欢尝试各种新事物，喜欢与他人交流分享，喜欢参与和组织各项活动。我具备基本的计算机操作技能、较强的语言表达能力和沟通组织能力。

第二步：我知道什么

例如，我在班上担任生活委员，在学生会组织部当副部长，是手工社资深成员。我接受过助学中心的花草义卖和支教培训，并拥有一定的经验。

第三步：我认识谁

例如，我认识助学基金中心的许多老师和其他助学基金中心的成员，在社团和学生会也有熟识的伙伴，对本院系老师、辅导员也比较熟悉。

第四步：我能帮助谁

例如，我能帮助助学基金中心的老师和助学基金中心指定的帮助对象。

第五步：我能解决什么问题

例如，我能运用我的语言表达能力、沟通组织能力和计算机操作技能帮助老师解决一些工作上的问题，主要包括协助组织完成招新工作，帮助老师收集、通知、转发材料等；我能为被选定的需资助的儿童进行宣传，鼓励有条件的大学生资助山区的留守儿童，在力所能及的条件下提高被资助儿童的生活与教育水平。

通过上述方法可知，该大学生如果创业，可以以此为基础，尝试建立公益助学平台或机构等。

课堂活动

创意座谈会

找几个你的同学或者其他熟悉的人组织一次座谈会，就他们的日常消费活动交换意见，注意倾听他们对于学校或者周围的餐馆、超市等商业服务场所有什么意见，记下这些意见。然后按照下列步骤进行实践操作：

第一步，从这些交谈中提出 3 个以上有创意的想法；

第二步，评价自己提出的 3 个创意；

第三步，选择一个你认为最好的创意，并对它进行分析。

二、营造创意环境

（一）创意环境的概念

创意环境是寓感性和理性、物质和意识于一体的一个创意场，不同的时间、空间又形成各个风格迥异的小创意场。不同的小创意场相互影响制约，最终形成了有一定明确倾向的总体意识流，这种意识流构成了创意环境的内容。而在创意环境中，创意者通过各种途径形成的意识流，则是创意环境的形式。所以我们认为环境即场，创意环境即若干小的创意场相互作用形成的总体创意场。

（二）创意环境的特点

创意环境具有量的丰富性和质的可塑性。创意环境是创意者活动的舞台，而舞台可以是一个，也可以是千千万万个，故创意环境具有数量丰富的特性。就某一舞台（创意环境）来说，根据上演节目的不同，舞台的布置可以风格多样。所以创意环境就数量来讲有量的丰富性，就风格来讲，又有其变化多端的质的可塑性。

创意环境具有客观性和稳定性。由于创意环境是创意产生的客观背景，这一背景可以是具象的，也可以是抽象的。如果是具象的，我们一目了然。如果是抽象的，我们通过分析、辨别，最终还是要将它转化为具象的东西来对待。这种背景总是能反映出一些规律来，它不以个人意志为转移，因而具有客观性。

（三）创意环境的分类

1. 根据对人类活动影响的程度划分

从对人类活动影响的程度来看，创意环境可分为自然创意环境和社会创意环境。

自然创意环境即非人类活动可以影响其本质的创意者活动的环境，如沙漠、草原、海洋等非人类创造的环境。人类最初从森林天然火中采取火种，那是在自然环境中产生的一个极其伟大的创意。人类利用自然创意环境的最根本目的是改造自然环境，这也是一切创意的根本归宿点。

社会创意环境即人为创造的可产生创意的环境。如工业的发展使交通运输工具的改革被提上了日程，四轮马车必须被一种效用更好的交通运输工具代替，于是火车应运而生。人类利用社会创意环境是为了使社会环境更符合人类的需求，这是创意者从事创意活动的直接动机。

2. 根据对创意者和创意本身影响的程度划分

从对创意者和创意本身影响的程度来看，创意环境可分为一般创意环境和特殊创意环境。

一般创意环境是一种对创意具有普遍影响力的共享性创意环境。特殊创意环境是一种对创意有影响力的特定时间、空间条件组合的环境。如爱因斯坦对理科知识的热爱与个人特定的心理素质相结合才有了相对论的发现，这个创意环境是特殊的。而相对论发现后，各国对它进行研究，着手研制原子弹，则使之成为共享性的一般创意环境。一般创意环境有助于创意产品量的积累，而特殊创意环境则关乎创意本身质的突变。

3. 根据创意环境的内涵划分

从创意环境的内涵来看，创意环境可分为外部创意环境和内部创意环境。

同一创意一般在内部创意环境和外部创意环境二者结合的环境中产生。内部创意环境指对创意有决定性影响的环境。如个人的知识层次、思维模式、心理素质、世界观、人生观等。外部创意环境是指对创意不具有决定性，而只有辅助或推动性作用的环境。现代商业运作中，广告的作用占有相当的比例。但广告说到底不过是一种针对产品销售的辅助性手段。如可口可乐公司能成为饮料市场上的一棵常青树，广告媒介为之立下了汗马功劳。但是起决定作用的还是可口可乐独到的口味。如果广告名不副实，就等于是在喝倒彩。内部创意环境和外部创意环境即内容和形式的关系，决定创意的最终因素在于内部创意环境。

4. 根据创意环境对创意的利弊影响划分

从创意环境对创意的利弊影响来看，创意环境可分为有利创意环境和不利创意环境。

有利创意环境指对创意起促进、推动作用的创意环境因素的总和。不利创意环境指对创意起阻碍作用的创意环境因素的总和。创意者创意的成功或失败在于有利环境与不利环境哪一方占上风。如果是前者占上风，则会使创意水涨船高，精益求精；如果是后者占了上风，则创意或功败垂成，或被扼杀于摇篮之中。

5. 根据创意者自身内向型或外向型的思想性格倾向划分

从创意者自身内向型或外向型的思想性格倾向来看，创意环境可分为封闭型创意环境和开放型创意环境。

封闭型创意环境是指在整个创意活动中环境相对封闭，而开放型创意环境是指在整个创意过程中环境一直是开放的。虽然创意的实践往往证明封闭型创意环境更利于创意者作出果断决策，但总体来讲，开放型创意环境更可取，因为它能使创意者集思广益。

课堂活动

创意产品展示

生活中总会有一些让你觉得非常有创意的事物，通过分享，让大家一起认识它们吧。具体步骤如下：

① 4～6 人组成一组，每个同学搜集 5 个自己认为非常好的创意产品或想法，如防护隔离帽、飞行摩托等。

② 组内分享，每个同学说出其创意所在，并评出 5 个最为精彩的创意产品或想法。

③ 各组选出一名代表就本组选出的创意产品或想法与全班同学进行分享与交流，再由全体同学选出最有创意的产品或想法。

④ 针对该产品或想法，全班同学进行“头脑风暴”，对其进行改良、升级，由此得出创造一个全新产品的想法。

三、了解用户：情绪与需求

打造富有创意的产品，要善于观察用户的情绪，了解用户，从而满足用户的需求。

有人认为，在当今社会中，只要有用户就会有需求，只要有需求就会需要产品，只要有创意就有机会打造超级产品。

现在的创业企业越来越多，但是很多企业并不了解超级产品战略，甚至在很长的时间里对自己的企业战略有很大的误解，认为战略是形成自己的核心竞争力，不断做出“流水线”产品，于是产品就会变得毫无价值。

一家企业能发展到什么高度取决于它对打造创意产品的决心如何。想要做好企业，成为行业巨头，首先要清楚如何打造创意产品，让创意产品战略落地，才能发挥出产品的价值。但是该如何引导用户使用产品，这是一个新的问题。

用户为什么会使用你的产品？是因为产品的设计，还是功能？又或者是因为他是企业品牌的忠实粉丝？其实都算是，但究其根本是用户的情绪，他们所有的行为都是由情绪驱动的，每个人的情绪不同，就会产生不同的行为。

有观点认为，情绪决定着行为，每个人的行为都是由情绪驱动的。想让用户选择你的产品，那就要引导用户做他们想做的，满足他们的需求。而打造富有创意的产品的核心，就是了解用户情绪，以用户为中心打造超级产品，满足用户需求。

人类的情绪是充满活力且有目的性的，也许它看不见摸不着，但能够被感知。情绪的作用不容小觑，因为它塑造着人们的思维感受以及影响周围的生存环境。

产品和用户的情绪是紧密相连的，想要打造富有创意的产品，就要洞察用户情绪，满足用户需求。

（一）了解用户情绪

大家可能会有一个疑惑：人的情绪有那么多种，那么复杂，难道我们要一一了解后才能打造出富有创意的产品吗？

其实，只要企业能够了解到大众共通的生物性情绪，围绕用户情绪思考如何打造创意产品，基本上是不会错的。生物性情绪是每个人一出生就有的本能情绪反应，包括愉悦和不悦、恐惧和愤怒。

1. 愉悦和不悦

二者的区别在于产品是否能够满足用户需求。如果需求被满足，用户就会感到愉悦，否则就会不悦。

在打造创意产品的过程中，我们常说的就是用户体验，要给用户带去好的用户体验是企业造就创意产品的重中之重，而产品的价值就是令用户感到愉悦，让用户感觉到愉悦，这就是好的用户体验。例如，百度前产品副总裁俞军宣布做“百度音乐”这款产品时问出了一个问题：我们该如何去做这款产品才能受到用户的喜爱？许多人写了策划书给他，洋洋洒洒，长篇大论，只有一个人只写了 6 个字：“易搜索，能下载”。于是提出这“六字真言”的李明远被录取，“百度音乐”这款产品问世了。

要知道，当时互联网上的音乐资源很少，人们想在网上找到自己想听的音乐并不容易，百度能够提供音乐搜索及下载的服务，这就能够为用户带来愉悦。很多让用户感到愉悦的产品，都满足了用户的需求。

不悦，就是让用户觉得不开心。想要打造创意产品，千万不要做出让用户感觉到不悦的产品，明知道该产品未满足用户需求，还逼着用户进行一系列的授权使用，这不是强迫用户放弃产品吗？

2. 恐惧和愤怒

恐惧和愤怒几乎是每个产品经理都了解的情绪，因为痛点的本质就是恐惧。例如，某款洗发水产品主打去屑功能，该产品的广告中出现了2个场景，一个场景是路人甲在拜访岳父岳母时，肩上都是头屑，老人家面露不悦；另一个场景是路人乙在公司上班时，获得了不错的业绩，老板为了亲自鼓励那些业绩较好的员工，挨个拍肩膀以资鼓励，当轮到路人乙时，老板先是一愣，随后改为“打脸式”鼓励。

在这2个场景中，能够让用户购买该产品的动力是什么？是恐惧。没有人想在见家长时被岳父岳母嫌弃，也没有人希望自己在职场当中被领导嫌弃。恐惧驱动着用户的行为。

很多产品经理经常问：用户的痛点是什么？只要找到用户的痛点并解决就能打造超级产品。因此，我们可以进行细化的思考：当某件事情发生后，用户的恐惧在哪里？

人的恐惧不会一成不变，它会随着事情的发展而产生变化，用户的恐惧越大、越强烈，企业打造超级产品的机会就越大。

愤怒和恐惧最大的区别在于害怕程度。例如，有个人被车撞了，开车的人驾车逃逸，那么被撞的人就会感到愤怒。而如果这个人遇到的是地震，他不会感到愤怒，而是恐惧。愤怒是不可控的，容易导致人们做出过激的行为。在打造超级产品的过程中，可以利用用户恐惧的心理状态，但不能让用户感到愤怒。

很多时候，好的产品创意要在生活中找答案，想要打造创意产品，企业需要在用户情绪变化的瞬间找到机会。

（二）以用户为中心

我们在意识到创意产品战略的底层逻辑是洞察用户情绪、满足用户需求之后，要如何洞察用户情绪，在生活中捕捉到新机会呢？

一个方法是每天使用自己的产品，然后刨根问底地问“为什么”：为什么这款产品功能设计成这样？为什么这款产品那么难用？为什么实现这个功能有那么多操作步骤？在这个过程中，我们会意识到自己的情绪发生了变化，因为我们是站在用户的角度去看待产品，于是可以开始思考：我在哪个步骤当中情绪发生了怎样的变化？为什么我会发生这样的变化？

在还未找到答案的情况下，即时反馈成为了企业扭转形象的很好方式。用户在使用产品不方便时，他们很想找人吐槽一番，并希望能够有所改善，因此，即时反馈会让用户对企业或产品产生正面的评价。他们的反馈越快得到回应，用户对企业或产品的正面印象就越深刻，同时这也是很好的互动方式。

（三）满足用户需求

需求是指在一定时间内和一定的价格水平下，消费者愿意购买某种商品或服务的数量。构成需求要满足 2 个条件，即需求的 2 个要素：一是消费者愿意购买，即有购买的欲望；二是消费者能够购买，即有支付的能力。满足需求是商业创新的前提。

从发现和解决人的需求出发生产符合需求的产品是开展创意活动的前提，只有能够满足人的真实需求的产品和服务才经得起市场和消费者的考验，才能更好地推动创新。

需求可以分为隐性需求和显性需求。隐性需求是指消费者虽然有明确的欲望，但由于种种原因还没有明确显示出来的需求。一旦条件成熟，隐性需求就将转化为显性需求，进而引发消费者的购买行为。隐性需求十分重要。从创意活动来说，第一步就是发现和挖掘目标群体的隐性需求。对于企业来说，要想在激烈的市场竞争中取胜，不但要着眼于显性需求，更应捕捉市场的隐性需求，进而采取行之有效的开发措施，在他人尚未推出相应产品和服务的时候，抢先一步占领市场。

案例分析

美的“无风感”空调

夏日里，空调成为人们避暑纳凉的选择，但长时间吹空调，即使将风力调到最低也会让人感到不适。而一款“无风感”空调正在成为消费者的新选择和行业新热点。

在 2020—2021 年中国空调行业高峰论坛上，无风感技术和相关产品获得多项大奖。“工业发展需要更多依靠技术创新驱动，重点在于提升企业的发展质量，我国家电制造业要以创新为驱动，努力发展自己的核心技术。”美的空调相关负责人表示。

“家里前前后后用过几台空调，比较来看，无风感空调噪声更低、风量控制更好，并且制冷效果也不错。”某市民说。

如何控制出风量、出风形态、出风程度，关系到空调使用者的舒适度。通过打造上千个散风微孔，将冷风气流分解为众多细小气丝，实现无风感体验，这背后是持续加大的研发投入。

据了解，美的空调仅健康舒适类专利就拥有 1 479 项；花费 4 亿元投建的家用空调制冷研究院，实验室数量多达 275 个，研发设备投入 2.5 亿元；在中、美、日、意、印布局全球五大研发基地，拥有超过千人、硕博占比超过 40%的研发团队。

在 2020 年上半年中国家用空调产销量下滑的背景下，美的空调 2021 年前 6 个月线上市场的份额上升至 36.5%，比去年同期增长了 7 个百分点；线下市场占比达到了 33%。

有业内专家表示，目前，国内家电市场需求变化快，在产品不断迭代的同时，企业很难找到能够广泛匹配行业、市场和用户需求的产品。

如何扭转这一局面？以用户导向进行技术创新是关键。

“用户说好才是好，用户和市场需求是一切创新的源头。我们每一次技术创新，引领技术方向的用户需求都是企业考虑的重点。”美的集团董事长方洪波表示，公司将传统的产品本位思路转变为用户思维导向，将技术对接用户的需求，以需求为导向促进产品的更新。

“在入户调研中，我印象最深刻的是一位刚生下孩子的妈妈，由于小孩一吹空调就感冒，所以整个夏天的每个晚上她都要不停给孩子擦汗，很难休息好。”美的空调用户体验中心工作人员回忆道。

210 个风速传感器、每 0.1 秒采集一组数据、1 512 万组数据、275 名外部用户体验的总时长超过 720 个小时……美的空调深入采集样本，经过对调研数据的系统化整理统计，以及根据用户真实反馈内容不断调整，无风感的新技术逐渐成熟。

分析：了解用户的需求，才能创造出更受消费者欢迎的创新产品。

课堂活动

培养同理心——你在听吗？

每 2 人组为一组，背对背坐着，其中一人向另一人讲述自己的事情，过程中一定要不停地说话，想说什么就说什么；另一人不能作任何反应，如此持续 4 分钟。然后大家角色互换。结束后，请参与活动的学生谈感受。

① 你觉得背后的人正在干什么，想什么？你有什么感受？

② 还想继续说下去吗？

③ 如果要愉快地继续你的讲述，背后的人需要做些什么？

通过这种方式，加深彼此之间的信任，进一步了解用户（学生），设计出令他们满意的富有创意的产品。

四、换位思考：同理心的培养

（一）同理心概述

同理心一词源于希腊文“empatheia”，英国心理学家爱德华·布雷福德·铁钦纳

(Edward Bradford Titchener) 于1920年首度使用了“同理心”概念。同理心是亲自“模仿并感受”他人的痛苦。具体来说，同理心是通过有针对性的代入式体验来理解一个人或者一群人的主观经历，站在对方的角度去理解对方的想法和行为，从而让产品设计师深刻理解用户且保证设计的客观性。同理心不是简单的换位思考，一切将心比心、细致观察和良好沟通的落脚点都是最终行动，都是为产品设计师的有效行为服务。在设计过程中，产品设计师应将自己置于用户角度去理解使用者的立场，进而作出更加有针对性的人性化的设计。

在设计环境中，运用同理心有一个独特的目的：在创意过程的早期阶段激发设计决策。在创意过程中运用同理心，一方面是收集主观信息，另一方面是客观地分析信息。收集主观信息的最好方法是将自己置身于目标群体的背景下，并对他们的经历形成自己的见解。

同理心是一种利用人们的现实经验来应对现代挑战的方法。当公司对团队成员的需求有更深入的理解时，才能使用正确有效的方式激励成员的灵感并促使他们改进工作，团队甚至整个组织就会释放创新的能力。可见，同理心十分重要。

为了设计产品和服务，你需要了解用户的不同之处，而不单单只是设计产品。当你在客观的层面上了解用户，你就能理解他们执行任务所需的条件；当你从主观层面了解用户时，你就能意会到他们的目标是什么，以及他们在努力实现目标时的感受。你需要通过后者来获得设计经验。

培养同理心的目的不是寻找问题的解决方案，而是寻找机会，并形成对用户的整体理解。设计思维中的同理心不仅是信息和事实，也是灵感和创意的来源。

作为创意思维流程的第一步，同理心就是换位思考，站在用户的角度，把自己当成用户去体验整个流程，尝试理解用户身处的环境和已知信息、摆在他面前的问题和挑战，感受他的情感波动和想要达到的目标。同理心是发现并确定问题过程中非常关键的一步，是所有创意和创新方案的基石。我们要用好奇的眼光重新审视用户所处的环境，不论这个环境是已知的还是未知的，都要从头打量。具体的做法是用一种全新的视角审视用户所处的环境，梳理用户的行为，理解用户的感受，试图找寻其行为的意图和诱因，明白用户的所思所想，例如，听到什么、看到什么、感受到什么、为何如此选择、为何这样做，甚至让自己成为用户。

（二）培养同理心的步骤

1. 发现

进入用户世界，与用户联系，这将帮助你以正确的思维模式来理解用户。

假设你正在为在自助食品区工作的员工设计新的工作流程，来提高他们的工作效率，而你不认识他们，也从来没有和自助食品柜台后面的工作人员说过话。那么，在幕后走动，看一看他们投入的时间和有限的活动空间，可以帮助你以正确的思维模式理解用户，发现问题。这些问题会激发创意者的好奇心。

2. 沉浸

在用户的世界中漫游，收集定性数据，这有助于你获取用户的观点。例如，你作为美食广场运营团队的一员积极地收集数据，在美食广场买一杯咖啡，在喝咖啡的间隙与其他消费者交谈，拍下那些能反映问题的照片时，你就开始从用户的角度体验环境了。

3. 连接

与用户产生共鸣，回忆自己的经历来连接和创造意义。这个步骤可能会在收集数据时自然发生。例如，当你在餐厅边吃饭边收集用户数据时，因服务员在更改菜单和特价菜品推荐上未与你沟通而感到恼火，这时你可能会回想起你在学校时，因老师忘了在改变下次考试的必考书目时与学生进行必要沟通而愤怒的情绪。没有正确的指令信息，会令人产生一种无助感。你还记得这种感受，能理解并认同用户的感受，就能够培养出同理心。

4. 分离

尽管按照前面的步骤来获得必要的见解似乎就足够了，但是你需要从创意者的视角来看待主观数据，以将运用同理心获得的见解转化为具体可行的想法。

在设计新的工作流程时（如提高自助食品区员工的工作效率），你需要运用同理心，以便了解你正在为谁设计。在发现步骤中，你只是四处闲逛来激发你的好奇心；在沉浸步骤中，你开始收集用户的定性数据；在连接步骤中，你开始将收集的数据与自己的经验联系起来创建新的见解；你最终回归到创意者的角色，在分离步骤中构思和创造想法。

这些步骤反映了你需要在收集主观信息和分析客观信息之间取得平衡。

（三）同理心的实现方式

1. 展示原型

给用户展示产品原型，观察他们于当前的环境中的真实使用行为，这是对用户行为及用户和产品交互状况的观察。无论如何，你都要记录下你的观察结果以进行进一步的分析和交流。这可以通过笔记、地图上的路线草图、照片、视频等来实现。

例如，将医疗设备和护士映射到医院病房，可以帮助你了解目标受众将如何体验到改进工作流程而带来的效率的提高；从轮椅使用者的视角拍摄一段穿过大楼的视频，可以帮助人们了解无障碍体验是什么样的。

2. 邀请用户记录他们的行为和环境来表达他们的想法和感受

你可以使用相应工具包（设计人员为设计项目中的目标群体提供的记录工具，以便了解他们的生活）来完成此操作，而不必融入用户所处的环境中。然而，当你邀请别人参与时，将自己融入用户所处的环境中将会获得更深刻的见解。

例如，你可能会在疗养院中给老年人分发信息卡片，在这种情况下，通常可以先联系照料者、管理人员或辅助服务人员（如门卫或厨师）。你可以跟着他们四处走动，从而深入了解老年人的情况以及产生有效互动。在这里，你应该使用一定方式记录（如摄影或照相）来保存数据，以备后用。

3. 亲自体验：获得他人可能拥有的各种体验的个人见解

这种方法是最耗时的，但可能会带来不同的情感见解，因而更容易在情感层面上与用户产生共鸣。例如，你可以在办公楼以保洁员的身份工作几天，体验办公环境的脏乱以及同事不像平时那样问候你时的感受。这可能是最难捕捉的数据，日记式的笔记是一个很好的记录方法。

虽然这 3 种方法都有助于培养同理心，但第一种方法更客观（更侧重于认知方面），最后一种更主观（更侧重于情感方面）。不过 3 种方法都能获取与用户相关的信息，所以组合使用效果会更佳。

（四）了解需求后进行创业

不管市场怎么变化，许多创业者总能很好地抓住市场变化的机会，因为他们离用户很近，最能感受到用户需要什么，为什么而付钱，哪些产品能够受到用户的欢迎，因而能使产品深入人心。

如果你还在为你的创业方向而苦恼，要么你是刚开始创业，还没有找到自己的目标用户，要么你可能已经离你的用户有点远了，没有了解到他们需求的变化。

案例分析

大学生创业者小霞在短短的 3 年时间内使产品价格涨了 10 倍，她的创业项目是“绯色美学”。她的创业经历非常简单而质朴：大学毕业后在一家婚纱摄影店打工，每天的工作就是营销、化妆、拍摄、剪片，都是很平凡的工作，但她做得很认真。2021 年，她选择自己创业，在山东省原莱芜钢铁总厂家属区开设了自己的第一家婚纱礼服馆，主要业务就是帮新人化妆以及租赁结婚礼服。

2021 年，小霞感受到市场的变化，原来新人都是一大早去婚纱店化妆，这是自然而然形成的市场，但是这非常不方便，也不是婚纱店的主要业务。新人一大早化好妆后，一整天都要保持妆容精致，过程中的补妆、换装都很不方便；随着生活水平越来越高，不仅新人需要换几套礼服，伴娘、家人的化妆需求也开始多起来。在这之前通常都是亲戚朋友里面懂化妆的人代劳，并不是很专业。

小霞敏锐地捕捉到用户需求的变化——他们愿意为上门化妆和礼服租赁付钱。因为她的化妆技术、配饰运用非常专业，也因为用心服务和各种创新，她的口碑越来越好，“绯色美学”成为当地首屈一指的品牌。

同时，她敏锐地感觉到，为新人化妆的业务频次有点低，需要有能更高频次与用户互动的产品。

于是她应用户要求，在自己的婚纱礼服馆开设了美业集合店，包括化妆延伸出来的一些增值产品，如美甲、美睫、半永久纹绣、皮肤管理等，大城市有的一些轻量级化妆产品她的店里都有。这些产品带来了可观的收益，小霞的团队也不断扩大。

从2020年开始，线下门店受到新冠疫情的影响，客流量下降。但是机遇总是与挑战并存。她发现越来越多的女性客户提出，希望能跟着她学习化妆技术，希望能有一技之长，可以通过掌握门技艺来谋生，或者获得一些收入补贴家用。

这些女性的天性是爱美的，想从事化妆、美容方面的工作，也是天性使然的。

于是，小霞开设了美容培训，一开始是针对社招的学员，收费3 000多元，主要帮助女性拥有一技之长，学了就可以去店面打工，或者自己开工作室。2021年年底，校招的职业技术培训也开始了，她开始提供一年半制在校学生的系统培训，收费已达上万元，开设的课程也不仅仅是化妆，还增加了美甲、美睫、纹绣等专业课程。

2023年，她重组了自己的创业产品金字塔结构，将化妆职业培训作为自己的核心腰部产品，将婚纱礼服馆＋美业集合店打造为自己的金字塔顶部标杆产品，同时创造更多的引流产品，一方面为主业带来流量，另一方面为更快速的业务增长创造可能。

分析：发现需求就是找到用户，找到用户就能抓住市场，这是创业的基础。只有贴近用户，了解用户的真实需求，才能设计开发出真正受市场欢迎的产品。

拓展阅读

如何在生活中培养同理心

走进他人的内心，自然是一件美好的事情，因为那意味着“我懂他”，彼此的关系就可能因此逐渐亲近起来。但这是一种技能，不是谁都会的。

培养同理心，需要记住这3句话：

第一句话——己所不欲，勿施于人。

这是孔子的一句名言，意思是自己不愿意做的事情，推己及人，也不要强加在他人身上。例如，我们不喜欢别人言而无信，那么自己就要做到言而有信；我们不喜欢被否定，也不要轻易否定别人。

第二句话——己所欲，也勿施于人。

自己不想要的东西不强加给别人，这很好理解，但我们还要明白，人和人是不同的，我们喜欢的东西，别人未必喜欢，所以培养同理心，还要做到“己所欲，也勿施于人”。例如，自己遭遇过不幸，会觉得自己能够“积极”应对，别人也“应该”如此应对，这就是没有理解上述2句话的内涵。

同理心，不仅要想象自己站在对方的立场，借此了解对方的感受和看法，还要发现自己与他人的不同，进而走进对方的心，拉近彼此心的距离。

第三句话——学会同理心，关键是“态度大于内容”。

培养同理心，我们要记住“己所不欲，勿施于人”和“己所欲，也勿施于人”这2句话，但在现实生活中好像还是很难做到，怎么办呢?

记住：态度大于内容。

态度针对人的情感部分，一个好的态度，会让人在情绪情感上感觉到舒服，体验流畅积极，这个体验就会反过来影响人的理性思考；内容则是人的大脑所处理的信息部分，经过逻辑判断、权衡、抉择等过程，作出理性的决定。例如，买衣服的时候，我们认为衣服质量是关键，不会在意服务员的态度，这就是理性思考。而当我们真正去买的时候，如果遇到态度好的服务员，自然会再次购买；反之就极有可能不再购买。这就是态度对理性思考的影响，即态度大于内容。

我们在与他人谈话时，同时在2个层面上进行互动，即内容信息层面和情绪情感层面。如果想要走进对方的心里，就要注重情绪情感层面，即不能忽视对方的情绪和感受，这样交流才会畅通。那么我们该怎样识别对方的情绪情感呢?

首先，我们要有这个意识，即在听对方说话时，能够分出一部分精力去感受对方可能隐藏的情绪情感。

其次，把对方换作自己，想想自己如果在对方的境遇下，会有什么样的感觉。简单来说，就是把对方当成自己去感受，而不是仅仅把对方当成一个和自己对话的人。做到这一点很难，因为那取决于我们自己是否有感受自己的能力。

最后，少讲故事，多谈感受。多谈感受不仅可以增强感受自己的能力，还会更好地共情他人，这就是在培养同理心。更重要的是，谈感受会容易让对方有被理解的感觉，如果一味谈理性，应该怎样，不应该怎样，就会给人好为人师的感觉。要知道，我们用什么样的态度去回应对方，有时比我们具体回应了些什么更重要。

课堂活动

体验别人的习惯

每个人都有自己的习惯。当我们去体验别人的习惯时，会发现特别不舒服。在生活中，别人的处事方式可能和你完全不同，我们每个人都要学会接纳不同，理解他人。

将学生分成若干个小组，每组成员 2 人。参与者双手交叉握拳，看看是左手拇指在上面，还是右手拇指在上面。然后互换，左手在上的改为右手，右手在上的改为左手，换好后，参与者要闭上眼睛静心体验一下是什么感觉。学生互相询问感觉是否舒服，不同的习惯是否有好坏之分？

拓展阅读

有人买了一副很贵的窗帘，第一位朋友知道后说："什么，太离谱了，我看他占了你的便宜！"不错，朋友说的是实话，但是没有人愿意听贬低自己判断力的实话，主人马上就可能会想到，贵的东西必有贵的价值；他可能会想到，廉价的东西不一定有高品质和高艺术品位。

第二位朋友知道后，首先表示对窗帘很感兴趣，赞扬那副窗帘，表示自己也希望家里能负担起那些精美窗帘的费用。这时主人的反应完全变了，他说："其实我自己也承受不起，我后悔订了它们，它的价钱实在是太高了。"

课堂活动

倾听的重要性

在进行产品设计的过程中，懂得倾听的人能够在听的过程中摸清说话人的想法。注意倾听别人讲话，可以从他们说话的语调、表情和肢体语言中，了解对方的需求、态度和期望。

1. 传话接龙活动

所有同学排成一排，在 30 秒内把前一个人说的话传递给后一个，最后一个人当众核对。

2. 撕纸游戏

① 不允许提问，按照主持人的提示将纸对折 2 次，撕掉一个角。

② 允许提问，按照主持人的提示将纸对折 2 次，撕掉一个角。

第三章 定义与分析问题

知识要点

1. 定义问题；
2. 描述问题；
3. 分析问题。

学习目标

1. 掌握如何定义问题；
2. 掌握如何描述问题；
3. 掌握如何分析问题。

"问题是创意的基础"，找出问题并且分析问题，才能更好地进行创意活动。换句话说，创意是建立在解决问题上的，而对问题的定义决定了解决问题的方式。

千里之行，始于足下。构建一个创意基础包括：定义问题、描述问题和分析问题。只有不断地寻找问题，才能找到创意。

一、定义问题

1642 年，为了处理复杂的数学计算，布莱士·帕斯卡（Blaise Pascal）利用齿轮原理发明了第一台可以执行加减运算指令的计算器，在此基础上，电子计算器、计算机得以发展；19 世纪，莱特兄弟有感于鸟和玩具可以在天空飞翔，开始了对人类飞上蓝天的探索，由此促进了飞机的发明……问题探索是商业机会的重要来源，许多创新创业成果来自对问题的发现与探索。可见，问题中蕴藏着丰富的创业机会。因此，大学生创业者要重视问题探索，从问题中识别、发掘创业机会。

（一）什么是好问题

当今社会是知识经济的社会，也是信息爆炸的社会，社会发展变化很快，信息搜索与问题解答在现代科技的支持下变得非常容易。答案在贬值，而问题在升值。并不是所有的问题都有价值，只有好问题，才值得大学生创业者探索。因此，如果不能找到好问题，不能用知识解决有价值的问题，那么大学生创业者将难以更好地进行价值创造。

正如著名物理学家沃纳·海森堡所说："提出正确的问题，往往等于解决了问题的大半。"那么什么是好问题？好问题通常需要满足以下 7 个特征。

第一，开放的。开放的问题能够激发人的想象力与创造性。例如，"为什么看起来细小脆弱的蚊虫能够刺进人体皮肤？"

第二，充满想象力的。充满想象力的问题更容易获得多样的、有新意的答案。例如，"人类如何才能实现时空穿梭？"

第三，有趣的。有趣的问题本身就是比较天马行空的，因此其答案也常具有较大的创新性。例如，"如何使小行星偏离轨道？"

第四，积极的。问题可以分为积极问题与消极问题 2 种。相比消极问题，积极问题更多的是一种探寻，能够帮助人们发现更多的机会。例如，同样是想解决过度使用手机的焦虑，消极问题是"我怎么能控制自己少玩手机？"而积极问题是"我如何将玩手机与日常生活和工作结合起来，对其进行合理安排？"

第五，有价值的。好问题应当是有价值的，值得探讨或实践的问题。例如，"是什么控制着器官再生？"

第六，充满挑战的。好问题应当有一定的难度和挑战性，得出的解决方案要有价值。例如，计算机工程师拿到某航空公司的基本情况后，开始设计有关系统的算法，该算法会根据可能延误的航班情况自动推荐优化调整方案。

第七，可实现的。好问题是人们可以借助知识、技术或现有的社会资源解决的问题，而不是不切实际、难以实现的问题。例如，"人们如何实现飞檐走壁"比"人们如何通过练轻功实现飞檐走壁"好实现。

（二）问题类型与创业活动

创业机会源于问题，而问题种类繁多。所以在开展创业活动时，大学生创业者应找出需要重点关注的问题，为问题排出等级。根据重要性和紧急性，问题可以分成 4 种不同的类型，即重要又紧急的问题、重要而不紧急的问题、紧急而不重要的问题、既不重要也不紧急的问题。针对不同类型的问题，大学生创业者应采取不同的应对方式。

1. 重要又紧急的问题

在创业活动中，这类问题属于高效问题，需要大学生创业者迅速形成解决方案，这也能使大学生创业者较顺利地获得商业回报。

2. 重要而不紧急的问题

在创业活动中，这类问题属于战略问题，是待开发的机会，需要大学生创业者做好应对解决的准备。

3. 紧急而不重要的问题

在创业活动中，这类问题多属于投机问题，能满足消费者的需求，但无法使企业获得长足的发展。

4. 既不重要也不紧急的问题

在创业活动中，这类问题多属于可放弃的问题，大学生创业者如果专注处理这类问题，将面临较大风险。

聚焦不同类型问题的大学生创业者有着各自的行事风格，也将面临不同的创业局面。

聚焦重要又紧急的问题的创业者属于现实型创业者。这类创业者在市场中占比较高，可以通过马上解决重要又紧急的问题而很快获得商业回报，但其面向的多是“红海”市场，竞争较为激烈。

聚焦重要而不紧急的问题的创业者属于战略型创业者。长期关注这类问题，在创业机会来临，即问题变得既重要又紧急的时候，他们往往会由于前期的充分准备而获得竞争优势，或提前找到“蓝海”市场，成为某个领域的领先者。当然，这也意味着大学生创业者前期需要有所投入并能够坚持。

聚焦紧急而不重要的问题的创业者属于投机型创业者。这类创业者的逻辑是消费者需要什么就提供什么，虽然短时间内能获得商业回报，但无法形成持久的商业模式。

聚焦既不重要也不紧急的问题的创业者属于守候型创业者。这类创业者一直在等待和观望，投入很多的时间和精力去培育和激发消费者，却往往很难得到商业机会。

（三）如何洞察问题

洞察问题的过程就是识别问题的过程，也是进一步探寻与分析问题的过程，这能帮助大学生创业者认清问题的本质，并有效发掘创业机会。

1. 分析问题

分析问题是对问题的重新解读，也是对问题本质的分析。常用的方法是“5WHY”分析法，即沿着问题的因果路径连续以5个“为什么”来逐一追问，先追问第一个“为什么”，再针对第一个问题的答案追问第二个“为什么”，依次类推，直至挖掘出问题的本质。需要注意，“5WHY”不代表必须或只能追问5次，在实际的追问过程中，有时候追问3次就能获得答案，有时则需要追问5次以上才能获得答案。

在追问时，大学生创业者要朝解决问题的方向前进，找出可控的因素，不要只从外在方面找原因。例如，追问“为什么没有修理设备?”时，大学生创业者不能归因为合伙人太小气了。此外，大学生创业者要注意问题与答案之间、问题层次之间的相关性，不要跳步。

2. 重构问题

重构问题是在找到问题的本质之后，尝试重新描述这个问题。爱因斯坦说过：“如果给我 1 个小时解答一个决定我生死的问题，我会花 55 分钟来弄清楚这个问题到底是在问什么。一旦清楚了它在问什么，剩下的 5 分钟足够我解答这个问题。”其中，弄清楚问题在问什么的过程，就是重构问题的过程，通常是使用“我们怎样才能……”的句式进行重构。例如，“我们怎样才能促进学生对知识的有效吸收?”

3. 呈现问题

问题画布是一种常见的呈现问题的工具。有时候，精准地描述问题比解决问题更加重要，而语言描述有时候会出现偏差，难以整体描述问题发生的框架。因此，大学生创业者可以利用问题画布对问题进行充分描述，以便整体审视该问题，并就问题整体进行交流。

问题画布（表 3-1）包括 3 个部分和 7 个要素，左半部分表示问题从哪里来，是对问题情况的描述，由谁的问题、什么时候发生和什么地方发生 3 个要素构成；右半部分表示问题怎么样，是对问题的分析，由问题紧急性、问题重要性和问题本质原因 3 个要素构成；中间部分则是问题界定。

表 3-1　“上班族如何解决午餐”问题画布

<table>
<tr><th colspan="2">问题情况</th><th>问题界定</th><th colspan="2">问题分析</th></tr>
<tr><td rowspan="2">谁的问题
问题指向的对象，包括年龄、职业、爱好等。例如，需要用午餐的广大上班族</td><td>什么时候发生
问题发生的时间。例如，每天中午</td><td rowspan="2">一般以“我们怎样才能……”的句式重新描述问题。例如，我们怎样让用户在中午快速吃到丰富、美味的菜品</td><td>问题紧急性
可用非常紧急、一般紧急或不太紧急描述。例如，此问题非常紧急，急需解决</td><td rowspan="2">问题本质原因
通过不断追问洞察问题的本质。例如，连续问 5 个“为什么”后，发现该问题最深层次的原因是上班族希望在中午快速吃到丰富、美味的菜品</td></tr>
<tr><td>什么地方发生
问题发生的场景。例如，写字楼周围商圈</td><td>问题重要性
可用非常重要、一般重要或不太重要描述。例如，客流量非常重要，将直接影响经营状况</td></tr>
</table>

课堂活动

发现创业机会

生活中有许多创业机会，为什么有的人可以发现，有的人却视若无睹？请你结合所学的内容，回答下面的问题：

① 你认为影响识别创业机会的因素有哪些？谈谈你思考的过程与内容。

② 结合周围实际的环境条件，尝试提出一个自己认为可行的创业机会，并对其存在的创业风险进行简单评估。

二、描述问题

(一)"5W2H"法

"5W2H"法是一种通过线索提示进行多向思考，从而产生创新设想的思考方法。这种方法提供了7个思考线索，以提问的形式让思考者展开思考，从而全面认识和了解事物，启发思维，寻找答案。

这7个思考线索中前5个均以字母"W"开头，后2个均以字母"H"开头，故称为"5W2H"。它们是：为什么（why）？是什么（what）？何人（who）？何时（when）？何地（where）？怎样（how to）？多少（how much）？

1. 为什么

这类问题可以是：为什么会这样？为什么要改进？为什么非做不可？为什么要做成这种形状？为什么要遵守这一规定？为什么采用这个技术参数？为什么不能有响声？为什么停用？为什么变成红色？为什么使用机器代替人力？为什么产品的制造要经过这么多环节？

古希腊哲学家德谟克利特（Demkritos）说过："我发现了一个新的因果关系，比获得王位还要高兴。"寻找原因、探索事物的奥秘，都是从问为什么开始的。能回答出别人或自己的疑问，就是认识上的进步，就是在发现。例如，现代钟摆的发明要归功于伽利略当年的一个"为什么"。

少年时期的伽利略每周都要随父母去教堂做礼拜。一天，悬挂在教堂半空的一盏吊灯吸引了他，只见吊灯被一阵风吹得来回摆动。物体在风中摆动是一个很平常的现象，但当伽利略一面摸着自己的脉搏，一面计算吊灯来回摆动的次数和时间时，他提出一个问题：为什么吊灯无论摆动大还是摆动小，来回所用时间都是相同的呢？回到家后，他找来一根绳子和几块铁片反复做实验，终于发现了一个规律：摆动的周期是由摆长决定的，与摆的质量和摆幅无关。后人根据这一原理设计出以钟摆来计时的机械钟。

2. 是什么

这类问题可以是：做什么？是什么？与什么有关系？功能是什么？中心思想和主题是什么？开发什么新产品？哪一部分工作要做？目的是什么？规范是什么？工作对象是什么？

3. 何人

这类问题可以是：谁是主人公？谁来办最好？谁能完成？谁是我们的客户？谁会赞成？谁被忽视了？谁来办最方便？谁会生产？谁可以办？谁是顾客？谁是决策人？谁会受益？谁可以提供销售渠道？

例如，中国台湾地区曾有人设计出一种能按时提醒患者吃药的药瓶，规定吃药的时间一到，药瓶盖会自动发出微弱的铃声，等患者吃过药后，铃声便自行终止；企业为高空作业的建筑工人设计出单手敲钉的钉锤；旅行社设计导游录音带，使游人既能少花钱，又能得到导游服务，还能将录音带留作纪念。

拓展阅读

从前，有个土耳其商人想要招聘一个聪明的助手协助他经商。消息传出后，有2个人前来应聘。

商人为了试试这2个人中哪一个更聪明些，便把这2个人带进一间伸手不见五指的屋子里。他点燃油灯后说道："这张桌子上有5顶帽子，2顶是红色的，3顶是黑色的。现在我把灯吹灭，并把帽子摆的位置搞乱，然后我们3人每人摸一顶帽子戴在头上。当我把灯重新点燃后，请你们尽快说出自己头上戴的帽子是什么颜色。"过了一会儿，其中一个人喊道："我戴的是黑色的。"于是，商人就聘用了他。

这位聪明人是怎么判断的呢？其实，他是站在对方的角度看问题。这个人想：红色帽子只有2顶，现在商人头上戴了1顶，如果我头上戴的也是红色帽子，那么，另一位应聘者看到后，一定会马上说出自己戴的是黑色的帽子。但对方没有马上说出来，这说明他看到我戴的是黑色的帽子，所以犹豫不决无法判定。站在对方的角度思考，就相当于将对方看成一面镜子，他马上抢先说出了自己的判断结果。而另一位应聘者由于不善于站在对方的角度思考，所以难以作出解答。

在思维训练中，有一种方法叫"他人观点法"，即让人们摆脱和跳出自己看问题的角度，努力站在他人的角度和立场看待或处理某问题。遇事先问自己："如果我是他，我会如何？"了解他人的观点不仅可以补充和纠正自己的想法，而且可以制订有效的行动计划。《孙子兵法》中所谓的"知彼知己，百战不殆"就是这个道理。

4. 何时

这类问题可以是：何时发生的？利用什么时机？何时完成？何时开业最好？何时安装？何时是最佳营业时间？何时销售？何时工作人员容易疲劳？何时产量最高？何时完成最为适宜？需要几天完成才算合理？

案例分析

苏格拉底与弟子的对话

一次，古希腊哲学家苏格拉底带领几个弟子来到麦地边。此时正是谷物成熟的季节，地里满是沉甸甸的麦穗。苏格拉底对弟子们说："你们去麦地里摘一个最大的麦穗，只许前进不许后退。我在麦地的尽头等你们。"

弟子们听懂了老师的要求后，就陆续走进了麦地。地里到处都是大麦穗，哪一个才是最大的呢？弟子们埋头向前走，看看这一株，摇了摇头；看看那一株，又摇了摇头。他们总以为最大的麦穗还在前面呢。虽然弟子们也试着摘了几穗，但并不满意，便随手扔掉了。他们总认为机会还很多，完全没有必要过早定夺。突然，苏格拉底说道："你们已经到头了。"这时两手空空的弟子们才如梦初醒。苏格拉底对弟子们说："这块麦地里肯定有一穗是最大的，但你们未必能碰见它；即使碰见了，也未必能作出准确的判断。因此最大的一穗就是你们刚刚摘下的。"

分析：人的一生就像在麦地中行走，也在寻找最大的一穗。有的人见了颗粒饱满的"麦穗"，就不失时机地摘下它，因为他们知道时机的重要；有的则东张西望，一再错失良机。

5. 何地

这类问题可以是：在何地举办？从何处入手？何地最合适？何地影响最大？到何地开展业务？何地有资源？何地最适宜某物生长？何处生产最经济？从何处买？还有什么地方可以作为销售点？安装在什么地方最合适？

6. 怎样

这类问题可以是：怎样做？怎样能实现目的？怎样才能做得更快？怎样改进？怎样避免失败？怎样才能得到别人的支持？怎样做最省力？怎样做效率最高？怎样得到？怎样求发展？怎样增加销路？怎样才能使商品更加美观大方？怎样使商品用起来方便？

一般来讲，对这类问题的回答，要在分析"为什么""是什么""何人""何时""何地"的基础上才能作出，因为它具有一定的结论性。

例如，某商业街新开了一家高档时装店，一个月后发现生意冷清，出现亏损。用"5W2H"法分析，找到了以下原因：

第一，对顾客定位不准，该商业街长期形成的定位是大众化消费，有钱人不愿光顾。

第二，地点设立不对，左右两家店都不是经营服装的。

第三，关门时间早，很多顾客吃了"闭门羹"后不愿再来了。

找到问题后，对"怎样盈利"这个问题就好回答了，如商品要针对大众消费者，开店地点和时间要适当调整等。

7. 多少

这类问题可以是：成本多少？售价多少？带多少东西？人员多少？功能指标达到多少？尺寸多少？有多重？

任何事物都有一个量的概念，超过一定的量，事物就会发生质变。所以，思考问题时，"多少"这一线索十分重要。

传说唐朝时，某县农民在耕地时挖出了一大瓮马蹄金。他雇了2个短工，用一根竹竿将大瓮抬到县衙门。县令收下了大瓮，将它埋在屋中地下，然后向府里报告。不料，府里派人来取金时，大瓮里的马蹄金却变成了土块。大家断定是县令偷了金子，结果县令被捕入狱。当时府衙里有位小官名叫袁滋，他对此案颇有怀疑。他让人取来了大瓮，从瓮里取出 250 块土块，然后又把 250 块同样大小的银锭放入瓮中，让人用竹竿去抬，结果根本抬不动。袁滋立即断定：县令被诬告了。

袁滋思考问题的关键就在于抓住了数量（多少）这个因素。因为同样体积下的土块轻，银锭较重，金锭更重。一大瓮土块，2 个人用一根竹竿就可以抬走，银锭却抬不动，那么金锭就更抬不动了。他由此判断县令根本没有得到一大瓮马蹄金。

由于“5W2H”法过于普遍，在创新中不易聚焦，因此可以将其具体化，专门设计出产品开发和发明革新用的“5W2H”法。具体包括如下问题：

为什么开发此产品？为什么需要革新？开发什么产品？革新的对象是什么？

被用在什么地方？起什么作用？从什么地方下手？谁来使用？什么人来承担革新任务？何时使用？什么时候完成？

竞争形势如何？怎样实施？生产能力怎样？

成本多少？市场规模多大？盈利程度如何？盈利达到怎样的水平？

（二）逻辑树

逻辑树（Issue Tree）又称演绎树或分解树，是一种以树状图形来分析存在问题及其相关关系的方法。它是将看似无序、杂乱的已知问题，通过某种技术手段转化成可以预测未知实例的树状模型。

将一个主题无漏洞、不重复地以树状展开思考的方法就是逻辑树。这就好比写一本书，逻辑树就是这本书的大纲，从章到篇到段到字，层层不重复地推进。往小了说，逻辑树就像是一篇文章，首先要清楚它讲了什么？为什么要写它？该怎么去做？先有一个大框架（树干），再一点点往里边填充内容（树叶）。

逻辑树之前被广泛应用在数学、科学领域，随着互联网行业的发展，它也被应用于管理学、流程学、咨询学等领域。

1. 逻辑树的原理

首先将一个已知问题当成树干，然后开始思考这个问题与哪些相关问题或子任务有关，每想到一点就给这个问题（也就是树干）加一个“树枝”，并标明这个“树枝”代表什么问题，一个大的“树枝”上还可以有小的“树枝”，以此类推，直到找出所有相关问题或子任务。

这里要注意 2 点：一个是“想”，脑袋里要有清晰的主线问题与支线条件；另一个是“画”，画出来才能印证脑内的构想。

2. 逻辑树的优点

第一，通过“树干”和“树枝”的搭建，找出问题的所有相关项，以此确保完整地解决问题。

第二，通过问题与问题的关联，识别哪些是必须的，哪些是证明前提假设的重点。

第三，个人使用时能帮助理清思路，将大问题分解为便于操作和解决的小问题。

第四，团队使用时，能将大问题分解为小问题再落实到个人，有效避免责任不清。

3. 逻辑树的作用

第一，逻辑树有助于理清思路，避免进行大量重复和无关的思考。

第二，逻辑树能保证解决问题的过程的完整性。

第三，逻辑树能将工作细分，确定各部分的优先顺序，把责任明确到单位。

常见的逻辑树如图 3-1、图 3-2 所示。

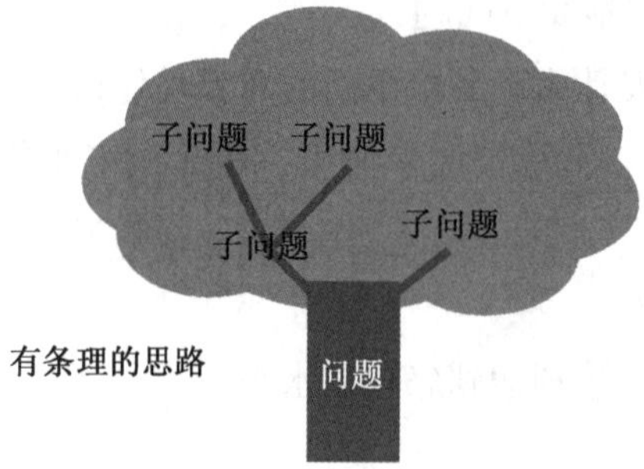

图 3-1 逻辑树 1

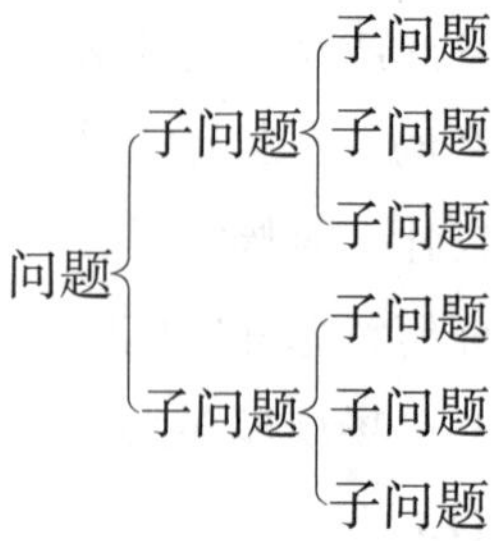

图 3-2 逻辑树 2

三、分析问题

创意只是最终解决方法的雏形，要想将创意转变为有效的解决策略，还需要对它的可行性进行分析。

（一）对创新想法分类

分析可行性之前，首先应对创新构思环节得到的想法进行分类，以帮助最终确定方案。分类可以依照不同的标准，例如，相类似的提议分为一类，按重要性、实用性、紧迫性、创新程度的不同也可另外分类，综合考虑创意实现的成本和现实性。

此外，还可以按照现实、批判与期望的标准来分类，也就是说，将各种创意设想按照难度较小且可以实现的、需要付出相当大的努力才可以实现的，以及难以实现的进行分类。当然，具体情况具体分析，按团队讨论的分类标准划分各种创意也是一个选择。

（二）对想法进行评级

对想法进行评级就是按照自己的划分标准评估想法实现的难易程度。例如，按现实、批判与期望的标准来分类，就可以将“想法”“障碍”“克服障碍的方法”“障碍难易程度”作为表头，依次填写相关内容，再评比各个想法，综合各方面的因素，就能对各种想法的实现难度得出结论，从而确定想法的优先级。

此外，还可以使用坐标轴评级法对想法进行分级。例如，可以以“创新性”“可行性”或“预估成本”“价值效果”为横纵坐标轴对初步筛选出来的想法进行分析与预判，将其在 4 个象限内整理分类完成，就可以根据其横纵坐标的比值识别出优先级，用以进一步的探讨与变现。评级时还可辅以原点投票法、画“正”等方法帮助评级。

(三) 优化想法

在对想法进行分类和评级之后，设计者可以共同讨论该主题包含的维度（方面）是否准确、全面，有没有未考虑到的部分，如果有，应补充哪方面的内容，再利用便利贴、纸、笔等工具围绕补充的方面展开头脑风暴，这样又能获得更多的想法，针对主题提出的策略就能变得更加全面。优化之后，还可以将想法重排优先级。

当然，优化不仅是新增、完善新维度与新创意，若是原有的想法中存在没有价值的设想，将其去掉也是一种优化方式。

(四) 评估可行性

评估创意设想的可行性必须遵循创新的 3 个要素，即从创意性、可操作性和实用性来展开，其中创意性是满足客户需求与提升产品吸引力的双重叠加；可操作性代表该设想有技术的支持，实现的可能性大；实用性说明该设想具备商业价值。

那么该如何进行具体的评估呢？首先分析创意性，即想法是否有新意，是否能在创新的同时很好地满足用户需求，有没有被实践的先例。一般来说，越是新颖且可满足用户需要的想法，越能获得高分。其次分析可操作性，即想法实现的可能性有多大，投入的成本及资源有多少，是否可以被执行。最后分析实用性，如果该设想不仅不会引发新的问题，而且还能带来额外的更多利益，实用性就很高。

若创意设想能实现这三大方面的平衡，其可行性就相当高。

(五) 聚焦利益进行最终筛选

对创意的可行性进行分析后，接下来应该综合各方面的利益进行筛选，选择有利范围最广的想法。这时需要对各个想法进行利益方面的评比，一般是以投资、收益、体验和竞争等作为衡量点，实行打分制度，细致地评判各项标准后得到的结果就是与该方案利益相关者最关心的方法。

案例分析

发现创意的好点子——张松江和他的“小管家”新家政模式

1999 年，张松江毕业于北京联合大学。择业时，他发现凭着一纸大专文凭很难找到对口的工作，于是与朋友商量一起创业。他们在报纸上看到了国外某保洁公司招加盟商的消息，听完对方的专业讲解后，他们相信保洁市场利润空间巨大，在接受了为期

2 天的培训后，便决定成为该公司的加盟商，并招聘了几名员工，开始进军保洁行业。

但事情并没有那么顺利，他们出去谈生意屡屡碰壁，好不容易接到洗地毯的活，最后收款的时候还被对方压价，只拿到约定数额的 20%。多次碰壁让张松江明白，保洁行业利润微薄，而且没人脉，连生意都得不到。感觉上当受骗的几个人本想找加盟公司讨说法，但对方早已人去楼空。虽然这次创业失败，但张松江发现了一些商业机会。张松江将目标瞄准了北京的高档小区。

张松江发现，北京很多的高档小区，如 SOHO 现代城，需要更高标准的室内保洁服务，而当时的室内保洁虽然有人做，但服务没有特色。于是他打算对卧室、卫生间、厨房等不同性质的房间进行分类，然后确定不同的服务标准。他花了十多天的时间完善了自己的计划书，鼓起勇气找到 SOHO 现代城物业公司经理。对方被他打动，决定将小区的保洁工作交给他。

然而在实施时，他发现自己那一套关于保洁的标准化服务竟然得不到员工的认可，于是他以身作则，按照自己制定的标准刷完马桶后，才让员工心服口服。张松江要求员工必须在半小时内完成卧室整理；必须在 45 分钟内完成卫生间清洁，其中，马桶清洁 12 分钟内完成，洗手盆清洁 10 分钟内完成，浴盆清洁 10 钟内完成，服务效果以每平方厘米为单位进行检查。张松江要求员工进入客户家时，自带全套清洁剂、便携式吸尘器、消毒后塑封的木浆毛巾，这些设备的费用全部包含在每小时 15 元的收费里。这些标准最终使张松江的家政公司的服务和其他家政公司的拉开了差距。

但是，张松江并不满足，他想探索更广泛的家政服务内容。

一次，一位在酒店做高级主管的客户提醒他，在国外有一种“管家服务”非常流行，可以为小区住户提供多种服务。这让他茅塞顿开，因为经常有小区住户向他寻求看护、购物等服务。当时的传统家政市场中，保姆的工作效率很低，不仅学习使用家用电器的时间长，还经常损坏物品，与小区住户产生矛盾。而张松江的做法是抽调擅长这些工作的员工，对其进行专业培训后，再让其上门进行服务。不仅如此，张松江的家政公司还添加了干洗衣服、插花等服务项目，远超传统家政服务的范畴，不但令客户满意，还获得了新的利润点。在为自己的家政公司注册了“小管家”的商标后，他很快就以加盟连锁的方式在不同省市开了几百家门店。

分析：从张松江的案例中可以看出，其创业经历了市场风险、项目风险、资金风险和管理风险。例如，前期提供的传统保洁服务未能成功打开市场、经历加盟骗局、资金亏损、朋友退出、工作标准受到员工质疑等，但最终他都成功克服了。此外，他还通过自己的工作经历和客户的提醒，成功抓住了新的项目机会，从而形成其独具特色的家政服务模式，这尤其突出了发掘创业机会的重要性。大学生创业者可以从中总结经验，创新商业模式，努力抓住创业机会。

课堂活动

“吐槽”大会

问题源于世界，又改变了世界。由于问题被发现，无数发明创造在解决问题的过程中诞生。由此可见，相比问题的解决，问题的发现更为重要。请同学们通过下面的步骤，去体会发现问题的过程。

① 2 人一组，选择生活中的任一产品或设计进行“吐槽”，以发现问题。

② 该活动由任意一人开始，3 分钟内完成。

创新实践篇

第四章　创意方案的萌发

知识要点

1. 选择思维方式；
2. 打破思维局限；
3. 提出解决方案。

学习目标

1. 学会选择适当的思维方式；
2. 掌握打破思维局限的方式；
3. 能够提出解决方案。

对于创新创业来讲，创意既关键又重要。任何创新创业都是要和创意紧密联系在一起的。从某种意义上说，创意是创新创业的灵魂。

创意对于创新创业的作用，首先体现在能为创新创业活动提供众多新奇的点子、构想与方案上，创意的过程就是创造性思维发挥与运用的过程。对于策划活动来说，创意之所以重要，是因为创意能为策划工作提供一系列解决问题的方案和措施，而这也是营销策划创意的本质所在。

创意对于创新创业的另一个作用就是能使创新创业活动更具独特性与创新性。创意的过程是创造的过程、创新的过程，各种新奇的想法、主意、点子能为创新创业活动带来活力，使策划方案更加新颖、独特。

离开了创意的创新创业活动，只能是缺乏个性、生硬的拼凑或无趣的模仿；而只有那些蕴含了创意的策划，才是富有鲜活个性和持久影响力的创新创业活动的前提。

一、选择思维方式

（一）联想思维

1. 联想思维的含义

联想思维就是把看似毫不相干的事件（或事项）联系起来，从而产生新的成果的思维过程。联想思维简称“联想”，是人类一种高级的心理活动。

联想思维具有形象性、连续性、概括性等特征。

2. 联想思维的类型

（1）接近联想

接近联想是指由于事物之间在时间或空间上比较接近而产生由此及彼的联想。例如，小足球运动——生产小足球，桌子——上面有书本——下面有椅子，雷电——雷鸣——下雨——滴答声。

拓展阅读

用实力“秒杀”故障的劳模工长

张华，上海动车段调试车间的一名工长，工友们眼中的“动车技术大拿”，1997年成为一名铁路职工，2009年进入上海动车段高级维修基地，成为动车组高级维修的先行者，2014年获得全国五一劳动奖章和“全国铁路技术能手”称号，2016年获得“上海工匠”称号和上海市五一劳动奖章，2018年获得“全国铁路工匠”和“全国铁路优秀共产党员”称号，2020年获得“全国劳动模范”称号。

动车组高级维修需求紧张，为高效开展自主维修，从业者除了要有专业的技能和强烈的责任心，还要有敢于创新的勇气和本领。张华调整工作重心，摸索着开展技术创新，处处留心生活中的细节，捕捉创新灵感，开展对工艺优化、逻辑原理等问题的攻关。

有一次，张华在逛家具店时看到一张可以自由组合的餐桌，平时可以当作家庭使用的小餐桌，有需要时也可以变成大餐桌。看着家具销售员的演示，张华灵机一动：动车组的调试检修是不是也能通过灵活组织，从而最大限度释放检修产能？回到岗位上，他立即开展调研分析，排摸出自由组合的技术瓶颈。

（2）相似联想

相似联想是指在形式上、性质上或意义上相似的事物之间所形成的联想。例如，由语文书联想到数学书，由钢笔联想到铅笔。这种联想也可运用到创造发明过程中。

拓展阅读

电话发明

19世纪中期，在亚历山大·格拉汉姆·贝尔（Alexander Graham Bell）发明电话以前，虽然已有人在研究电话了，但声音不清楚无法使用。贝尔决心致力于电话研究，使电话成为可以使用的通信工具。一次试验中，贝尔发现把音叉的端部放在带铁芯的线圈面前，如使音叉振动，线圈中会产生感应电流，通过电线把电流送至另一只同样的线圈，线圈前的音叉也会振动，发出跟另一端音叉振动一样的声音。他由此联想到能像音叉一样发生振动的金属簧片。如用金属簧片代替音叉，线圈也应能产生感应电流，使金属簧片振动发声，这样金属簧片就能“说话”了。通过反复试制和完善，贝尔发明了世界上第一部电话。

(3) 对比联想

对比联想是由某事物的感知和回忆引起跟它具有相反特点的事物的联想。例如，黑与白，写与擦，大与小，水与火，黑暗与光明，温暖与寒冷。

对比联想又可分为下列4种：

① 从性质属性的对立角度进行对比联想。这是一种应用十分广泛的对比联想，即从事物的一种性质或属性联想到与之对立的另一种性质或属性。

② 从优缺点角度进行对比联想。事物都是对立统一的，都具有矛盾的2个方面，所以在进行联想时，既要看到事物的优点和长处，又要看到缺点和短处，反之亦然。例如，铜在500℃左右处于还原性气体中时会发生氢脆，因而产生缝隙，人们一直在想方设法克服这个缺点。可是有人却把它看成优点加以利用，从而发明了铜粉的制造技术。以前用机械粉碎的方法制作铜粉相当困难，原因是在粉碎铜屑时，铜屑总是变成箔状。如果把铜置于氢气流中，加热到500～600℃，持续时间为1～2小时，使铜屑充分氢脆，再经球磨机粉碎，就可以制成合格的铜粉。

③ 从结构颠倒角度进行对比联想。即从空间结构考虑前后、左右、上下、大小的结构，颠倒着进行联想。中国的数学家史丰收就是运用此种对比联想进行运算。一般人进行数学运算都是从右至左、从小到大进行运算，史丰收运用对比联想，反其道而行之，从左至右、从大到小进行运算，运算速度大大加快。

④ 从物态变化角度进行对比联想。即看到事物从一种状态变为另一种状态时，联想到与之相反的状态。1772年，安托万-洛朗·拉瓦锡（Antoine-Laurent de Lavoisier）用金刚石煅烧的实验证明了金刚石的成分是碳。1799年，摩尔沃（Guyton de Mouveau）成功地把金刚石转为石墨。用对比联想来考虑，反过来，石墨能不能转变成金刚石呢？后

来，科研人员经过反复试验研究，终于用石墨制成了金刚石。

(4) 因果联想

因果联想是指由事物产生或存在的原因而联想到它的发展结果，或者由一个事物的因果关系联想到另一种与它有因果联系的事物。例如，人们由冰想到冷，由风想到凉，由火想到热，由科技进步想到经济发展，这些都是因果联想。这种联想往往是双向的，可以由因想到果，也可以由果想到因。过去，沙漠边缘地带的居民每逢旱季都因缺水而惶惶不可终日，但他们发现，生活在此处的狒狒并不因缺水而迁徙，这说明狒狒能找到水喝。于是，他们给狒狒吃盐，渴了的狒狒飞奔到一个小山洞里，扑向奔流的泉水。就这样，当地居民找到了水源。

(5) 连锁联想

连锁联想是指按照事物之间的复杂联系，一环紧扣一环地进行联想，使思考逐步深入，从而引发某种新的设想。“自洁薄膜”的发明者是一个爱较真儿的人，他特别喜欢中国古代文人周敦颐《爱莲说》中的名句“出淤泥而不染”。但他想不通，为什么莲会“出淤泥而不染”呢？为此，他特地做了个实验：将炭灰撒到莲叶上，再用喷壶洒水，果然污物和着水珠一同滚落，莲叶洁净如初。实验结束后，他给自己定下一个目标：要让这一现象变成生活中的实际应用。于是，他开始了进一步的实验。他从显微镜里观察到，莲叶表面是许多乳状的小包，包上有一层很薄的蜡膜，污物只能停留在小包的顶端，很容易被水珠带走。根据这一发现，他发明了用于汽车或建筑物表面的“自洁薄膜”，可以使灰尘很容易被雨水冲洗干净。今天，这种“自洁薄膜”已经被广泛使用。

（二）想象思维

1. 想象思维的含义

想象思维是人脑通过形象化的概括作用，对脑内已有的记忆表象进行加工、改造或重组的思维活动。它是形象加工操作的最主要形式。

想象思维具有形象性、概括性、超越性等特征。

2. 想象思维的类型

(1) 无意想象

无意想象是不受意识主体支配的想象活动。思维主体没有特定的目的性，可以让思维任意游荡，达到一种非常自由的状态。

(2) 有意想象

有意想象是受主体意识支配的想象活动。在这种状态下，思维总是在创新者的目的需要的支配下进行。有意想象又可分为再造型想象、创造型想象和幻想型想象。

① 再造型想象。再造型想象是根据他人描述在自己的头脑中产生形象的思维过程。

② 创造型想象。创造型想象是创造主体有目的地对自己已有的记忆表象进行加工、改造和重组而产生新形象的思维过程。

③ 幻想型想象。幻想型想象是创造型想象的一种极端形式，它以现实世界为出发点，但想象范围不受约束，结果又往往超出现实太远，有的一时难以实现。

(三) 组合思维

1. 组合思维的含义

组合思维是按照一定的技术原理或功能目的，将现有的科学技术原理或方法作适当的组合和重新安排，从而获得具有统一整体功能的新技术、新产品和新形象的思维方法。

爱因斯坦对组合原理解释得更为深刻："组合作用似乎是创造性思维的本质特性。"组合创新不仅是量的增加，更是质的提高。此种组合不是随意地罗列，更不是机械地叠加，必须是在分析、判断的前提下，有目的、有选择地组合。例如，开发一种新的中成药，不是将多种单味药简单地混合，而是需要根据其性质及有效成分，再针对其医治之病，经过分析、实验，选择具有主要功效的药物，按一定的数量和比例，用严格的工艺进行研制和生产，从而达到治疗的目的。

组合思维具有创造性、普遍性、奇特性等特征。

2. 组合思维的类型

(1) 重组组合

重组组合是指改变原有事物结构的组合形式，在不增加原有元素数量的情况下，改变原有事物的性质的组合。重组组合是在事物的不同层次上分解原来的组合形式，重新排列，改变相互位置、相互关系，再以新的构思重新组织起来，促进事物功能和性质的改变，实现既定目标。

(2) 移植组合

移植组合是指把一个已知对象中的概念、原理运用到另一个待研究的对象之中，使被研究的对象产生新的突破，进而取得创新成果和创新原理。"他山之石，可以攻玉"就是对该原理能动性的真实写照。

(3) 综合组合

综合组合是指把各方面不同类型的物质或事物组合在一起。它不是简单任意的组合，而应是对各物质或事物的诸要素进行分析、判断并取舍后的组合。

(4) 主体附加组合

主体附加组合也称主体添加法，是指以某一特定的对象为主体，通过置换或插入其他技术或增加新的附件，进而发明或创新的方法。

(四) 直觉思维

1. 直觉思维的含义

所谓直觉思维，简言之就是直接的察觉，即直接领悟的思维，是人的一种心理功能，也是一种认知的方式。具体来说，就是人脑对于突然出现的新事物、新现象、新问题及其关系的迅速识别，敏锐而入微的洞察，对本质的直接理解和综合的整体判断。

直觉是人们在生活中经常应用的一种思维方式。亲近或疏远一个人凭的是直觉；男女“一见钟情”凭的是直觉；军事将领在紧急情况下，下达命令首先凭直觉；足球运动员临门一脚，更多的也是凭直觉。

主体的直觉思维是一种非逻辑的思维形式，没有明确的思考步骤，主体对其思维过程没有清晰的意识。美国化学家普拉特（Platt）和贝克（Baker）曾对许多化学家进行调查，在收回的232份调查表中，有33%的人表示在解决重大问题时有直觉出现；有50%的人表示偶尔有直觉出现：只有17%的人表示没有这种现象。

直觉思维具有直接性、突发性、非逻辑性、或然性、整体性等特征。

2. 直觉思维的类型

（1）艺术直觉

艺术直觉是艺术家在创作过程中迅速、敏锐地感受和捕捉到具有审美价值的形象，再由某一个体形象上升到典型形象的思维过程。艺术直觉的表现形式是感性的，是在不自觉间形成的，但其与审美主体长期的实践积累、经验积累和思想修养密切相关。

（2）科学直觉

科学直觉是科学家在科学研究过程中对新出现的某一事物非常敏感，很快就意识到其本质和规律的思维过程。

（五）逻辑思维

1. 逻辑思维的含义

我们所说的逻辑思维主要指遵循传统形式逻辑规则的思维方式，常称它为“抽象思维”或“闭上眼睛的思维”。

逻辑思维是人们在认识过程中借助概念、判断、推理等思维形式能动地反映客观现实的理性认识过程，因此又称理论思维。只有运用逻辑思维，人们才能达到对具体对象本质规律的把握，进而认识客观世界。它是人类认识的高级阶段，即理性认识阶段。

逻辑思维和形象思维不同，是用科学的抽象概念、范畴揭示事物的本质，表达认识现实的结果。

逻辑思维要遵循逻辑规律，主要是形式逻辑的同一律、矛盾律、排中律，辩证逻辑的对立统一、质量互变、否定之否定等规律，违背这些规律，就会发生偷换概念、自相矛盾等逻辑错误，认识就是混乱和错误的。逻辑思维是分析性的、按部就班的。使用逻辑思维时，每一步必须准确无误，否则无法得出正确的结论。

逻辑思维具有规范、严密、确定和可重复等特征。

2. 逻辑思维的类型

（1）演绎推理

演绎推理是由一般性前提到个别性结论的推理。按照一定的目标，运用演绎推理的思维方法，取得新颖性结论的过程，就是演绎推理法。例如，一切金属在一定条件下发生化学反应。金是金属，所以，金在一定条件下确实能够发生化学反应。这里运用的就是演绎推理法。

演绎推理的主要形式是三段论法。三段论法是从 2 个判断中得出第 3 个判断的推理方法，上面的例子就包含着 3 个判断。第 1 个判断是“一切金属都在一定条件下发生化学反应”，提供了一般的原理原则，称为三段论式的大前提；第 2 个判断是“金是金属”，指出了一种特殊情况，叫作小前提；结合这 2 个判断，说明一般原则和特殊情况间的联系，因而得出第 3 个判断“金在一定条件下确定能够发生化学反应”，即为结论。

(2) 归纳推理

① 完全归纳推理。从单一对象具有的属性推出一类对象具有的属性的推理，就是完全归纳推理。在多数情况下，运用归纳推理可以得到新的知识。按照一定的目标，运用完全归纳推理的思维方法，取得新颖性结果的过程，就是完全归纳推理法。

② 简单枚举归纳推理。简单枚举归纳推理是列举某类事物中一部分对象的情况，根据没有遇到矛盾的情况，便得出关于这一类事物的一般性结论的推理。例如，叶落的时间、天鹅的颜色。简单枚举归纳推理的意义在于虽然其结论是或然的，但不一定是错误的，有的正确，也就可以提供新的知识。在其结论的基础上，可以继续研究。如果证明是正确的，就得到了新的知识；即使证明是错误的，也从另一方面给了我们新的收获。

③ 科学归纳推理。科学归纳推理是列举某类事物一部分的情况，分析出制约此情况的原因，并以此结果为根据，总结出这类事物的一般性结论的推理方法。

演绎法和归纳法是人们对客观现实的 2 种对立的认识方法的总结。二者既是对立的，又是统一的，缺少任何一面都无法认识真理。没有归纳就没有演绎，因为演绎的出发点正是归纳的结果，演绎必须以可靠的归纳为基础。没有演绎同样也没有归纳，因为归纳总是在一般原理、原则或某种假说、猜想的指导下进行的。弗朗西斯 · 培根 (Francis Bacon) 在《新工具》一书中也写道：“我们不能像蚂蚁，单只收集；也不可像蜘蛛，只从肚子中抽丝；而应像蜜蜂，既采集又整理，这样才能酿出香甜的蜂蜜。”培根强调的“既采集又整理”，说的就是要善于运用归纳和演绎的科学思维。

(3) 实验

实验是为了某一目的，人为地安排现象发生的过程，以此为依据研究自然规律的实践活动。实验的特点是必须能够重复，能够在相同条件下重复地做同一个实验，并得到相同的结果，这是一个实验成功的标志。不能重复的实验就不是成功的实验，其结果就没有可信度，就不能作为科学依据，这是符合逻辑思维原理的。

实验法研究的优点很多：实验能够纯化研究对象；能够人为地再现自然现象；可改变现象的自然状态；可以加速或延缓对象的变化速度；可以节约费用，减少损失。

(4) 比较研究

比较研究简称比较，是通过对比 2 个或 2 个以上对象的异同来获得知识的方法。在比较研究中，起主要作用的仍然是逻辑思维中的演绎推理、归纳推理和类比推理，所以，比较研究是运用逻辑思维进行创新的一种方法。

比较可以有很多种类，如空间上的比较（横向比较）、时间上的比较（纵向比较）、直接比较、间接比较等。通过比较研究，人们可以鉴定真伪，区分优劣；明察秋毫，解决难题；确定未知，发现新知；取长补短，综合改进；追踪溯源，建立序列。

（5）证伪

根据形式逻辑中的矛盾律，在同一时间、同一关系上，不能对同一对象作出不同的断定。用一个公式可表示为：A 不能在同一时间、同一关系上是 B 又不是 B。根据形式逻辑中的排中律，在同一时间、同一关系上，对同一事物的 2 个相互矛盾的论断必须作出明确的选择，必须肯定其中的一个。用一个公式来表示就是：A 或者是 B，或者不是 B，二者必居其一，不可能有第 3 种选择。

根据以上 2 个规律，运用逻辑思维方法，可以在证明一个结论是错误的同时，证明另一个结论是正确的。用这种方法来得到正确答案的方法就是证伪法，或称反证法。证伪法在许多情况下可以帮助我们解决疑难问题，取得创新成果。

（6）分析和综合

分析是把事物分解为各个属性、部分和方面，对它们分别进行研究和表述的思维方法。综合是把分解开来的各个属性、部分和方面再综合起来进行研究和表述的思维方法。在毕业论文写作的过程中，研究和表述总论点和分论点，都时常运用分析和综合的方法。例如，毛泽东的《中国社会各阶级的分析》一文开头先提出问题，革命的首要问题是分辨敌、我、友的问题；中间逐个分析组成中国社会整体的各个阶级；结尾综合分析，回答开头提出的中国革命的敌、我、友的问题。

（7）从具体到抽象和从抽象到具体

从具体到抽象，是从具体的社会经济现象出发，经过分析和研究，形成抽象的概念和范畴的思维方法。从抽象到具体，是按照从抽象范畴到具体范畴的顺序，把社会经济关系的总体从理论上具体再现出来的思维方法。在毕业论文写作的过程中，也要运用从具体到抽象和从抽象到具体的方法，即在占有资料的基础上，经过分析研究，找出论点论据，在头脑中大体形成论文的体系，然后按照从抽象到具体的顺序，一部分一部分地把论文写出来。当然，也有的论文不采取此种方法。

（8）逻辑和历史统一

从抽象到具体的方法就是逻辑的方法。所谓历史的方法，就是按照事物发展的历史进程来表述的方法。逻辑的发展过程是历史的发展过程在理论上的再现。不过，一篇论文从总体上运用逻辑和历史统一的方法并不多见，而在经济学专业研究和教科书编写中往往运用这种方法。

（六）灵感思维

1. 灵感思维的含义

灵感思维是长期思考的问题受到某些事物的启发从而忽然得到解决的思维过程，它是人们借助直觉启示而领悟或理解的思维形式。灵感是人脑的功能，是人对客观现实的反映。灵感思维活动本质上就是一种潜意识与显意识之间相互作用、相互贯通的整体性创造过程。

2. 灵感思维的特征

灵感思维是在无意识的情况下产生的一种突发性的创造性思维活动。它与形象思维和抽象思维相比，主要有以下 6 个方面的特征。

（1）突发性

灵感往往是在出其不意的刹那间出现，使长期苦思冥想的问题突然得到解决。在时间上，它不期而至，突如其来；在效果上，突然领悟，意想不到。这是灵感思维最显著的特征。

（2）独创性

灵感有时会给我们带来耳目一新的奇思妙想。灵感的出现是创新思维的质的飞跃，它不是逻辑推理的结果，而是在外界事物的刺激下对原有信息的迅速的改造。

（3）瞬时性

灵感转瞬即逝，如果来不及抓住它，它就会瞬间消失得无影无踪，给人留下遗憾。因为灵感是潜意识给人们的指引，有点像梦中的景象，稍不留神灵感的火花就会熄灭。

宋代诗人潘大临的一次经历可以证明灵感的瞬时性。有一年临近重阳节时，秋雨不期而至。他诗兴大发，随即赋道“满城风雨近重阳”，就在这时，催租人突然闯进屋子，打断了他的创作灵感，他便再也写不出下文了。尽管催租人走后秋雨依旧，但诗人再也没有找到灵感。后来，潘大临病逝，好友谢逸为了纪念他，就续写了这首诗：“满城风雨近重阳，无奈黄花恼意香。雪浪翻天迷赤壁，令人西望忆潘郎。”

（4）情感性

灵感来临时是一种顿悟的状态，往往伴随着情绪高涨、神经系统高度兴奋。尤其在艺术创作领域，灵感的情感性特点表现得非常突出。

郭沫若创作《地球，我的母亲》时，突然间来了灵感，他竟然脱了鞋，赤着脚跑来跑去，甚至趴在地上，去真切地感受“母亲”怀抱的温暖。

（5）模糊性

灵感只是给人指明一个方向、一个途径，要想取得最后的成果，还要对它进行进一步的加工。有时，灵感给我们提供了一些启示和线索，沿着这条线索进行思考就能得到意料之外的成果。

（6）跳跃性

由灵感产生的思考是一种思考形式和过程的突变，表现为逻辑的跳跃，由灵感得到一些绝妙的想法和新奇的方案不是一个连续的、自然的进程，而是质的飞跃的过程。

3. 引发灵感思维的方法

引发灵感最常用的方法，就是愿用脑、会用脑、多用脑，也就是遵循引发灵感的客观规律，科学地用脑。通常可用以下 5 种方法来引发灵感思维。

（1）观察分析

科技创新活动自始至终都离不开观察分析。观察不是一般观看，而是有目的、有计划、有步骤、有选择地观看和考察所要了解的事物。通过深入观察，可以从平常的现象中发现不平常的东西，可以从表面上貌似无关的东西中发现相似点。因此，在观察的同时必须进行分析，只有在观察的基础上进行分析，才能引发灵感。

（2）启发联想

新认识是在已有认识的基础上发展起来的。旧与新、已知与未知的连接是产生新认识的关键。因此，要创新就需要联想，以便从联想中受到启发，引发灵感，形成创造性的认识。

（3）实践激发

实践是创造的基础，是灵感产生的源泉。实践激发既包括现实实践的激发，又包括过去实践体会的升华。在实践活动中，解决问题的迫切需要促使人们积极地思考问题，废寝忘食地钻研探索。科学探索的逻辑起点是问题，所以，在实践中思考问题、提出问题、解决问题，是引发灵感的一种非常好的方法。

（4）激情冲动

激情能够调动全身的巨大潜力去创造性地解决问题。在激情冲动的状态下，可以增强注意力、丰富想象力、提高记忆力、加深理解力，从而使人产生强烈的、不可遏止的创造冲动，并自动地按照客观事物的规律做事。这种激情冲动是建立在准备阶段反复探索的基础之上的，因此它也可以引发灵感。

（5）判断推理

判断与推理有着密切的联系，这种联系表现为推理由判断组成，而判断的形成又依赖推理。推理是从现有判断中获得新判断的过程。在科技创新活动中，对于新发现或新产生的物质的判断，也是引发灵感、形成创造性认识的过程。所以，判断推理也是引发灵感的一种方法。

上述方法是相互联系、相互影响的。在引发灵感的过程中，可以以一种方法为主，其他方法交叉运用。

（七）逆向思维

1. 逆向思维的含义

逆向思维也称逆反思维、求异思维，是与正向思维、常规思维相对的，以对立、颠倒、逆转、反向等方式去认识问题、思考问题、探寻解决问题的方向的思维。

运用逆向思维思考和处理问题时，首先要明确求解问题的传统思路，然后以此为参照系，尝试着从影响事物发展的诸要素进行思维反转或悖逆，以寻求新的创见。要敢于“反其道而思之”，从问题的相反面进行探索。对某些特殊问题，从结论往回推，倒过来思考，从求解回到已知条件，或许会使问题简单化，使解决方法变得轻而易举。逆向思维的结果是以“出奇”达到“制胜”，常常令人别有所得，有新发现。这就是逆向思维的魅力。

2. 逆向思维的特征

（1）普遍性

逆向性思维在各个领域、各种活动中都适用，由于对立统一规律是普遍适用的，而对立统一形式又是多种多样的，因此不论哪种方式，只要从一个方面想到与之对立的另一个方面，都是逆向思维。例如，性质上对立的两极转换：软与硬、高与低等；结构、位置上的互换、颠倒：上与下、左与右等；过程上的逆转：气态变液态或液态变气态、电转为磁或磁转为电等。

（2）批判性

逆向是与正向相对而言的，正向指常规的、常识的、公认的或习惯的想法与做法。逆向思维则恰恰相反，是对传统、惯例、常识的思维反叛，是对常规的挑战。它能够克服思维定式，破除由经验和习惯造成的僵化认识模式。

（3）新颖性

循规蹈矩的思维和按传统方式解决问题虽然简单，但容易使思路僵化，摆脱不掉习惯的束缚，得到的往往是一些司空见惯的答案。其实，任何事物都具有多方面属性。由于受过去经验的影响，人们容易看到熟悉的一面，而对其他方面却容易忽视。逆向思维能克服这一障碍，给人耳目一新的感觉。

3. 逆向思维的类型

（1）反转型逆向思维

这种方法指从已知事物的相反方向进行思考。可以从事物的功能、结构、因果关系等方面进行思考。例如，市场上出售的无烟煎鱼锅就是把原有煎鱼锅的热源由锅的下面安装到锅的上面。这是利用逆向思维对结构进行反转型思考的产物。

（2）转换型逆向思维

常指在研究某一问题时，由于解决问题的手段受阻，而转换成另一种手段，或转换思考角度，以使问题顺利解决的思维方法。流传至今的“司马光砸缸”故事，实质上就是一个转换型逆向思维法的例子。司马光不能爬进缸中救人，就转换为破缸救人，从而顺利解决了救人问题。

（3）缺点逆向思维

这是一种将事物的缺点变为可利用因素，化被动为主动，化不利为有利的思维方法。它不以克服事物的缺点为目的，而是化弊为利，找到解决方法。例如，某时装店经理不小心将一条高档裙烧了一个无法补救的洞，经理运用逆向思维突发奇想，干脆在小洞周围又挖了许多小洞，精心修饰成“凤尾裙”，结果销路顿开，创造了新商机。

此外，还有时序逆向、原理逆向、结构逆向、功能逆向、性能逆向与方向逆向等逆向思维类型。

课堂活动

逆向思维的实践训练

将学生分成3个小组，进行问题讨论，最后进行小组之间的讨论：

① 中国传统文化中还有哪些成功运用了逆向思维的案例？

② 试举出1～2个学习、生活中运用逆向思维解决问题的例子。

（八）前瞻思维

1. 前瞻思维的含义

前瞻思维又称发展思维、超前思维，是对未来状况和事物发展的思考与判断，是一种重要的战略思维。做任何事情都要有预见，走一步，看两步，想三步，不作临时决定。

前瞻性思维对社会发展、经济建设和个人工作生活有较大的实用价值与指导意义。在知识经济时代，企业与个人只有意识到“世界唯一不变的东西就是变化”这一辩证真理，充分运用前瞻思维，不断地调整、改善、变革自身思想、观念战略和行为特征，才能在激烈的市场竞争中站稳脚跟、寻求突破。

2. 前瞻思维的特征

前瞻性思维具有超前性、突破性和新颖性三大特征。

（1）超前性

俗话说：“人无远虑，必有近忧。”凡事都要提前考虑，提前布局，提前着手计划和安排。前瞻性思维的超前性特征正符合这一要求，因为只有超前谋划、布局，遇到突发状况才能免于慌张，使工作有序有节地开展和进行。

（2）突破性

突破性也是前瞻思维的一个重要特征。突破可以指超越过去、跨越界限、突破自我。实现突破，就是持续地推动自己向前，把握未来，让人获得更大的发展。

（3）新颖性

新颖性是前瞻思维的另一个特征。创意需要具有新颖、独特、与众不同的特点，才能够引起人们的注意和兴趣。

案例分析

柳传志，江苏镇江人，是将当初不知名的“联想”电脑公司造就成行业巨头之一的设计师。柳传志依靠自己科研组织的独特布局和创新设置，为整个集团创新发展搭建了灵巧架构。通过在美国硅谷设立研究机构，感知世界市场的“温度”，追踪世界先锋企业的踪迹；在香港设立的研究开发中心，负责新技术实施条件论证和市场推广前景分析；北京的研究开发中心将对新技术进行整体设计和投产研究。柳传志的商业谋略是一种颇具开创性的中国式管理哲学，他也因此被称为“国内管理学的代言人”“中国企业的教父”。柳传志曾荣获第二届全国科技实业家创业金奖第一名，当选为“全国商界十大风云人物”，被评为中关村优秀企业家，名字被镌刻在中关村科技园区创业文化碑墙上。作为第一位受邀的发展中国家企业家，柳传志曾出席美国召开的国际管理科学年会，作了主题演讲，并被美国《商业周刊》评选为“亚洲之星”，被《时代》周刊评选为“全球 25 位最有影响力的商界领袖”之一。这是对他创业经营业绩的高度赞誉与肯定。

分析：柳传志常说：“吃着碗里的，看着锅里的，种着田里的。”凭借这种超前思维，他提出了一个个时刻关注、紧跟市场，超前行动的创新策略。他不满足于做成一个产品，还时刻告诫联想人：“不要受到一个产品一炮打响的诱惑。应当一边做事，一边瞄准世界同行，边干边学，边学边超，时刻准备以新的姿态出现在竞争者面前。”

二、打破思维局限

（一）头脑风暴法

头脑风暴法（brain storming method）又称智力激励法或自由思考法（畅谈法、畅谈会、集思法）。其目的在于产生新观念或激发创新设想。头脑风暴法是由美国创造学和创造工程之父亚历克斯·奥斯本（Alex Faickney Osborn）于 1939 年首次提出，并于 1953 年正式发表的一种激发思维的方法，原意为用脑力去冲击某一问题。作为一种创造方法，它是指一组人员通过开会的方式对某一特定问题献计献策，群策群力，解决问题。这种方法的特点是：克服心理障碍，思维自由奔放，打破常规，激发创造性的思想活动，获得新观念，并创造性地解决问题。奥斯本创建此法最初是用在广告的创意策划，后经本人不断改进和他人完善和发展，终于成为世界范围内应用最广泛、最普及的集体创造方法，在技术革新、管理革新、社会问题的处理、预测、规划等许多领域都显示了它的威力。

头脑风暴法又可分为直接头脑风暴法（通常简称头脑风暴法）和质疑头脑风暴法（也称反头脑风暴法）。前者是由专家群体决策，尽可能激发创造性，产生尽可能多的设想的方法；后者则是对前者提出的设想、方案逐一质疑，分析其现实可行性的方法。

1. 基本原则

头脑风暴法的精华和核心在于它的4项原则，在进行头脑风暴会议时也必须遵守以下4项基本原则。

(1) 鼓励自由想象

自由想象是产生独特设想的基本条件。这一原则要求与会者尽可能解放思想，无拘无束地思考问题并畅所欲言，敢于突破，敢于异想天开，不必顾虑自己的想法或说法是否“离经叛道”或“荒唐可笑”，使思想保持“自由奔放”的状态，并熟练应用求异、想象、联想、发散等多种创新思维方法。

(2) 遵守延迟评价

在提出设想阶段，只能专心提设想，而不能对他人的设想进行任何评价。这是因为创造性设想的提出有一个诱发深化、发展完善的过程。有些设想在提出时杂乱无章、不合逻辑，似乎毫无价值，然而它却能够引发许多有价值的设想，或帮助在以后的分析中发现一开始没有发现的价值。因此，过早地评价会使许多有价值的设想被扼杀。日本创造学家丰泽丰雄曾说过：“过早地评判是创造力的克星。”延迟评价原则是头脑风暴法的精髓。

(3) 激发量中求质

该原则的关键是“质量递进效应”，其目的是“以数量保证质量”。参加会议的人员不分上下级，平等相待，在规定的时间内提出设想的数量越多越好。奥斯本认为，理想结论的获得，常常是在头脑风暴会议的后期。后期提出的有实用价值的设想要比初期提出得多；在群体激励的过程中，最初的设想往往并非最佳。有人曾用实验证明，会议后半阶段设想的价值要比会议前半阶段的设想高出78%。另据统计，一个在相同时间内比别人多提出2倍设想的人，最后产生有实用价值的设想的可能性比别人高10倍。由此可见，头脑风暴法强调与会者要在规定的时间提高思维的流畅性、灵活性和求异性，尽可能多地提出有一定水平的新设想。

(4) 综合集成

该原则的依据是“集成也是创造”。与会者应认真听取他人的发言，并及时修正自己不完善的设想，或将自己的设想与他人的设想集成，确保提出更有创意的方案。奥斯本指出：“最有意思的集成大概就是设想的集成。”

2. 头脑风暴法的类型

头脑风暴法的类型有：会议模式、菲利普斯66法、默写式智力激励法（653法）、卡片式智力激励法、三菱式智力激励法（MBS法）、亚奥氏智力激励法等。

(1) 会议模式

这是适用范围最广泛的头脑风暴法类型。在特定的时间和地点，通过小型会议的组织形式，让所有与会者在自由愉快、畅所欲言的气氛中，自由交换想法或点子，并以此激发与会者的创意及灵感，使各种设想在相互碰撞中激起创造性“风暴”。随着现代信息技术的发展，视频会议、网络会议等新通信手段已经大大降低会议时间、地点的限制，使用起来更为便捷，具体表现形式也更多种多样，适用范围更广。

（2）菲利普斯 66 法

菲利普斯 66 法也叫小组讨论法，即采用分组的方式，6 人一组，围绕主题进行限时 6 分钟的讨论。该方法是由美国密歇根州希尔斯代尔学院校长菲利普斯（J. D. Phillips）发明的，因此命名为菲利普斯 66 法。这种方法的最佳应用场所是大会场，因人数很多，可通过分组形成竞争，使会场气氛热烈，犹如“蜜蜂聚会”，因此也有人把这种方法称为“蜂音会议”。

（3）默写式智力激励法（653 法）

最初的奥氏智力激励法传入德国后，德国的创造学家荷立（Holly）根据德意志民族爱沉思的性格进行改良，最终德国人鲁尔巴赫（Rohrbacher）提出默写式头脑风暴法。其基本原理与奥氏智力激励法相同，不同的是前者通过填写卡片的方法来实现，而不是“畅谈”出来的。该法规定每次会议由 6 人参加，每个人在 5 分钟内提出 3 个设想，所以又称为“653 法”。在举行“653 法”会议时，由会议主持人宣布议题，即宣布发明创造目标，并对与会者提出的疑问进行解释。具体步骤如下：

① 每人发几张设想卡片，每张卡片上有 1～3 的编号，在 2 个设想之间要留一定的空隙以让其他人填写新的设想。

② 在第 1 个 5 分钟内，每人针对主题在卡片上填写 3 个设想，然后传给右邻。

③ 在第 2 个 5 分钟内，每人从左邻的 3 个设想中得到新的启发，在卡片上填写 3 个新的设想，然后再传给右邻。

这样传递 6 轮，一共可产生 108 个设想。默写式智力激励法可以避免出现由于多人争着发言而使设想遗漏的情况，并且还可以避免因为某些与会者不善言辞或不习惯当众畅谈而无法表达清楚自己的设想从而影响激励效果的情况。最后，进行设想的分类、整理，根据一定的评判原则和程序，筛选出有价值的设想。

（4）卡片式智力激励法

这种方法又可分为 CBS 法和 NBS 法 2 种。

① CBS 法。CBS 法由日本创造开发研究所所长高桥诚根据奥氏智力激励法改良而成。会前需明确会议主题，每次会议由 4～8 人参加，每人持 5 张卡片，桌上另放 200 张卡片备用。会议大约进行 1 个小时。具体步骤如下：

第一，最初 10 分钟与会者各自在卡片上填写设想，每张卡片写 1 个设想。

第二，接下来的 30 分钟由与会者轮流发表自己的设想，每次只能宣读 1 张卡片，宣读时将卡片放在桌子中间，让与会者都能看清楚。

第三，每个人宣读自己的设想后，其他人可以提出疑问，也可以将受此启发得到的新设想填入备用的卡片中。

第四，余下的20分钟让与会者相互交流探讨各自提出的设想，由此激发新的设想。

② NBS法。NBS法是日本广播电台开发的一种智力激励法，是把口头和书面2种激励法结合起来的方法。会前必须明确主题，每次会议由4～8人参加，每人必须提出5个以上设想，每个设想填写在1张卡片上。具体步骤如下：

第一，个人出示自己的卡片并依次说明。

第二，在别人宣读设想时，如果自己由此产生新的设想，应立即填写在备用卡片上。

第三，与会者发言完毕后，将所有卡片集中起来，按内容进行分类，在每类卡片上加一个标题，然后再进行讨论，挑选出可供实施的设想。

3. 头脑风暴法的实施流程

头脑风暴法的实施流程包括以下5个步骤。

（1）会前准备

① 确定会议主题。头脑风暴法适合解决目标单一的问题。头脑风暴需要有一个定向目标，这样与会者才能沿着主线进行思维拓展升级。因此，对涉及面较广或包含因素较多的复杂问题应进行分解，分成不同讨论议题或不同会议，使与会者沿单一方向思维发散、共振和互补，否则就会让大家的讨论失去焦点，极易“跑题”。主题确定后，会议召集者需要拟订一个相应的问题进行机会陈述，用来描述自己想要达到的目标。尤其需要注意的是，这段陈述不能暗示解决问题的典型方法可能是什么，因为这将阻碍新观点的产生。同时，一般要将会议讨论的问题提前1～5天告诉与会者。

常见议题类型如下：

第一，列举陈述同一个问题（目标）的方法。

第二，列举与同一个问题（目标）有关的问题。

第三，列举可能发生的各种问题。

第四，列举解决某一问题的方法。

第五，列举应用某一原理、原则的方法。

第六，列举评价某一物品的标准、功能和要求。

② 确定会议主持人。会议主持人需要介绍问题、提醒时间和确保大家遵守头脑风暴的规则，并掌控会议进程使其顺利开展，同时要确保与会者觉得身心愉悦，愿意参与到发言中来。会议的成功与否在很大程度上取决于主持人掌控会议的能力和艺术。主持人的职责有：使会议保持热烈的气氛；把握会议的主题和进度；保证全员献计献策；保持公正，消除偏见，遵守延迟评价。

③ 确定与会人员。头脑风暴会议与会人数过多，无法保证与会者有充分发表设想的机会，且易使思维目标分散而影响会议效果；人数过少，会造成专业面过分狭窄，达不到为解决问题所需要的不同专业知识互补的目的，难以形成信息碰撞和思维共振的环境和气氛，同时也容易因缺乏足够的思考与联想时间而造成冷场或者空场，影响头脑风暴的效果。一般来说，头脑风暴会议以5～15人为宜。头脑风暴会议的参会人员应当由专家

小组构成，一般包括：方法论学者——专家会议的主持者；设想产生者——专业领域的专家；分析者——专业领域的高级专家；演绎者——具有较高逻辑思维能力的专家。

④ 确定记录人员。头脑风暴会议提出的设想应由专人记录下来，以便会后对会议产生的设想进行系统化处理。这一工作可由专人负责，可由主持人或服务人员兼任，也可以安排与会者自己将想法记录下来。另外，可以利用录音、录像设备等完成。

⑤ 预定时间地点。会议地点可以选择室外，如草地、树荫下等静谧的环境，在大自然的环境里更容易让人心情放松。但大多数情况下，由于现实条件制约，还是多在室内举行会议。房间温度要适中，光线要柔和，最好采用圆桌座席设计或者一个宽广的 U 形座席布局。

房间最好配有白板、投影机、实物展台、挂画纸等，并给每个人准备好纸和笔。同时，要把握好会议时间，经验表明，创造性较强的设想一般在会议开始 10～15 分钟后逐渐产生。美国创造学家帕内斯（S. J. Parnes）指出，会议时间最好安排在 30～45 分钟。若会议确实需要较长时间，为了使与会者保持新鲜感，应该分成几个时间段进行，中间辅以短暂的休息。

(2) 热身阶段

会议主持人把头脑风暴规则粘贴在一个显眼的地方，并进行会议准备。可以播放一些柔和的音乐作为背景音以放松与会者的心情。当大多数人到场后，主持人把他们聚集起来，安顿在相应座位上，进行小型的热身活动。热身活动可以是做智力游戏、看有关创造力方面的录像、回答脑筋急转弯问题等，目的是使与会者尽快进入“角色”，使他们暂时忘却个人的工作和私事，形成平等、轻松、热烈的气氛，进入“临战状态”。

(3) 明确问题

主持人需要向与会者说明头脑风暴会议必须遵守的 4 个基本原则。对于第一次参加头脑风暴会议的人，主持人需要着重指出规则的重要性，让他们知道看似怪异的观点可以用作问题的解决方法，也可以激发他人的观点，应当大胆说出来，并且不要评价别人的观点。同时，建议与会者把手机关机或者调至静音，以避免会议进程被干扰，与会者思路被打断。

之后，主持人需要简明扼要地介绍问题，点出问题的实质，注意选择有利于激发大家热情和开拓大家思路的介绍方式。还可以将问题分解成不同要素，从多角度提出问题。这个阶段尽量不要对任何问题的解决方法设置障碍，要让与会者相信任何方法都是可能的。留 5～10 分钟让大家先独立思考一下方案。之后，会议即可转入下一个阶段。

(4) 自由畅谈

这是头脑风暴法的核心步骤，也是头脑风暴会议能否成功的最关键环节。在这一阶段，除了必须遵守的头脑风暴 4 个原则外，还要遵守下述规定：

① 力求简明扼要地表述设想，以便有更多的观点能够被提出；每次只谈一个设想，以便该设想引起与会者的共振，引起他们的思考，使他们受到启发。

② 主张独立思考，不准私下交谈，以免干扰别人思考；同时确保会议始终只有一个中心点，防止形成小团体开小会。

③ 不强调个人或小团体的利益，应以与会者的整体利益为重，注意、理解别人的贡献。创造民主环境，不以权威或群体意见的方式妨碍他人提出个人的设想，激发个人想出更多更好的主意。

④ 与会者一律平等，各种设想应全部记录下来。同时，将每个想法的要点简明记录在白板上，以便启发他人。

⑤ 见解无专利，鼓励巧妙地利用和完善他人的设想，这是关键所在。每个与会者都可以从他人的设想中汲取灵感，得到启示，或补充他人的设想，或将他人的若干设想综合起来提出新的设想等。

⑥ 提倡自由奔放、任意想象、随意思考、主意新颖、尽量发挥、多多益善、彼此启发，从而推导出好的观念。

（5）会后整理

通过头脑风暴会议和会后的回访，会得到很多设想，这好比找到了一座金矿，接下来要做的就是在这座金矿中选出真正的金子。具体来说，就是要对设想进行评价和发展。这是相互联系的2个方面，评价是为了寻找其中有用的想法，发展是将各种想法的合理之处综合利用，形成最终的方案。会后整理主要包括以下3步：

① 将会上和会后收集到的想法进行整理，形成设想清单。

② 确定一个设想的评价标准。具体拟定哪些指标，一般要根据问题本身的性质和问题提出者的要求来决定。

③ 确定由谁来评价和发展这些想法。参与评价和发展设想的人员可以是设想的提出者，也可以是对问题本身负有责任的人。有的是召开第二次会议，由设想提出者自己来进行群体评议，以省去对设想重复说明的麻烦。有的则将这一工作交由专家或问题提出者来处理。如果条件允许的话，由不参加头脑风暴会议的“外部”人士参与评价是最好的，这样就可以跳出思维定式，从新的视点与角度来思考问题。从表决角度考虑，一般情况下评价委员会人数应该为奇数，经验证明5～7人为最佳。

课堂活动

头脑风暴思维训练

根据本班级的实际情况，将学生分成若干个小组，每组5人，进行头脑风暴法的思维训练，并由小组长进行记录，教师进行指导。最后，各小组进行总结。

（二）思维导图

1. 思维导图的概念

思维导图是一种由中心主题出发向四周呈放射状分布的可视化思维工具，是一种将思维具象化的方法。在计算机思维导图作图软件上，也可将放射状图形转变为向左、右、上、下区间分布的图形，或者鱼骨状图形。

思维导图适用于观察与共情的开始阶段，即整个设计项目的初始阶段。这可以看作思维发散的一个开端，先确认已知，进而从已知向外推导，最后发散到未知。

（1）如何行动

下面以设计一款拍照 App 为例来说明思维导图的使用步骤（图 4-1）。

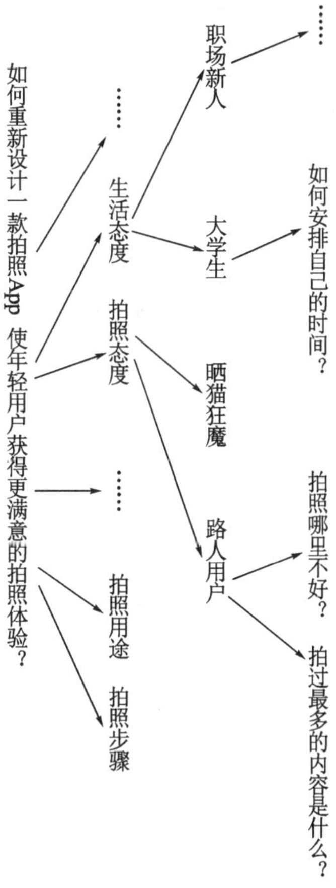

图 4-1　思维导图

① 用一句话描述目前所面对的设计问题。例如，我们如何重新设计一款拍照 App，使年轻用户获得更满意的拍照体验？

② 圈出其中的 2～3 个关键词，找到主要关注点，可能是领域、关键技术、目标用户、设计对象或设计意图，例如拍照 App、年轻用户、拍照体验等。

③ 针对每个关键词，寻找与它有关的其他形容词或名词，为每一个关键词创建一个关联列表。

④针对每个关键词，圈出它的列表中最重要的 2～3 个词语。

⑤针对圈出的最重要的词语，提出 2～3 个问题。填写表 4-1。

表 4-1　思维导图关键问题表

原始问题	利益相关者		为谁设计
☆	潜在合作者	潜在竞争者	☆

他是谁？	他在哪里？
他需要什么？	他遇到了什么困难？

关于他的一些事实	在专家用户的情况下是怎样的？

我的感受

（2）工具扩展

思维导图的作用首先是帮助我们将已知知识外化，其次是帮助我们根据已知知识联想，扩展已知圈，最终向已知圈的边界提出问题，过渡到未知知识。设计思维要求我们向未知学习，而思维导图可以让我们有准备地面对未知。

思维导图是一种视觉化呈现的工具，能帮助我们把非定量的信息根据一定的逻辑关系采用视觉化方式表达出来。设计思维鼓励和提倡的一个重要原则是视觉思维。作为一种思考方式，视觉化的过程可以让无形的思绪转化为实际内容，让信息和思考不是抽象地停留在脑海里，而是通过有条理的组织外化表达出来。

（3）使用感受

一个优质的思维导图可以使我们的头脑条理清晰，明确哪些是已知的，哪些是未知的，为后面的工作奠定基础，洞察、创意将有迹可循。此外，在梳理思维导图的过程中，团队成员往往还会意识到，由于个人经历的不同，大家对同样的关键词有着截然不同的理解，因此思维导图还能在统一团队成员对设计的基本认识方面起到积极作用。

2. 思维导图的构成要素

思维导图由 5 个基本要素构成。

（1）中心主题

中心主题一般画在思维导图的正中位置，是思维的起点或出发点。

（2）分支（或线条）

围绕中心主题，向四周放射状逐级展开，分为一级分支、二级分支……n 级分支。每一个分支代表一个思考方向或类别，分支越多，表示思考方向或类别越多；每级分支代表一个层级，不同分支层级之间可表示逻辑或隶属关系。分支的层级越多（分支总长度越长），表示向某个方向的思考越深或者分类越细。换句话说，就是分支的数目代表思维的广度，分支的长度代表思维的深度。

（3）关键词

每一级分支上可有一个关键词。关键词是对某个具体内容的抽象和概括。关键词越精准，代表思维的抽象概括能力越强，因此一般应尽可能采用词或词组，而不宜用短语或句子。同一级分支上的关键词应属于同一层次或分类体系。

（4）联系线（或关联）

不同方向的分支之间可用虚线表示不同分支中的关键词之间的横向联系。与分支层级之间的纵向联系不同，联系线主要反映关键词之间内在的、非层级的关系。有时还可用括号表示不同方向分支之间的特殊关系（在有些绘图软件中被称为“绑定”）。

（5）颜色与图形

不同的分支可用不同颜色表示，关键词可用图形图像代替，或者关键词与图形图像并用。颜色和图形有利于加深大脑的记忆，激发右脑思维。思维导图可以全部采用文字表示，也可全部采用图形图像表示，但更多的时候是图文并茂的。

3. 思维导图的作用

思维导图有很多用途，可概括为以下 4 类。

（1）表征知识

思维导图由关键词和各种线条构成，可以用于描述概念和概念之间的关系，使知识体系可视化，在这一点上思维导图类似于概念图的功能。例如，在看书和听课时用思维导图记笔记，就是这种功能的体现。借助思维导图对学习内容进行整理，有助于知识的理解、记忆与内化。但思维导图是从中心向四周发散的放射状结构，而概念图是无中心的网状结构。从知识的表征能力来说，概念图优于思维导图；但从提升思维能力的方面来看，思维导图则优于概念图。

（2）整理思维

思维导图最主要的功能是对思维进行梳理与加工。人们在思考某个问题时，用思维导图对思路进行整理，可使思考过程变得更加清晰与高效。如果说概念图是对已有知识体系的“表征”，那么思维导图则是对正在进行的思考过程的“引导”。例如，我们在制订计划和方案时边画思维导图边思考，在开会讨论某问题时边画思维导图边讨论等。人们在思考某个问题时，总是从某一点出发，然后向各个方向推进，这正与思维导图的图形特点不谋而合。

（3）激发创意

思维导图不仅有利于常规思考，还可以激发创新思维。思维导图的放射状图形恰与创新思维的发散性特征完全吻合，它总是“暗示”人们要画出更多的分支，这实际上有引导人们转变思考方向的作用，让思维更加发散与全面；它采用关键词表达思考内容，鼓励人们让思维变得更加简洁与集中；它的颜色与图形图像则能调动人们的右脑思维，引发联想与想象。在构思新创意时，画思维导图无疑是有益的；在头脑风暴过程中，用思维导图整理收集到的点子也是大有帮助的。

（4）交流展示

作为一种图形工具，思维导图在传达意思方面往往较文字更加简洁直观。例如，我们可以用思维导图画出一个内容的大纲，作为图插入演示文稿（PPT）或书中，与文字互相配合进行展示；还可以利用机绘思维导图中的超链接功能，在教学中自由打开相关链接进行授课。在学习重要知识时，用思维导图画出来，通过超链接功能链接至相关的课件、视频、网页、图形、文本等，上课的时候可以随时点击相关链接打开相应的部分进行讲授。

思维导图将图形与文字结合于一体，是一种能够开发思维潜力、提高思维能力的简单高效的工具。它结合了全脑的概念，包括左脑的逻辑、顺序、条例、文字、数字，以及右脑的图像、想象、颜色、空间、整体等。因此，我们需要掌握一些方法来读懂思维导图。读思维导图主要可以分为以下3个步骤：

第一，找中心主题。位于思维导图最中间，是一个彩色的图，也是一个思维导图中最明显、最大的图。中心主题代表题目的意思。

第二，看主干。连接中心主题，并且从中心主题往外呈放射状延伸，由粗到细的线条组成主干。主干代表内容的最大项或最大类。

第三，看支干。连接在主干之后的所有细细的线条是支干。支干用来补充说明主干的内容。

绘制思维导图的步骤有 7 步：

第一步，从一张白纸的中心开始绘制，周围留出空白。从中心开始有利于思维向各个方向自由发散，能更自由、更自然地表达自己。

第二步，用一幅图像或图画表达中心思想。一幅图画往往抵得上 1 000 个词汇，能更好地运用想象力。图画越有趣，越有利于精神的集中，也越能使大脑兴奋。

第三步，在绘制的过程中使用颜色。颜色能够让大脑更兴奋，同时给思维导图增添跳跃感和生命力。

第四步，将中心图像和主要分支连接起来，然后把主要分支和二级分支连接起来，再把三级分支和二级分支连起来，以此类推。

第五步，让思维导图的分支自然弯曲而不是像一条直线。曲线和分支就像大树的枝杈一样，更能吸引你的眼球。

第六步，在每条线上使用一个关键词。单个词汇能使思维导图更具有力量和灵活性。

第七步，自始至终使用图形。每一个图形就像中心图形一样，相当于 1 000 个词汇。

思维导图的应用范围非常广泛，从基本应用看，可用于记忆、用于创造性思维、用于决策、用于组织他人观点（做笔记）；从在学习、生活和工作领域的高级应用看，可用于自我分析、用于写日记、用于提高学习技巧、用于会议、用于演讲、用于经营管理等。

下面通过案例来说明运用思维导图的方法。

① 写下“幸福”一词，然后将它圈起来。以它为中心，画 10 个分支。在每个主干上写下你一想到“幸福”就会联想到的词。写下最先想到的词是至关重要的——无论它多么荒唐。如果你想要加入更多的词，就多画几条主干，如图 4-2 所示。

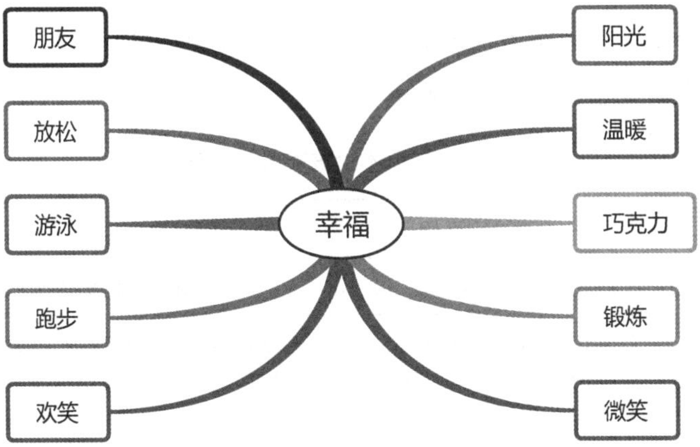

图 4-2　主干图

② 对“幸福”所联想到的词进行拓展，在每个主干后面建立分支，可以尽情发挥想象，通过自由联想完成自己的思维导图，如图 4-3 所示。

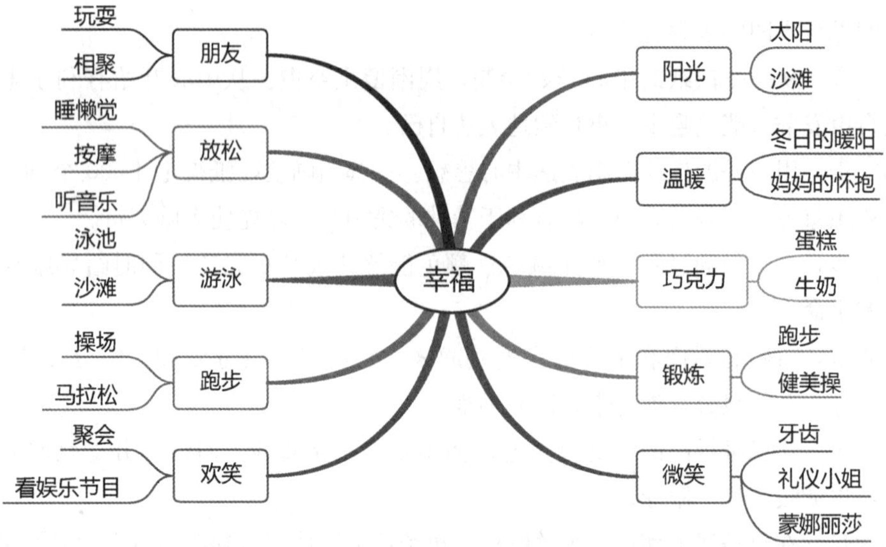

图 4-3 思维导图

(三) 奥斯本检核表法

1. 奥斯本检核表

检核表法是采用一张一览表，对需要解决的问题逐条核计，进而从各个角度诱导出多种创意设想的方法，其中最常用的就是奥斯本检核表法。奥斯本检核表法几乎适用于任何类型与场合的创新活动，因此享有“创新方法之母”的美称。

奥斯本检核表法是以提问的方式，根据创造或解决问题的需要，列出一系列提纲式的提问，形成检核表，然后对问题进行讨论，最终确定最优方案的方法。该方法主要引导主体在创造过程中对照 9 个方面的问题进行思考，以便启迪思路，开拓思维想象的空间，促进人们产生新设想、新方案（表 4-2）。

表 4-2 奥斯本检核表法九大问题

序号	检核项目	说明
1	能否使用	能否有其他的用途？保持不变能否扩大用途？稍加改变后有无其他用途？
2	能否借用	能否从别处得到启发？能否借用别处的经验和发明？过去有无类似的东西可供模仿？谁的东西可供模仿？现有的发明能否引入到其他的创造性设想之中？
3	能否改变	能否做某些改变？改变会怎样？可改变一下形状、颜色、音响、味道吗？是否可能改变一下型号、模具或运动形式？改变之后，效果如何？
4	能否扩大	能否扩大适用范围？能否增加使用功能？能否添加零部件，延长它的使用寿命？能否增加长度、厚度、强度、频率、速度、数量、价值？

（续表）

序号	检核项目	说明
5	能否缩小	能否体积变小、长度变短、重量变轻、厚度变薄及拆分或省略某些部分（简单化）？能否浓缩化、省力化、方便化？
6	能否替代	能否用其他材料、原件、方法、工艺、功能等来代替？
7	能否调整	能否变换排列顺序、位置、时间、速度、计划、型号？内部组件可否交换？
8	能否颠倒	能否正反颠倒、里外颠倒、目标手段颠倒等？
9	能否组合	能否进行原理组合、材料组合、部件组合、形状组合、功能组合、目的组合？

奥斯本检核表法的优点很突出，即能使思考问题的角度具体化。但它也有缺点，由于它是改进型的创意产生方法，人们必须先选定一个有待改进的对象，然后在此基础上设法加以改进，因此，这种方法不是原创性的。但有时候也能够产生原创性的创意。例如，把一个产品的原理引入另一个领域，就可能产生原创性的创意。

奥斯本检核表法的“三步走”实施步骤如下：

第一步，根据创新对象明确需要解决的问题。

第二步，参照表中列出的问题，运用丰富的想象力，强制性地逐个核对讨论，写出新设想。

第三步，对新设想进行筛选，筛选出最有价值和创新性的设想。

2. 奥斯本检核表法的应用

奥斯本检核表法是一种多向发散的思考方法，能使人的思维角度、思维目标更丰富。检核表法的特点之一是多向思维，用多条提示引导人们去发散思考。如检核表法中有 9 个问题，就好像有 9 个人从 9 个角度帮助你思考。创新者可以把 9 个思考点都尝试一遍，也可以从中挑选 1～2 个集中精力深思。另外，检核表法提供了创新活动最基本的思路，可以使创新者尽快集中精力，朝提示的目标方向去构想、创造、创新。

奥斯本检核表第 1 项：有无其他用途？有的东西（如发明、材料、方法等）有无其他用途？保持不变能否扩大用途？稍加改变后有无其他用途？“还能有什么用途？”“还能用其他什么方法使用？”这类提问能使我们的想象力活跃起来。电灯最初只用于照明，后来改变了光线的波长，发明了紫外线灯、红外线加热灯、灭菌灯等。橡胶有什么用处？有家公司提出了成千上万种设想，如用它制成床毯、浴盆、人行道边饰、衣夹、鸟笼、门扶手、棺材、墓碑等。炉渣有什么用处？废料有什么用处？边角料有什么用处？当人们将自己的想象投入这条广阔的“高速公路”，就会以丰富的想象力产生出更多的好设想。

奥斯本检核表第 2 项：能否从别处得到启发？能否借用别处的经验或发明？外界有无相似的想法？能否借鉴？过去有无类似的东西？有什么东西可供模仿？谁的东西可供模

仿？现有的发明能否引入其他的创造性设想之中？他山之石，可以攻玉。发明创造中存在大量的借鉴和移植，这已经成为创新最重要的手段。世间的事物总是存在相似之处，其他事物的原理、结构、功能、方法、思路等都可以被借用和借鉴移植，这样创新设想不仅能大量产生，而且还会新颖独特。

奥斯本检核表第 3 项：现有的东西是否可以做些改变？改变一下会怎么样？可否改变一下形状、颜色、音响、味道？是否可改变一下型号、模具或运动形式？改变之后，效果又将如何？例如，传统创可贴的背面都是灰白色的，有人却设计了各种彩色图案的创可贴背面，特别是为儿童设计了卡通人物创可贴。

拓展阅读

小改变，大用途

喝汤时，把汤匙放入汤碗里，汤匙常会滑到汤里去，吃饭的人要费很大劲把它捞上来，还得在水中清洗匙把，很不方便。那么，把匙把的形状改一改，让它弯一下，或者在匙把上开一个斜形小豁口，让它能卡在碗边，不就解决问题了吗？

奥斯本检核表第 4 项：现有的东西能否扩大使用范围？能否增加一些东西？能否添加部件、拉长时间、增加长度、提高强度、延长使用寿命、提高价值、加快转速？利用自我设问的创新方法，研究“再多些”与“再少些”这类有关联的问题，能给想象提供广阔的空间。使用加法和乘法，会使人们扩大探索的领域。例如，在牙膏中加入药物就成为药物保健牙膏；在自行车上加上伞就成为带遮阳伞的“防晒自行车”；在指甲刀上加上一个放大镜，就成了婴儿指甲剪等。

奥斯本检核表第 5 项：缩小一些怎么样？现在的东西能否缩小体积、减轻重量、降低高度、压缩变薄？能否省略？能否进一步细分？例如儿童版厨房货架及玩具、微型计算机、折叠伞，电池从 1 号到 8 号，再到纽扣电池，都是缩小的产物。没有内胎的轮胎、尽可能删去细节的漫画，都是省略的结果。

奥斯本检核表第 6 项：能否用别的东西代替？能否由别人代替？能否用别的材料、零件代替？能否用别的方法、工艺代替？能否用别的能源代替？能否选取其他地点？目前，用昆虫做菜在西亚、非洲、中美洲等地区已很盛行，如油炸蝴蝶和蝗虫、土豆烩蜻蜓、面团炸黄蜂、清炖甲虫、蚂蚁番茄汤、蛾子饼、蚂蚁奶油蛋糕、蝉肉蜜饯都成了美味佳肴。1946 年，美国化学家、物理学家欧文·朗缪尔（Irving Langmuir）等人利用干冰颗粒对水蒸气的凝聚作用，发明了人工降雨方法。然而，干冰不易存放，一般要保存在保温设备中。之后，文森特·谢弗（Vincent Schaefer）和库尔特·冯内古特（Kurt Vonnegut）终于发现碘化银是替代干冰的良好的人工降雨材料，它能在室温下长期保存。

拓展阅读

斑马线的由来

斑马线又称人行横道线，最早源于古罗马的“跳石”。古罗马时期的一些街道上，马与行人行走道交叉，经常导致市内交通堵塞，不断发生事故。为了解决这个问题，人们在靠近马路的地方砌起一块块凸出路面的石头，作为指示行人过街的标志。行人可以踩着这些石头，一跳一跳地穿过马路。而马车行驶时，两个轮子刚好可以从石头之间通过。久而久之，行人穿越马路就被称为“跳石”。

到了19世纪末期，随着科技的发展，汽车代替了马车，在速度增加的同时也大大增加了交通危险性。城市内更是车水马龙，行人在街道上任意横穿，严重阻碍了交通行驶，而从前的那种跳石已无法避免交通事故的频频发生。

20世纪50年代初期，为了保护人们的出行安全，英国人集思广益，率先设计出一种横格状的人行横道线，规定行人在穿过街道时，只能走人行横道。于是伦敦街头出现了一道道洁白醒目的横线，这些横线看上去很像斑马身上一道道的白斑纹，因而人们称之为“斑马线”。司机驾驶汽车看到这条条白线时，会自动减速缓行或停下，让行人安全通过。斑马线的出现有效缓解了道路交通压力，保障了行人的生命安全。一时间，其他国家纷纷效仿，设计出各种各样的斑马线。

如今的街道上，斑马线仍然随处可见。从它第一天出现到现在，对指示车辆行驶、行人在街道上有秩序地行走以及减少交通事故、保护人身安全起到了很大的作用。我们每个人都只有一次生命，在穿越马路时，一定要遵守交通法规，爱护自己的生命。

奥斯本检核表第7项：能否调换？能否更换先后顺序？能否调换元件？能否用其他型号？能否改成另一种安排方式？原因与结果能否对换位置？能否变换一下日程？更换一下会怎么样？

奥斯本检核表第8项：倒过来会怎么样？上下是否可以倒过来？左右、前后是否可以对换位置？里外能否调换？正反能否调换？能否用否定代替肯定？从相反方向思考问题，采用对比方法也能成为萌发想象的宝贵源泉，可以启发人的思路。例如以毒攻毒、欲擒故纵、缺陷成才、危机管理、吃小亏占大便宜、废物利用等均为反向创新的经验。又如喝茶，本想让茶叶冲开，但冲开后的茶叶容易随茶汤进入嘴中，袋泡茶的发明则利用了反向思维，将原本要冲泡开的茶叶收集起来，装进袋中冲泡，解决了这一问题。

拓展阅读

克隆羊的诞生

2012 年，英国生物学家约翰·伯特兰·格登（John Bertrand Gurdon）与日本京都大学教授山中伸弥共同获得了诺贝尔生理学或医学奖。让人意想不到的是，在读书的时候，格登的生物学成绩却是学校最差的。

格登伸出自己的手指，问学校的博物馆馆长："老师，为什么长在手上的手指会动，而被砍掉的手指却不能动?"馆长说："因为长在手上的手指有神经细胞，可以接受大脑的指令，而被砍掉的手指头却不能。"格登说："可是，受精卵不仅能动，而且能够自由生长，被砍掉的手指头为什么不能自己生长呢?"馆长被问得瞠目结舌，忍不住大声吼道；"你这个笨蛋，这是自然界的生长规律！规律，你懂吗？凭你的天赋，你完全不可能在自然科学方面取得任何成绩!"

上大学时，格登只好报考了牛津大学古典文学专业。可是格登更加热爱自然科学，特别是生物学。后来他提出申请，从古典文学专业转到了动物学专业。

他一直在默默无闻地研究"被砍掉的手指头为什么不能再生"的问题，当然，这是一个复杂的问题，它关系到细胞的特化机能逆转。

经过几年的努力，格登终于成功地让一对成熟的体细胞转换为多功能干细胞。他发表了一篇论文，首次指出细胞的特化机能可以逆转。这篇论文在生物界引起了巨大反响，因为在此之前，专家们一致认为成熟的细胞发育过程是不可逆的。而根据格登的说法，砍掉的手指头在特定的条件下，是可以像受精卵那样自由生长的。格登的这一观点一直到 10 年后才被学界认同，并且直接引导了世界上第一只体细胞克隆羊——多利的诞生。

奥斯本检核表第 9 项：组合会怎么样？能否装配成一个系统？能否把目的进行组合？能否将各种想法进行组合？能否把各种部件进行组合？

（四）试错法

试错法是人们根据已有产品或以往的设计经验提出新产品的工作原理，并通过不断的试验和尝试去验证答案，从而达到预期目标的方法。这是一个需要持续修改和完善，调整各项参数，并使结果渐趋目标信息的过程。在这个过程中，如果测试结果不能满足要求，人们就需要回到方案设计阶段重新开始，不断试错，直到获得最满意的效果。这是一种经验式的创新手段，常用于产品设计。在使用该方法时，大学生创业者一般需要经历猜测和反驳 2 个阶段。猜测是指大学生创业者基于客观事实、知识储备、观察等，提出对事物的设想与怀疑；反驳则是指大学生创业者在初步结论中发现错误、检验错误，这也是排除不具备可行性的设想的过程。在不断尝试的过程中，大学生创业者的思维能够不断发散。试错法的思维模式如图 4-4 所示。

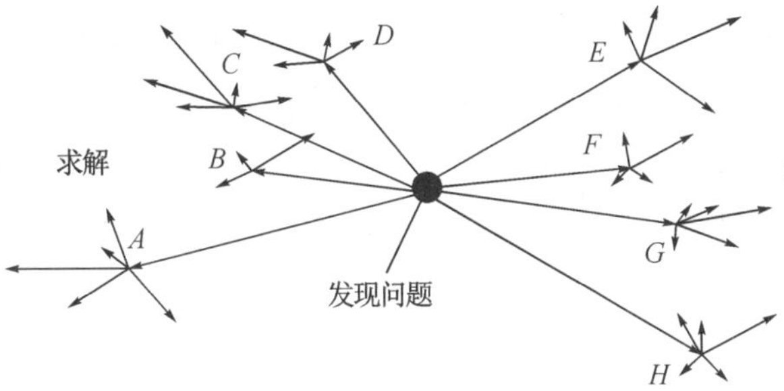

图 4-4 试错法的思维模式

从图 4-4 中可以看出，在使用试错法时，大学生创业者需要根据经验或已有的产品沿方向 A 寻解，如果不行，就调整方向，沿着方向 B 寻解，如果还找不到，再变到方向 C，如此一直调整方向，直到碰到一个满意的解为止。而在使用试错法的过程中，大学生创业者将被激发出多种不同的创意想法，而且最终得出的结论往往比原本的创意方法更具科学性。

三、提出解决方案

（一）发散思维

1. 发散思维的定义

发散思维又称扩散性思维、辐射性思维，是指从多种角度、不同的思维方向去思考探索问题，寻找多样性的方法解决问题。发散性思维呈现出多维发散状，其特点表现为思考问题时思路开阔，从一点向四面八方想开去，从不同方位、不同角度、不同层次去联想、想象、设想，寻找更新更多的设想、答案或方法。通俗来讲，就是从一点到多点的思维方法。

拓展阅读

理发师的观点

有一位理发师说：“我宁可给 10 个瘦子理发，也不愿意只给 1 个胖子理发。”

这位理发师为什么这样说？

因为给 10 个瘦子理发可以得到 10 份理发费，给 1 个胖子理发只能得 1 份理发费，理发师自然愿意给 10 个瘦子理发，而不愿只给 1 个胖子理发。很多人都会对这位理发师的话感到想不通：“胖子和瘦子的脑袋的大小差不多，难道为 1 个胖子理发会比为 10 个瘦子理发更费事吗？”人们之所以会这样想，那个因为都着眼于“给胖子理发更费事还是给瘦子理发更费事”这个角度。如果从“得多少理发费”这一角度去想，问题的答案就很明显了。

美国著名心理学家乔伊·保罗·吉尔福特（Joy Paul Guilford）通过对创新思维的研究认为，与创新思维和创新能力最相关的就是发散思维。因此，他进一步将发散思维定义为：从已知信息中产生大量变化的，独特新颖的，沿不同方向、向不同范围发散，不因循传统的思维方式。他认为经由发散思维表现于外的行为就代表个人的创造力。这个观点已被许多科学家所证实和认同。

2. 发散思维的特点

发散思维能使人思路敏捷、活跃，提出大量可提供选择的方法、方案或建议，从中得到新奇独特的见解，从而能够创新性地解决问题。

发散思维具有3个最主要的特点，即流畅性、变通性和独创性。

（1）流畅性

流畅性是发散思维的基础，指的是短时间内表达出不同观点和设想的数量，衡量的是思维发散的速度，可以看作是发散思维“量”的指标。具体包括字、词流畅性，图形流畅性，观念流畅性，联想流畅性，表达流畅性等。例如，在有限的时间里写出带“土”“日”结构的字，越多越好，就是指向流畅性。

（2）变通性

变通性是指多方向、多角度思考问题的灵活程度，是发散思维“质”的指标，表现发散思维的灵活性，是思维发散的关键。变通性使世上没有什么是不可能的。“不可能”标志着思维的中断和完成目标中途完结，变通性表现思维的持续，表现一种内在毅力，表现事物发展的希望。例如，罗马一出版商为售出滞销的书，想尽办法托人给总统看，但总统工作很忙，无暇顾及。出版商再三请求总统提意见，总统随便说了句“此书甚好”。该出版商马上推出广告词：“现有总统评价很高的书出售”，结果滞销的书一售而空。另一出版商见状，也用此法。总统被利用了一回，这次说了句：“此书很糟”，相应出台的广告词为：“兹有总统批评甚烈的书出售”，结果书卖得也很火爆。第三位出版商马上也送了一套书给总统，总统这次决心不加理睬，于是第三个广告词表述为：“现有连总统也难以下结论的书出售”，他的书销路居然也很好。

（3）独创性

独创性又被称为新颖性、求异性，是指产生与众不同的新奇思想的能力，是发散思维的本质，表现发散思维的新奇成分，是思维发散的目的。例如，美国北部下大雪时有一段长达1 000 km的高压线经常被积雪压断，严重影响了正常的供电。一位飞行员提出一个方案：驾驶直升机沿高压线上空飞行，强大的气流可以清除电线上面的积雪。这个方案既新奇独特又现实，能快且省力地除掉积雪。

发散思维是创新思维的主导成分，对培养人的创新能力有着直接的重要作用，同时，人们在学习和工作的过程中，只有进行发散思维，才能获得灵活的知识和众多有价值的新知识，才能从事创新活动。人们平时说的举一反三、主意多等都是发散思维的结果。

拓展阅读

杯子掉下来的多种可能性

一只杯子掉下来，碎了。

这可以是个什么问题呢？

1. 物理题。这是自由落体运动，杯子从何种高度下落才能碎呢？

2. 化学题。杯子里装着酒精，掉进了火堆里，会燃烧。

3. 经济题。那是刚买的杯子，如今碎了还要再买一个，去取钱的时候卡忘在了自动取款机（ATM）里。

4. 语文题。你让我太伤心了，我的心就如同这只杯子一样……

5. 社会问题。杯子从大厦楼顶掉下，砸死了一个人，引起骚乱，被定性为恐怖袭击。

6. 心理问题。那一声破碎的声音触动了一个女孩，于是她花了一下午的时间去查询“为什么噪声会让人紧张？”

7. 情感问题。那是男朋友送的情侣杯，这会造成感情风波。

8. 时间问题。杯子摔碎了，扰乱了心情，还要再买，直接增加了时间成本。

9. 历史问题。那是乾隆用过的杯子，有很多关于它的故事，可是那些历史就这样彻底消失了。

同样的事物，运用发散思维去思考，就会呈现出不同的效果。

发散思维在创新实践中有着广泛的应用。发散途径很多，如功能发散、方法发散、结构发散、材料发散等。功能发散是从某种事物的功能出发，构想出获得该功能的多种可能性，如激光技术的作用。方法发散是以人们解决某种问题的方法为发散点，设想出各种解决问题的方法，如取暖方法。结构发散是以事物结构为发散点，设想出该结构的各种可能性，如在“十”字上加多三笔构成新的字。材料发散是以材料为发散点，设想其多种可能性，如何以为衣、何以为镜等。

总之，发散思维可以在多个领域广泛地发挥作用，帮助人们开发出更多更好的创新成果。

（二）收敛思维

1. 收敛思维的定义

所谓收敛思维，是指以某个思考对象为中心，尽可能运用已有的经验和知识，将各类信息重新组织，将不同方面和角度的思维集中指向这个中心点，从而达到解决问题的目的。

2. 收敛思维的特点

收敛思维具有唯一性、逻辑性和比较性 3 个特点。

(1) 唯一性

尽管解决问题有多种多样的方法和方案，但最终都是根据需要，从各种不同的方案和方法中选取解决问题的最佳方法或方案。收敛思维所选取的方案是唯一的，不允许含糊其辞、模棱两可，一旦选择不当就可能造成难以弥补的损失。

(2) 逻辑性

收敛思维强调严密的逻辑性，需要进行冷静的科学分析。它不仅要进行定性分析，还要进行定量分析，要善于对已有信息进行加工，由表及里、去伪存真，仔细分析各种方案可能产生什么样的后果及应采取的对策，因而表现出对逻辑缜密的要求。

(3) 比较性

收敛思维要求对现有的各种方案进行比较才能确定优劣。比较时不仅要考虑单项因素，更要考虑总体效果。

简而言之，收敛思维是以某个研究对象为中心，将众多的思路和信息汇集于这个中心点，通过筛选、比较、分析、综合等得出在现有条件下解决问题的最佳方案。收敛思维具有集中性和最佳性，即收敛思维是集中指向的，目标单一，其结果是寻求最佳，或者说是在一定条件下最佳的解决方案。收敛思维往往与发散思维相辅相成。

3. 发散思维与收敛思维的关系

发散思维和收敛思维是人们进行创造活动时运用的 2 种不同的思维方式。二者的辩证关系是：发散思维与收敛思维在思维方向上的互补，以及在思维过程上的互补，是创造性解决问题所需的。发散思维向四面八方发散，收敛思维向一个方向聚集。在解决问题的早期，发散思维起到更主要的作用；在解决问题后期，收敛思维则扮演着越来越重要的角色。

收敛思维能力的高低，取决于一个人的分析、比较、综合、抽象、概括、判断和推理能力。在现实生活中，我们最常用到的是集中思考，一般课堂教学的主要内容之一就是训练收敛思维，培养集中思考能力。从小到大我们接受成千上万的考试和测验，目的就是要培养根据所掌握的信息进行集中思考的能力。

课堂活动

发散思维和收敛思维训练

你的面前摆着 4 种物品：一本平装书、一瓶可乐、一根纯金项链和一台彩色电视机（图 4-5）。请从上述 4 种物品中找出一种"与众不同"的物品；然后，再把物品两两对比，找出物品之间的共同之处。

图 4-5 4 种物品

提示：

平装书是唯一用纸做成的、供人阅读的物品；可乐是唯一由液体构成、供人饮用的物品；项链是唯一用纯金制作的、戴在身上的装饰品；电视是唯一能把无线电波转换成声音和图像的物品。

平装书与可乐属于“价格低廉品”；平装书与电视属于“信息用品”；可乐与电视属于“诞生于现代的物品”；项链与电视属于“贵重物品”……

可见，发散思维和收敛思维在思维过程中是相辅相成、互为补充的。发散是收敛的前导，收敛是发散的归宿。发散思维可以帮助我们突破思维定式、开阔思路，得到多种解决问题的可能方案或途径；收敛思维则能帮助我们整合思绪，在解决问题的众多方案中，经过分析、比较、归纳、判断，最后优选出一个最佳方案。如果只有思维的发散过程而无收敛过程，虽然可以迸发出许多闪光的智慧火花，但由于不能统一起来形成集中的思维力量，就会使思维失去控制而陷入无序状态。如果发散无边，还会出现幻想、空想和乱想，思维就不会获得所期待的成果。如果只有思维的收敛而无发散过程，则必然会抑制思维的活跃发展而导致思想的呆板和僵化，人类的思维能力将止步不前，就不会有所发现，有所创新。因此，二者有机结合，才能最终整合出满意的创新方案。

（三）横向思维与纵向思维

1. 横向思维

横向思维是由英国学者爱德华·德·博诺（Edward de Bono）提出的，指的是思维有横向发展的特点。具有这种思维特点的人，思维面都不会太窄，且善于举一反三。这种思维就像河流一样，遇到宽阔处，很自然就会展开来。一个具有横向思维的人，往往能打开思路，有的会很有逻辑性，有的则可能较散漫无序。

横向思维的缺点是深度不够，但这只是一般而言，一个具有横向思维的人，如果他的思考总有一个统一的重心和指向，那么这个人就可能是一个既思路开阔又很有深度的人。

（1）横向思维的特征

实际上，如果把“lateral thinking”译成“侧向思维”，或许更符合博诺的原意。因为横向思维的主要特征是对侧向的注意。对侧向的注意有2层含义：一是解决问题时，故意暂时忘却原来占据主导地位的想法，去寻找原本不会注意的侧道（另一思路），即对侧路的注意；二是作为一种解决问题的技巧，不从正面突破，而是迂回包抄，即间接注意法。

间接注意的策略是不直接注意目标，而是通过注意与最终目标有关联的间接目标自然地达到目的。整个程序可表示为：目标A→C，但并不从A直接到达C，因为这样做有阻碍；转而注意B，B自然伴随C，由B→C变成A→B→C。例如，要想从深山峡谷中得到金刚石非常危险。采石者会采取一种策略，先向峡谷扔肉块，山里的白鹫飞去衔肉块，飞回山顶时，采石人抓住白鹫，取到沾了金刚石的肉块。这就是运用间接注意的方法解决问题。扔肉块必然导致白鹫取肉，也伴随着肉块沾上金刚石的结果。

我们还可借用“驼峰效应”来说明什么是间接注意。“驼峰效应”的说法出自滑雪运动。尽管人的目的是轻松愉快地顺着山坡往下滑，但是必须先登上山顶才能往下滑。有时，为了长远利益必须牺牲眼前利益；为了出拳有力必须先把拳头缩回来。毛泽东曾在《矛盾论》一文中以《水浒传》“三打祝家庄”的故事为例，说明不直接去解决问题，而采取间接、迂回解决问题的思路，这其实就是一种间接注意法。运用间接注意法需要从事物联系的角度去考虑，很多事物都是联系紧密，环环相扣，厘清事物之间的联系，有预见性地去做事，就能事半功倍。

（2）横向思维的类型

① 横向移入。横向移入就是跳出本专业、本行业的范围，摆脱习惯性思考，侧视其他方向，将注意力引向更广的领域；或者将其他领域已成熟的、较好的技术方法、原理等直接移过来加以利用；或者从其他领域事物的特征、属性、机制中得到启发，引发对原来问题的创新性设想。

例如，一百多年前，奥地利的医生奥恩布鲁格（Joseph Leopold Auenbrugger）想解决怎样检查出人的胸腔积液这个问题。他想来想去，突然想到了自己父亲在经营酒厂时，只要用手敲一敲酒桶，凭叩击声就能知道桶内有多少酒。奥恩布鲁格想：人的胸腔与酒桶相似，如果用手敲一敲胸腔，是不是也能凭借声音诊断出胸腔中的积液呢？经过反复研究，“叩诊”的方法就这样被发明出来了。

美国著名科学家、电话的发明人贝尔说过：“有时需要离开常走的大道，潜入森林，你才会发现前所未见的东西。”

② 横向移出。与横向移入相反，横向移出是将现有的设想、已取得的发明、已有的感兴趣的技术和产品，从现有的使用领域、使用对象中脱离出来，将其外推到其他意想不到的领域或对象上。

例如，法国细菌学家路易斯・巴斯德（Louis Pasteur）发现酒变酸、肉汤变质都是细菌在作怪。经过处理，消灭或隔离细菌，就可以防止酒和肉汤变质。李斯特（Joseph Lister）把巴斯德的理论应用于医学，轻而易举地发明了外科手术消毒法，拯救了千百万人的性命。

③ 横向转换。横向转换并不是直接解决问题，而是将问题转换成其他问题。

例如，美国柯达公司是生产胶卷的，但在1963年时，柯达没有急于卖胶卷，而是生产了一种大众化的自动照相机。当这种照相机受到欢迎时，柯达公司还宣布各厂家都可以仿制，于是世界各地都在生产自动相机，这就为柯达胶卷开辟了广阔的销售市场。通过横向转换，把复杂的问题简单化，就能取得意想不到的效果。

2. 纵向思维

纵向思维是指在一种结构范围内，按照有顺序、可预测、程式化的方向进行的思维形式，这是一种符合事物发展方向和人类认识习惯的思维方式，遵循由低到高、由浅到深、由始到终等线索，因而清晰明了，合乎逻辑。纵向思维有以下特点。

（1）专注

纵向思维是一种重分析的传统的科学思维。所谓重分析，就是把研究对象分解成客观存在的各个组成部分，然后分别加以研究。不但要分析事物在空间分布上的各个组成部分，而且要分析事物在时间发展上的各个阶段，还要分析复杂统一体的各种要素、方面和属性。而且纵向思维按照逻辑的步骤一步步推演，不能逾越某个阶段，人们使用纵向思维时，每一步都是规定好的。因此，纵向思维可以给我们带来对事物的深入认识，让我们对事物的研究更专注。

（2）专业

一个人在运用纵向思维时，往往集中于一点，排除一切不相干的东西；但一个人运用横向思维时则欢迎偶然闯入的东西。纵向思维的目标是直达正确的结果，所以思考过程尽量排除不相干的信息。纵向思维是在原来的模式中思考，必然遵循现有的概念、范畴。这时，事物的类别、含义都已被规定好，纵向思维在这个框架中如鱼得水，畅通无阻。可以设想，如果在一个系统中，概念定义都是混淆的，会带来多大的麻烦。纵向思维总是循着最明确的途径前进，来保证人们最快地获得正确的答案或结果，但这些答案或结果是被包含在原有的原理之中的。因此，纵向思维对解决常规问题是有效的、合理的，解决问题的方式比较专业。

(四) 求同思维和求异思维

1. 求同思维

一般认为，所谓求同思维是指思维过程中对信息进行抽象、概括，使之朝着一个方向集中、聚敛，从而找出事物的共同点，形成答案、结论。人们要创新，就必须善于从复杂多变的现象之中发现某种相同或相似的共性因素，即认识事物之间的相似规律。

运用求同思维，有助于在不同的事物之间找到结合点，使新结合的事物在性质、形态、功能等方面有所变化，以获得创新的效益。例如，天然牛黄是非常珍贵的药材，只能在屠宰场中碰巧获得。这样偶然得来的东西不可能很多，因此很难得到，也无法满足制药的需求。其实，牛黄只不过是某种异物进入牛的胆囊后，在它的周围凝聚起许多胆囊分泌物而形成的一种胆结石。一家医药公司的员工们为了解决牛黄供应不足的问题，集思广益，终于联想到了“人工育珠”，既然河蚌经过人工将异物放入其体内能培育出珍珠，那么，通过人工把异物放进牛的胆囊内也同样能培育出牛黄来。他们设法找来了一些伤残的菜牛，把一些异物埋在牛的胆囊里，一年后，果然从牛的胆囊里取出了和天然牛黄完全相同的人工牛黄。医药公司员工运用求同思维，在了解牛黄生成的机理后，对比人工育珠的过程，联想到通过人工将异物放入牛胆内的方法，从而制成了人工牛黄。

我们知道，许多发明是人们通过类比、借鉴得到启发而创造出来的。如力学仿生，仿照蛋壳、乌龟壳发明了建筑的薄壳结构，薄壳结构的发明就是由于认识了事物之间所共同的相似规律，运用求同思维而实现的。

求同思维的基本规则是：如果被考察现象的 2 个或多个事例只有一个共同点，那么此共同点就是该现象的原因（或结果）。

运用求同思维可以按以下步骤进行：

第一步，在各种不同的场合中找出可能与被研究对象的存在原因相关的情况。

第二步，把出现该现象的几种不同场合进行比较，排除各场合中不同的情况，找出不同场合中的唯一共同情况，从而确定被研究对象存在的原因。

当我们在不同的场合发现同一现象，排除其他的情况，找到共同点，就可以推断，这个相同条件就是各个场合出现共同现象的原因。

运用求同思维所得到的认识并不都是正确的。因为在各种不同场合里存在的共同条件可能不止一个，而作为真正原因的某一共同条件应当通过实践或其他方法去进一步检验。但是，求同思维能帮助我们发现不同事物或者现象之间的某些特性，进而认识事物之间共通的相似规律，并能为我们提供找到现象存在原因的线索，了解现象中的因果联系。所以，求同思维在科学研究和日常生活中经常被应用。

2. 求异思维

求异思维是当今众说纷纭的一个概念，从字面上看，求异思维是指从多种设想出发，不按常规地寻求变异，使信息朝各种可能的方向辐射，多方面寻求答案从而引出更多新信息。因为事物的不同和差异是多方面的，所以求异思维的表现形式也是多种多样的。

从广义上看，求异思维是一种在思维活动中克服思维定式，突破常规，标新立异，寻求用奇异独特、与众不同的方法解决问题的思维模式。

课堂活动

活动 1：电梯问题的解决方案

某工厂的办公楼原来是一栋 2 层建筑，占地面积很大，为了有效利用地皮，工厂新建了一栋 12 层的办公大楼，并预备拆掉旧办公楼。员工搬进新办公大楼不久，便开始抱怨大楼的电梯不够快、不够多，尤其在上下班高峰期，他们得花费很长时间等电梯。

顾问们想出了如下的解决方案：

① 在上下班高峰期，让一部分电梯只在奇数楼层停，另一部分只在偶数楼层停，从而减少那些为了上下一层楼而搭电梯的人。

② 安装几部室外电梯。

③ 把公司各部门上下班的时间错开，避免高峰期拥挤的情况。

④ 在电梯旁边的墙面上安装镜子。

⑤ 搬回旧办公楼。

如果你是工厂负责人，你会选哪一个方案？原因是什么？

活动 2：圆珠笔的改进

阅读案例，然后回答问题：

圆珠笔是 20 世纪 30 年代由比罗兄弟（László Bíró，Georg Bíró）发明的，在投入市场后便受到了广泛的欢迎。但是圆珠笔在写到 2 万字左右时，笔尖上的圆珠由于磨损变小，会导致笔油外渗，容易弄脏衣服。于是制造商投入大量的人力、物力研究如何延长圆珠的使用寿命，可问题始终未能解决。后来，日本的中田腾三另辟蹊径，从控制圆珠笔笔油容量入手，减少笔芯的容量，使圆珠还没磨损到漏油时油已用完，从而解决了问题。

这个案例告诉我们一个什么道理？

活动 3：镜子中的影像

想象你站在镜子前，请问：为什么镜子中的影像可以左右颠倒，却不能上下颠倒？

第五章　原型设计、测试反馈

知识要点

1. 原型设计制作；
2. 原型测试工具。

学习目标

1. 学会原型设计制作；
2. 掌握原型测试工具。

在创业过程中，大学生创业者可以根据最终选定的创意方案进行产品设计，并着手将其推向市场。但由于不确定产品的市场接受度与用户满意度，大学生创业者此时还需进行一个创意产品的用户测试环节，以便验证其功能和客户需求满足程度，发现其存在的问题，并根据测试结果对其进行重新设计、改进等后续处理。

一、原型设计与制作

制作原型就是利用视觉思维直观地展现自己的想法与点子，这也是全面审视创新设想、解决方案的过程。在这一阶段，设计者就是在“用手思考”，不仅在动手制作，也是在对原有的方案进行思考与完善，因此在制作过程中，也常常产生其他的创新灵感。

（一）原型的作用

原型是解决方案的具象化，在原型制作过程中还强调发现一些可能出现的新问题或瓶颈。原型主要有以下 5 种作用：

第一，体现团队智能。原型制作的过程是设计想法落地变现的过程，也是团队成员进行深入沟通与针对性讨论的过程。原型的成功制作就是团队成员智能外化的结果。

第二，加深命题了解。制作原型时，大家会一边动手一边讨论，不仅能更直观地感受创意要点，还能更加直观地呈现设计想法，使其变得可知、可感。

第三，获得有效反馈。能了解用户真实的感受，以便得到最有效、最有价值的反馈。

第四，发现新的问题。很多时候，原型不是一次制作就可以成功的，原型制作失败也是家常便饭，因而大家不要失去信心，正如爱迪生所说："我没有失败，我只是发现了一万种不成功的方法。"也就是说，制作原型反而能帮助设计者发现新的问题，使方案获得战略性调整与完善。

第五，探索新的可能。原型的制作可以是低精度的，因此在制作原型时，设计者可以将自己想要展现、测试的方面尽量突出地展现出来，设计用户与产品交互的场景，说不定就会萌生出新的想法，从而有助于探索创意无限的可能性。

(二) 原型的表现方式

根据制作精度的不同，原型有不同的表现方式。一般最初先制作低精度的原型，用来获得快速反馈，后期再增加各种产品功能的要求，并对外观的精度提出更高要求时，需要制作高精度模型，在接近成品时，还要进行 1∶1 的打样制作，以便在产品正式面世前进行最后的审查和微调。原型的呈现没有固定的形式，现在的设计思维训练都鼓励设计者尽量利用现有的材料将创意呈现出来，达到创新的目的。原型的表现方式主要有草图描绘、实物原型、故事板原型、角色扮演和视频 5 种，下面分别进行介绍。

1. 草图描绘

草图描绘就是利用纸与笔勾勒一系列想法。任何物体结构、流程、行为、环境、情景等都可以用画草图的方式呈现出来，绘制时并不一定要描绘出整体的效果，只要能简单地表达核心思想，如目标、要求、行为、流程、场景、结果等，让人对设计方案传达的思想一目了然即可。另外，还可以用诸如天气符号、表情符号等形象符号来比喻描述，使草图内容更加生动。

2. 实物原型

实物原型可以分为 2 种：一种是用纸做成的纸质原型，另一种是立体实物模型。

纸质原型是最常见的原型制作方法，也是一种快速搭建原型的方法，其需要用到的工具极为简单，通常包括纸、剪刀、彩色笔和胶水等。当希望测试原型的形状、大小或属性而又不希望付出过于繁重的劳动时，纸质原型就是很好的选择。例如，斯坦福大学有一个理想钱包的思维体验项目就是鼓励设计者用纸制作出理想的钱包类型，因为其提供的材料较少，纸质原型制作方便又简单。

纸质原型可以做得粗糙，也可以做得非常精确，这取决于项目要求。若要用于说明定性的问题，大多数时候会制作较为粗糙的概念原型；但涉及定量的分析时，纸质原型就需要制作得比较精确和完善了。

立体实物模型也可分为 2 种：一种是在没有 3D 打印机的情况下，利用身边可用的纸箱、花盆、塑料、软布、报纸、乐高积木和橡皮泥等制成可体现设计概念的立体模型；

另一种则是在3D技术的支持下利用3D打印机制作的模型，它不仅费用低廉，在制作精细度不高的产品时，从画稿扫描到建模的用时也短。若是要求细节的产品，则可以采用建模软件制作的数字模型作为制作3D模型的蓝本，通过计算机控制堆叠塑料、纸、木头等，利用3D打印机将蓝本变为细节比较精确的实物。这样的原型细节完整，可以展示产品的外观和内涵，让用户测试更加精确。

3. 故事板原型

故事板的概念源于影视行业，是指用一系列的照片或手绘图纸表述故事的方式。在影视行业中，故事板相当于一个可视化的剧本，它会标出主要的镜头、每个镜头的长度、对白、特效等。由此可见，故事板是导演在影片制作中与剧组人员沟通的重要工具，演员、布景师、特效师等都可以借助故事板对影片建立起较为统一的认知。因此在制作原型时，可以利用故事板进行原型概念表达，即借助故事板绘制场景，将各个角色、场景与事件串联起来，或将故事板的情节演示出来，从而给人们带来一个完整的体验。例如，要制作关于新产品创新和服务流程创新的原型，可以用故事板来塑造场景。某项目在进行关于客户营销的策略设计时，就借助了《复仇者联盟》的相关角色，并以小品的形式来演绎客户遇到困难应如何做，不仅形式新颖，具有吸引力，还增强了用户体验感，使用户建立起对产品创新点的认识。

需要注意的是，若是在白板上画故事板，要注意运用表情元素，同时要结构清晰，结局明确，将原型的优点与不足都画出来。

课堂活动

故事板原型训练

收集一个成功的设计思维案例，根据其设计思维流程，为其制作一个故事板原型，并由教师随机抽取5名学生的作业在课堂展示，进行点评。

4. 角色扮演

角色扮演是设计思维原型阶段的一种常用方法，它是一种非常有趣的方法，尤其是当解决方案面向的对象是人时。设计者可以扮演该服务或流程中涉及的项目相关人，对用户的使用场景和步骤进行复盘。这种原型方法生动形象，代入感强，容易让人产生共情心理，在呈现过程中也往往极具戏剧效果，显得活灵活现，表现效果更好。

5. 视频

以上4种原型都不利于大规模的传播，如果设计者希望原型有大范围的受众，得到更多的反馈，可以考虑采用视频制作原型。

有不少人认为视频虽好，可拍摄视频并剪辑成片比较难，需要有高超的技术才能呈现其创意，便望而却步。但其实，在信息时代，不仅手机等移动设备使用广泛，视频软件更新得也相当迅速，它们具有操作简单、剪辑方便的特点，因此制作视频是较为方便的。而且现在的高品质视频都是内容类视频，视频传递出来的内容价值才是视频成功的关键。

设计者也可将项目解决方案或结果制成App，结合场景进行动态演示，直观、形象地展示设计结果，这比起讲故事、原型展示更有说服力。

（三）原型的测试

原型制作完成并不意味着项目的结束，因为任何产品的成功并不是一蹴而就的，往往得经过不断的调试与修正才行，因此设计者还需要对原型进行后续的测试与完善，直至趋于完美。具体步骤如下。

1. 确定测试任务

为了获得用户反馈，切实完善解决方案，设计者需要设计明确的测试任务，检验原型是否符合要求。根据各阶段的不同，测试任务也有所区别。例如，样品测试阶段的主要任务是看样品的原型功能如何，外观如何，是否能满足用户需求，用户对此又有什么感受等。根据这些来发现产品的不足，并对其商业定位与市场价值进行评估，思考其战略方向。

样品测试完还需进行小范围的推广使用，进一步检测其市场前景。这样一步步调整之后，才能实现既定的商业价值，确定产品的市场优势。

2. 找准测试目标

测试目标是指测试面对的对象。测试目标的选择在很大程度上会影响最终测试的结果。例如，针对年轻用户设计的保险业务，是根据25岁左右年轻人的性格特征、收入水平、购物方式和思维模式来考虑的，某设计团队针对他们消费高、收入有限、思想先进且善用网络的特点设计了一款众筹保险产品，即多人共买一份保单，在有效期内若有一人出险，这张保单可赔付给第一个出险的人，他需拿出一部分钱继续投保，合同也将重新开始。不同年龄的测试用户在面对这种创新产品时，关注点是不一样的，大学生可能宁愿自己去买，而30岁上下面临较多生活问题的人就会思考众筹保险的规则及其实用性。由此可以看出，测试目标的不同会影响最终的用户反馈，对方案的改进方向起到不小的作用，因此须慎重选择测试目标。

3. 掌握测试方法

原型测试可以划分为不同的方面，一般在进行原型测试时，可以从以下方面进行考虑。

第一，原型功能性测试。原型功能性测试是指观察用户是否理解和知道如何使用原型提供的功能。因为原型是根据前期的市场洞察和创意衍生而来的，是针对设计挑战的解决方案实体，所以势必会承载一些功能。因此建议在进行功能性测试时，最好分开进行各个功能的测试，这样才能获得每个功能的针对性意见，得到真实、有效的反馈。

例如，针对电动牙刷，设计者会对其清洁力度、震感及口腔健康检测功能分开测试，以便获得针对性的反馈信息；又如在商场中的电子信息导览台，设计者会对导航菜单的分类和深度是否合理及具体场域中该电子导览台的屏幕大小是否合适等分别测试改进。

第二，原型阶段性测试。阶段性测试是指针对不同阶段的原型，应设置不同的测试任务。例如口香糖食品，同样测试口味，在初级开发阶段主要为了了解消费者对新产品口味的接受程度，寻找产品改进的方向；在新品投放市场的阶段，要确定产品口味的目标消费群体和目标市场；而在市场推广阶段，则是要发现产品改进空间，寻找新的市场利润点。针对不同阶段，要为原型设计需要达到的不同的目标，促进原型的升级转化。

第三，团队交叉测试。团队交叉测试是指设计团队间相互测试，并分享反馈。“当局者迷，旁观者清”，设计团队不仅互为“旁观者”，而且他们有前期各种资料共享的基础，所以在进行测试时，他们互为测试对象，总能发现制作组自己不能发现的不足及可提升的创新点。这种内部反馈往往能进一步提升原型的质量，优化测试方案，有利于后期面向用户的测试活动的开展。

这种方法也适用于设计思维的创意环节，例如 2 组或以上的小组共同合作一个项目，交叉提出创意，这在设计团队是很常见的。因为即便是面对相同的设计挑战，由于各组的理解、观察和关注点不同，在解决方案的呈现上会更加开放和多样化。

第四，专家测试。专家测试是指将原型呈现给相关领域的资深专家，由他们给出专业的反馈意见。由于专家长期在一个方向上有着深入的研究，也比较了解大部分用户的情况，因此专家测试的方法可以帮助设计者在短时间内加深对设计挑战和解决方案的理解。

4. 搭建测试环境

搭建测试环境包括物理上和心理上两方面的准备。通常设计者会邀请用户到工作空间中来，并把空间布置得友好而有暗示性，使用户来到这个空间后很容易感受到项目氛围，从而自然地将自己代入到项目角色中来。

5. 分析测试结果并总结

测试结束之后，设计者需要对用户的反馈内容进行梳理和分析，同时还要总结测试结果，明白哪些设计是有效的，哪些设计是无效的，自己可以从中得到什么启示，再根据总结归纳的用户意见去思考改进的方向。在这个过程中，要确保用户给予的反馈是真实有效的，而不是因为对品牌的依赖产生的“将就”结果。

接下来，设计小组还要作出决定，是在原型的基础上加以改进，还是根据新的创新点重新制作一个不一样的新原型，或者考虑是否回到分析、构思阶段，甚至是更前面的探索观察阶段，重新洞察突破，寻找创意点，再重复这样一个设计思维的流程周期，直至最终得到令大部分用户满意的产品，才将其推向市场。

二、原型测试与反馈

（一）进行原型测试的原因

设计团队来到了创新旅程的最后一个阶段。在这阶段，设计者需要将抽象概念具象化，用不同的方法、工具探索和尝试创意概念的实现手段，将想法变成现实中实实在在的产品或服务。

这个具象化的过程通常很难一蹴而就，而是要不断经历尝试、失败、再尝试，设计团队需要建立原型、不断测试、改进原型，在一次次的优化和迭代中，向更完美的实现方案靠近。

当设计团队经过创意阶段，有时会遇到这样一种情况：设计者在设计思维项目的早期阶段进行的大量研究未能提供实现方案所需的所有信息，可能仅仅掌握了一个创意方向和少量的背景信息，仅凭这些内容无法创建一个最佳解决方案。事实上，无论设计者是否已经彻底收集并研究了大量信息，或者是否已经产生了许多人认为具有颠覆性的解决方案，测试仍然是成功的关键。如果设计团队在早期研究过程中对用户和现实情境的理解产生了偏差，测试可以很快揭示这些不妥的假设和偏见，同时设计团队可以在测试过程中再次向用户学习，得到更多有价值的信息。如果设计团队此前已经完成了很高质量的调研工作，那么测试会帮助他们验证和优化自己的想法，让他们在用户反馈的过程中继续打磨和调优。

在测试中，我们可以使用原型作为测试的对象。所谓原型，即解决方案的简单实验模型，通过创建一个设计成果的近似值，快速且低成本地验证设计假设以及其他方面。设计者可以借助测试反馈改进产品，甚至完全改变之前的设计方向。

原型可以采取多种形式，简单的草图或故事板可以用于沟通和说明提出的解决方案。下面以描述快捷早餐系统如何服务于时间紧张的年轻人为例（图 5-1）。

（a）快捷早餐系统基本信息

（b）系统使用场景 1

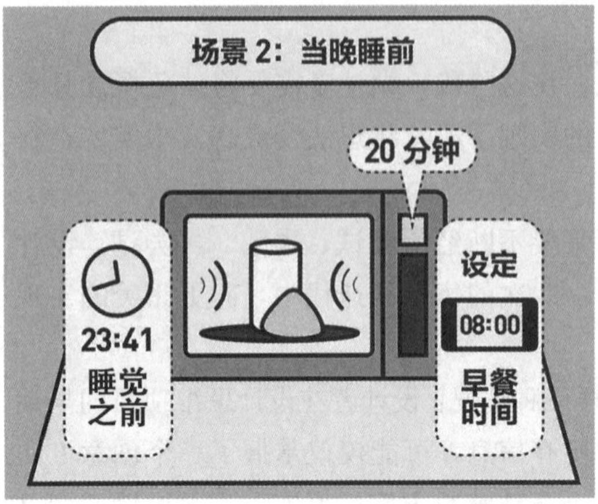

(c) 系统使用场景 2

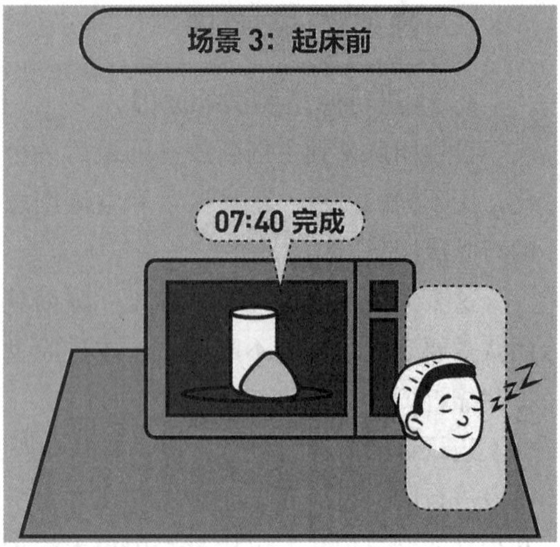

(d) 系统使用场景 3

(e) 系统使用场景 4

图 5-1　快捷早餐系统原型

通过上图可以发现，原型的制作要求简单明了且快速精准，尤其是对于早期测试和学习非常有用。当一些基本且重要的方面确定下来之后，设计者可以逐步提高原型的精度，用于项目结束时的测试或最终评估试验。原型不一定也不可能是最终产品的最终版本。事实上，原型也不需要是完整的产品，设计者有时仅需用原型设计测试解决方案的特定部分。

候德和希尔（Houde & Hill）认为，原型在工程设计和开发中有多方面且显著的作用，尤其是为检验设计问题和设计方案提供了方法。莉姆、施托尔特曼和滕贝尔根（Lim，Stolterman and Tenenberg）提到，原型是一种强有力的工具，可以帮助设计者在所有可能的设计空间中穿梭。原型测试有以下优点：

第一，理解。原型能将创意中包含的想法与情境外化，让设计团队更直观地思考。

第二，反馈。原型能够在用户测试中为被试者提供具象的反馈对象，提高反馈质量。

第三，沟通。原型能将抽象概念具象化，降低与同事、客户等利益相关者的沟通成本。

在设计思维训练中，测试通常是最后一个环节，但在实际的产品服务开发与设计过程中，测试并不等于创新流程的结束。通常情况下，根据时间、精力以及项目精细程度的要求，设计团队还需要多次返回之前的共情、重构或者创意环节，不断进行调整迭代和改进。

测试环节也可以在项目早期开展。例如，可以在重构阶段对设计命题的关注重点进行验证，在创意环节对重点创意进行概念验证。早测试、多测试，一直是设计思维提倡的。对于设计团队来说，在早期测试中失败是一件值得高兴的事情。越早失败，便可以越早改进。如果用户觉得一个产品还可以，常常很难说明到底是产品或服务的哪些方面符合了他的预期；而用户不喜欢一个东西，却很容易阐述不喜欢它的地方以及原因。因此，设计团队可以从失败和用户不喜欢的那些方面提取更多的信息，进而帮助产品迭代。

（二）原型测试反馈表

1. 原型测试反馈的作用

从启动创新项目的第一天起，就要有意识地规划和考虑用什么样的方式或手法能够第一时间拿到用户的反馈信息。惧怕用户测试只会让设计方案达不到预期的效果，使团队畏首畏尾或者陷入“自嗨”情绪。只有尽早获得用户客观真实的反馈，并及时修正构想的方向、聚焦目标，才能让团队少走弯路。

2. 原型测试反馈表的使用

原型测试反馈表如图 5-2 所示，分为 4 个象限，分别从 4 个方面收集用户对原型的感受和意见。原型测试反馈表可以帮助创新者在收集用户意见时有参考的方向，同时能够顾及用户各方面的真实感受，也能够让收集的意见更全面，不会因为创新者自身因素而忽视用户某一方面的意见，导致信息失去平衡。

使用原型测试反馈表有如下 4 个步骤。

步骤一：记录用户体验信息。在用户使用体验的过程中，创新者应尽量全面地询问用户对原型的 4 个方面的感受。记录的方式可以是文字、语音、简笔画等，找到用户能接受的方式，并以能够收集到全面的信息为宜。

步骤二：信息整理。将记录的用户反馈内容整理分类到 4 个象限中。

步骤三：分享信息。团队成员之间分享各自收集的信息，并描述用户的真实感受和反馈。

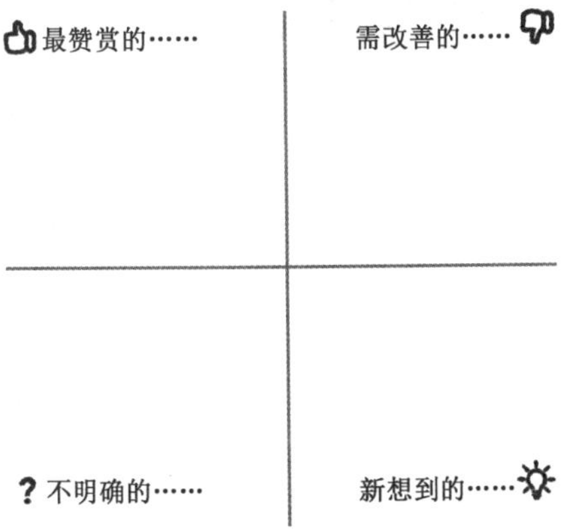

图 5-2　原型测试反馈表

步骤四：详细讨论。进行团队讨论，根据收集到的信息，讨论大家有什么感受、想法和意见，并总结有什么可以改善的地方，针对改善措施讨论下一步的实施计划。

（三）原型测试的作用

在产品设计的初期阶段，原型测试可以帮助设计团队对产品进行优化。通过测试，设计团队可以了解用户对产品的使用习惯、喜好等方面的需求。这些信息对于产品设计者来说是极为重要的，因为这些信息可以帮助他们更好地设计出满足用户需求的产品。在实践中，通过分析和总结原型测试的结果，产品设计团队可以对产品进行多次优化，以提升产品的用户体验。

1. 减少不必要的投资

在产品开发过程中，产品一旦大规模投入市场，调整成本将远远高于在产品设计时进行预防性控制。用户体验测试可以帮助设计者及时发现产品存在的问题，减少产品上市后需要做的调整。这不仅可以帮助企业省去不必要的成本，还可以提高产品的竞争力，从而更好地满足客户需求。

2. 提升客户满意度

产品是为顾客而设计，顾客满意度是企业生存和发展的基础。用户体验测试可以帮助设计者及时发现产品中存在的问题，并在产品开发的过程中对这些问题进行优化和改进，从而提升产品的用户体验。当用户对产品感到满意时，他们会更愿意继续使用该产品、推荐给他们的朋友和家人，从而提高产品的口碑和销售量。

总之，用户体验测试对于企业的产品设计、发展和市场竞争力具有非常重要的意义。通过测试，企业可以优化产品设计，减少不必要的投资，提高客户满意度，提升产品的竞争力，从而获得更多的商业机会。因此，在产品开发过程中，必须重视用户体验测试，以提升产品的质量和用户体验，从而更好地满足顾客需求并赢得市场的竞争。

课堂活动

棉花糖塔游戏

棉花糖塔游戏要求同学们分组，并现场搭建一个尽可能高的棉花糖塔。具体步骤如下：

① 根据现场人数和场地空间分组，可6人为一组。

② 每组准备一块棉花糖、一捆棉线、一条胶带、20根意大利面条和一把剪刀。

③ 每组组员使用提供的道具搭建一个独立结构，并将棉花糖置于该独立结构的顶端。

④ 完成后，活动组织者测量棉花糖到桌面的距离，距离最大的一组获胜。

⑤ 游戏限时 15 分钟。

注意：不能破坏棉花糖；不能把独立结构的塔座粘到桌子上；不能把棉花糖粘到天花板上。

案例分析

微信的产品设计

2018 年 8 月，微信的日登录量超过 10 亿，成为其历史上一个里程碑。2013 年，微信有 3 亿多用户；2020 年 12 月 31 日，微信及 WeChat 的合并月活跃账户数达到 12.25 亿。微信的用户数无疑经历了爆发式的增长。从 2011 年 1 月至 2021 年 1 月，微信完成了从版本 1.0 到版本 8.0 的迭代，越来越符合用户所需，并成为现在人们社交必备的一项工具。

张小龙创业团队最初开发微信的创意，源于张小龙想要为像他这样不使用 QQ 的人打造一款聊天工具的想法，其目标是推出一款类似其之前创业产品 Foxmail 的收发邮件的产品，然而具体要做成什么样，张小龙及其创业团队也是一头雾水。但张小龙没有停止思考，他不仅想要做一款通信软件，还想做一款能超越 QQ 的软件。他并未将微信片面地定位于通信工具，而是如微信的宣传语所说：微信是一种生活方式。

2011 年 1 月，微信正式上线，初版的微信仅支持发布文字信息，并提供分享照片、设置个人头像的服务，用户增长较慢，媒体关注度还不如先于微信 1 个月推出的米聊。到了 4 月，Talk Box 的火爆让张小龙及其创业团队看到了语音功能的市场。同年 5 月，微信开始支持语音对讲。为了使用户在更多场景下都能较好地使用语音功能，张小龙及其创业团队对产品做了许多改进。距离感应器较远时，语音对讲会默认为扬声器模式；耳机接入手机时，则立马改为听筒模式等。这些改进改善了用户的语音功能使用体验，使微信成为一款有一定影响力的产品。

之后，张小龙及其创业团队基于对用户的分析，不断开发新的微信功能。2012 年 4 月，微信增加朋友圈功能；2012 年 7 月，公众账号上线；2013 年 8 月，微信支付上线；2017 年 1 月，小程序上线；2017 年 5 月，微信推出“搜一搜”“看一看”；2017 年 12 月，小游戏上线；2020 年 1 月，视频号上线。这些功能的推出都建立在用户测试的基础上。微信会有选择性地邀请用户参与内测，体验新功能，因此，新上线的功能往往能使用户有良好的使用体验。此外，微信还针对界面、表情、状态栏等进行更新调整，并有针对性地根据用户的反馈新增功能。例如，微信原本规定一位用户拥有自己唯一的微信号，且一旦锁定便不可修改，但随着微信的广泛普及和用户使用微信的程度加深，许多用户对自己的微信号并不满意。基于此，2020 年 6 月，微信解锁了新功能：允许用户在同时满足 3 个条件的情况下，一年内可修改一次微信号。这一功能更新受到了用户的广泛好评。

截至 2021 年，微信成立已 10 年，逐渐承担起人们生活、工作等多个场景中社交工具的角色，语音、视频等功能使微信的社交链趋于庞大且稳定；朋友圈、视频号等功能成为人们自我表达的重要窗口；公众号、小程序、微信支付等功能给用户提供了快捷多样的第三方服务。经过不断的迭代更新，现在微信的功能多样、操作简单，老人和孩子都可以较快上手，极大丰富了用户的生活方式。如今，微信不仅已成为腾讯的重要支柱，还成为国民级应用，获得了民众的广泛认可。

分析：微信能发展到今天，并在用户的生活中始终占据重要位置，主要在于其通过用户测试和功能更新不断进行产品迭代，在满足用户使用需求的同时也抓牢了用户的心理。在最初上线时，微信主要提供发布文字信息、分享照片等基本功能，这些基本功能实质上就是 MVP 的体现。在微信正式上线以后，张小龙及其创业团队基于对用户的分析，持续为微信添加了语音交流、朋友圈等特色功能，这是对微信的迭代与完善。而不断迭代与完善的微信，其质量和功能也能更加满足用户的需求。大学生创业者在创业的过程中，也要通过用户测试推动产品迭代，使自己的产品更加完善，获得更多用户。

课堂活动

纸飞机大赛

通过进行纸飞机比赛，同学们会深刻理解用户测试环节的必要性。具体活动步骤如下：

① 学生自主组建团队。

② 每个小组准备 2 张 A4 纸、1 个 1 元硬币。

③ 将 A4 纸折叠成纸飞机，每个纸飞机上搭载 1 个 1 元硬币。

④ 各个小组进行比赛，看哪个小组的纸飞机飞得最远，限时 8 分钟。

创业指导篇

第六章　建设高效创业团队

知识要点

1. 创业团队的概念；
2. 创业团队的组建；
3. 创业团队的管理。

学习目标

1. 掌握创业团队的概念；
2. 学会如何组建创业团队；
3. 明确创业团队的管理。

“康泰之树，出自茂林，树出茂林，风必折之。”一棵健康高大的树木，一定是从茂密的森林中生长出来，而这棵树如果离开了这片森林，风一吹来势必折枝散叶。在当今社会中，没有一个人单凭自己就能顶天立地。企业竞争不是个人赛，而是团体赛。但是在一个组织里，大家由于心态、观念、能力的不一致，难以高效地完成组织目标，正所谓“百姓百心”，很多工作进展缓慢，领导者和管理者往往不知道员工究竟是“不会做”还是“不愿做”，抑或是由于资源缺乏而“不能做”，因而很难让员工拧成一股绳。如何建设高效的创业团队？本章将给出你答案。

一、创业团队概述

（一）创业团队的概念

斯蒂芬·P. 罗宾斯（Stephen P. Robbins）在《组织行为学》一书中对团队进行了如下定义：团队就是有 2 个或者 2 个以上的相互作用、相互依赖的个体，为了特定目标而按照一定规则结合在一起的组织。

创业团队与一般团队不同。根据陈忠卫教授的总结，一般团队与创业团队的主要区别为以下方面：从目的上讲，一般团队是为了解决某类或某个具体的问题，而创业团队是为了开创新企业或者拓展新事业；从职位层次上来看，一般团队的成员并不一定是高层的管理者，而创业团队的成员一般来讲都是高层管理者；从权益分享的角度来看，一般团队并不必然拥有股权，而创业团队一般情况下在企业拥有股权；从组织依据上来看，一般团队是基于解决特定问题而临时组建的，而创业团队是基于工作原因而长期在一起共事；从关注视角上来看，一般团队主要解决的是战术性、执行性的问题，而创业团队关注的是战略性的决策问题；从领导方式来看，一般团队受公司最高层的直接领导和指挥，而创业团队以自主管理为主；从成员对团队的组织承诺来看，一般团队成员对团队的组织承诺比较低，而创业团队组织承诺很高；从成员与团队的心理契约角度来看，一般团队的心理契约关系不正式且影响力较小，而创业团队的心理契约关系特别重要，直接影响到公司的决策。

创业团队的组成要素称为5P要素。

1. 创业目标（purpose）

当大学生创业者打算建立一个创业团队的时候，就要树立一个明确的目标，让大家知道要向何处去。如果团队没有目标，它也就失去了存在的价值。

2. 创业人员（people）

人是构成创业团队最为核心的力量，创业目标是由创业人员具体实现的。一般来说，创业者都愿意与那些技能最优、经验丰富的人员合作，实现优势互补，合理分工。

3. 创业团队定位（place）

创业团队的定位包含2层含义：第一，创业团队整体的定位。团队在企业中处于什么位置？由谁选择和决定团队的成员？团队最终对谁负责？团队采取什么方式激励团队成员和团队以外的相关成员？第二，个体的定位。作为成员在团队中扮演什么角色？是制订计划者还是具体实施或评估者？在这两方面都明确的情况下，就可以制定一些规则来规范团队的行为。

4. 职权（power）

职权是指团队成员负有的职责和享有的权限。创业团队领导人的权限与创业团队的发展阶段相关，一般来说，在创业团队发展初期，领导权相对比较集中。随着团队的成熟，核心领导者的职权会降低。

5. 计划（plan）

计划是目标的具体化与细化。计划有2层含义：第一，目标最终的实现，需要一系列具体的行动方案，可以把计划理解成目标的具体工作程序。第二，按计划进行，可以保证团队工作进展顺利。只有在明确的、可执行的计划指导下，团队才会一步一步贴近目标，最终实现目标。

图 6-1 展示了创业团队组成要素之间的关系。

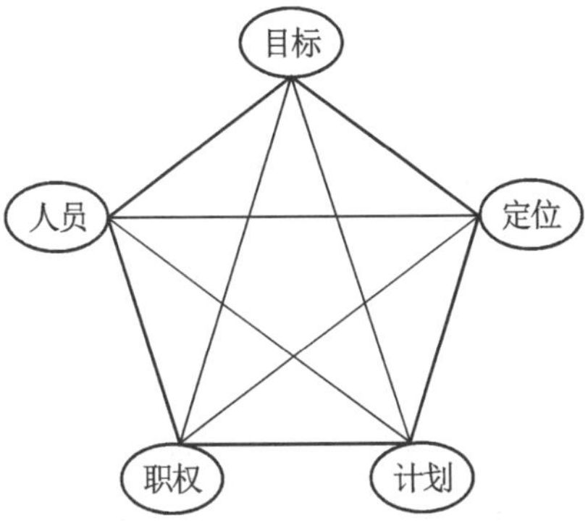

图 6-1　创业团队的组成要素

案例分析

腾讯“五虎将”：难得的创业黄金团队

腾讯公司因为它著名的产品 QQ 而家喻户晓，但也许很少有人知道这个公司的创业团队是怎么组建的。马化腾与同学张志东合伙注册了深圳腾讯计算机系统有限公司。之后，公司又吸纳了 3 位股东：曾李青、许晨晔和陈一丹。

为避免彼此间争夺权力，马化腾在创立腾讯之初就和 4 个伙伴约定清楚，各展所长、各管一摊：马化腾是 CEO（首席执行官），张志东是 CTO（首席技术官），曾李青是 COO（首席运营官），许晨晔是 CIO（首席信息官），陈一丹是 CAO（首席行政官）。

之所以将这创业五兄弟称之为“难得”，是因为直到 2005 年，这 5 人的创始团队还基本保持着最初的合作阵形，不离不弃。直到做到如今的社交“帝国”，其中 4 人还在公司一线，只有 COO 曾李青挂着终身顾问的虚职退休。

都说“一山不容二虎”，尤其是在企业迅速壮大的过程中，要保持创始人团队的稳定合作尤其不容易。在这背后，工程师出身的马化腾一开始对合作框架的理性设计功不可没。从股份构成来看，创业之初，5 个人一共凑了 50 万元，其中马化腾出了 23.75 万元，占 47.5%的股份；张志东出了 10 万元，占 20%的股份；曾李青出了 6.25 万元，占 12.5%的股份；其他两人各出 5 万元，各占 10%的股份。

马化腾自愿把所占的股份降到一半以下，他是这样说的：“要他们的总和比我多一点点，不要形成一种垄断、独裁的局面。”同时，他自己又一定要出主要的资金，占大股。“如果没有一个主心骨，股份大家平分，到时候也肯定会出问题，同样完蛋”。

创始人团队保持稳定的另一个关键因素，就是搭档之间的“合理组合”。马化腾非常聪明，但也非常固执，他注重用户体验，愿意从普通用户的角度去看产品。张志东是一个思维活跃、对技术很沉迷的人。马化腾在技术上也很棒，但是他的长处是能够把很多事情简单化，而张志东更擅长把一件事情做得完美。许晨晔和马化腾、张志东同为深圳大学计算机系的同学，他是一个非常随和而有自己观点，但不轻易表达的人，是有名的“好好先生”。而陈一丹是马化腾在深圳中学时的同学，后来也就读于深圳大学，他十分严谨，同时又是一个非常张扬的人，能在不同的状态下唤起大家的激情。

如果说这 4 位合作者都只是“搭档级人物”的话，曾李青则是 5 个创始人中最好玩、最开放、最具激情和感召力的一个，与温和的马化腾、爱好技术的张志东相比，曾李青是另一种类型。他有着大开大合的个性，也比马化腾更具攻击性，更像拿主意的人。不过或许正是这一点，导致他最早脱离了团队，单独创业。

后来，马化腾在接受多家媒体的联合采访时承认，他最开始也考虑过与张志东、曾李青 3 个人均分股份的方法，但最后还是采取了 5 人创业团队、根据分工占据不同的股份比例的策略。即便后来有人想加钱、占更大的股份，马化腾也没有同意：“根据我对你能力的判断，你不适合拿更多的股份。”因为在马化腾看来，未来的潜力要与应有的股份匹配，不匹配就要出问题。如果拿大股的人不干事，干事的人股份又少，矛盾就会产生。

分析：可以说，在我国的民营企业中，能够像马化腾这样选择性格不同、各有特长的人组成一个创业团队，并在成功开拓局面后还能依旧保持长期的默契合作，是很少见的。而马化腾的成功之处，就在于其从一开始就很好地设计了创业团队的责、权、利。能力越大，责任越大，权力越大，收益也就越大。

（二）创业团队的类型

从不同的角度、层次和结构，可以将创业团队划分为不同类型，而依据创业团队的组成者来划分，创业团队可分为星状创业团队（star team）、网状创业团队（net team）和从网状创业团队中演化而来的虚拟星状创业团队（virtual star team）。

1. 星状创业团队

星状创业团队一般有一个核心人物（core leader）充当领队的角色。这种团队在形成之前，一般是核心人物有了创业的想法，然后根据自己的设想组建创业团队。因此，在团队形成之前，核心人物已经就团队组成的问题进行过仔细思考，根据自己的想法选择相应人员加入团队。这些加入创业团队的成员也许是核心人物以前熟悉的人，也有可能是不熟悉的人，但这些团队成员在企业中更多时候是支持者的角色（supporter），如图 6-2 所示。

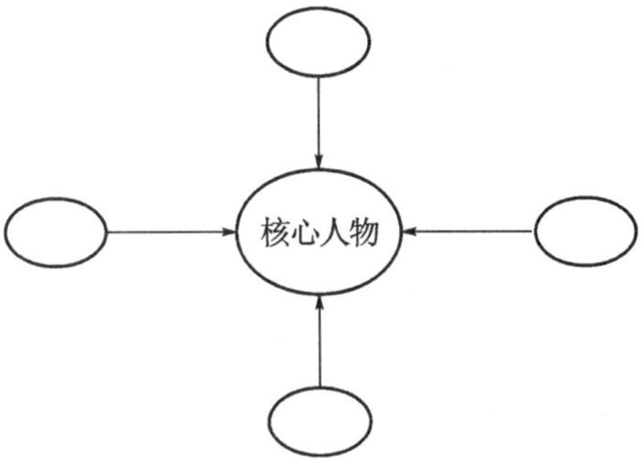

图 6-2　星状创业团队

这种创业团队有 4 个明显的特点：第一，组织结构紧密，向心力强，主导人物在组织中的行为对其他个体影响巨大；第二，决策程序相对简单，组织效率较高；第三，容易形成权力过分集中的局面，从而使决策失误的风险加大；第四，当其他团队成员和主导人物发生冲突时，因为核心主导人物的特殊权威，其他团队成员往往处于被动地位，在冲突较严重时，一般会选择离开团队，因而对组织的影响较大。

2. 网状创业团队

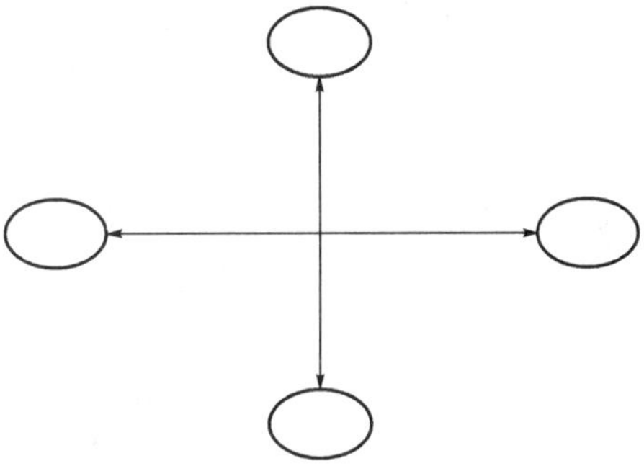

图 6-3　网状创业团队

这种创业团队的成员一般在创业之前都有密切的关系，比如同学、亲友、同事、朋友等。一般都是在交往过程中，共同认可某一创业想法，并就创业相关问题达成了共识以后，开始共同创业。创业团队在组成时，没有明确的核心人物，大家根据各自的特点进行自发的组织角色定位。因此，在企业初创时期，各位成员基本上扮演的是协作者或者伙伴角色（partner），如图 6－3 所示。

这种创业团队有 4 个特点：第一，团队没有明显的核心，整体结构较为松散；第二，组织决策时，一般采取集体决策的方式，通过大量的沟通和讨论达成一致意见，因而组织的决策效率相对较低；第三，由于团队成员在团队中的地位相似，可以容易在组织中形成多头领导的局面；第四，当团队成员之间发生冲突时，一般都采取平等协商、积极解决的态度消除冲突，团队成员不会轻易离开。但是，一旦团队成员间的冲突升级，某些团队成员撤出团队，就容易导致整个团队的涣散。

这种创业团队的典型是微软的比尔·盖茨和童年玩伴保罗·艾伦（Paul Allen）及惠普的戴维·帕卡德（David Packard）和他在斯坦福大学的同学威廉·雷丁顿·休利特（William Redington Hewlett）。可见，多家知名企业的创建多是企业家们结识后，基于一些互动激发出创业想法，然后合伙创业，此类例子比比皆是。

3. 虚拟星状创业团队

这种创业团队由网状创业团队演化而来，基本上是前 2 种团队模式的中间形态。在团队中，有一位核心成员，但是该核心成员地位的确立是团队成员协商的结果，因此核心人物从某种意义上来说就是整个团队的代言人，而不是主导型人物，其在团队中的行为必须充分考虑其他团队成员的意见，不如星状创业团队中的核心主导人物那样有权威，如图 6-4 所示。

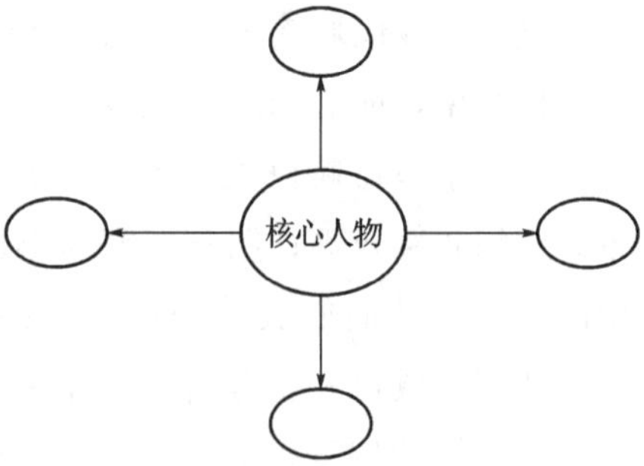

图 6-4 虚拟星状创业团队

(三) 创业团队的角色构成

“没有完美个人，但有完美团队”是“团队之父”贝尔宾博士（Meredith R. Belbin）在长达 10 年的研究后得出的结论。作为全球领导力与发展管理领域的重要思想家之一和团队建设的先驱倡导者，1968 年，贝尔宾博士在剑桥大学亨利学院开始了他著名的团队研究与实验，并在 1981 年出版了《管理团队：成败启示录》，该书连续 10 年被《金融时报》评为最受欢迎的书籍，同时也被誉为英国百年来最有贡献的管理丛书之一。在这本书中，他提出了团队角色模型，即著名的贝尔宾团队角色理论（Belbin's theory of team role）。他认为一支结构合理的团队应该由 8 种角色组成，后来修订为 9 种角色，如图 6-5 所示。贝尔宾团队角色理论的核心思想是：高效的团队工作有赖于默契协作。团队成员必须清楚其他人所扮演的角色，了解如何相互弥补不足，发挥优势。成功的团队协作可以提高生产力，鼓舞士气，激励创新。

图 6-5 贝尔宾团队角色

贝尔宾团队角色（belbin team roles）亦被称为贝尔宾团队角色表（belbin team inventory），贝尔宾博士将团队角色定义为个体在群体内的行为、贡献及人际互动的倾向性。这 9 种团队角色分别为：智多星（plant）、专业师（专家）（specialist）、凝聚者（teamworker）、完成者（completer finisher）、外交者（外交家）（resource investigator）、鞭策者（shaper）、执行者（implementer）、协调者（co-ordinator）和审议员（monitor evaluator）。

那么这 9 种团队角色的特征与缺点分别是什么呢?

智多星：有创造力、有想象力、善于打破常规、解决困难问题。可接受的弱点：不善于与普通人交往。

专业师（专家）：诚实、从自我做起、专注，能在急需时带来知识和技能。可接受的弱点：专业领域比较狭窄。

凝聚者：爱社交、温和、善解人意、乐于助人、善于倾听、避免不和。可接受的弱点：在棘手环境下优柔寡断。

完成者：吃苦耐劳、尽职尽责、严肃、善于发现错误、守时。可接受的弱点：有时过度忧虑，不愿授权他人。

外交者（外交家）：性格外向、热情、健谈、善于探索机会。可接受的弱点：一时热情后很快失去兴趣。

鞭策者：有活力、外向、易激动、爱挑战、爱施压，能在遇到困难时寻找各种办法。可接受的弱点：容易发脾气。

执行者：守纪律、可信赖、保守、高效，擅长把想法变为行动。可接受的弱点：有些固执。

协调者：成熟、自信、可信赖、好领导、能明确目标、能促进决策。可接受的弱点：不一定是最聪明的人。

审议员：冷静、有战略眼光、有判断力、看事情全面、善于作出判断。可接受的弱点：缺乏推动和鼓舞他人的能力。

9 种角色根据属性可以分为 3 类，分别是行动类、社交类和思考类，如图 6-6 所示。

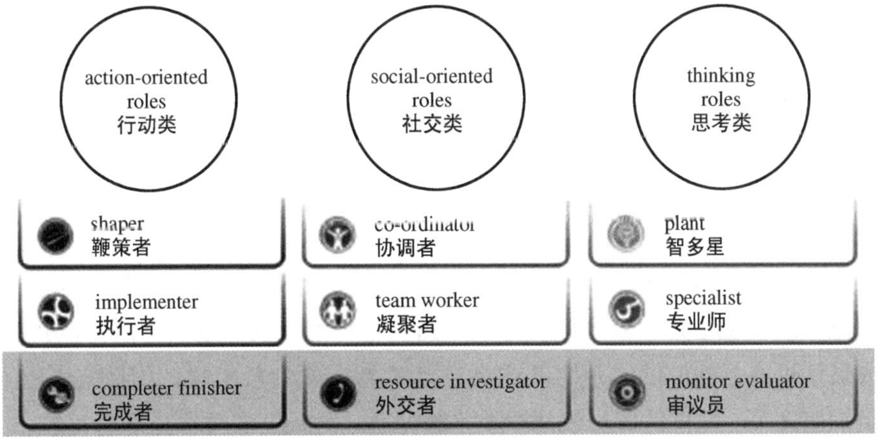

图 6-6　贝尔宾团队角色分类

根据贝尔宾团队角色理论，要组建一支成功的、高绩效的团队，组织领导者应该首先注意以下问题：在团队工作过程中，团队成员往往具有不同的特性。这些特性本身没有好坏的区分，但如果团队能根据每个人的特性，在安排项目人员组成及任务分配时就能更好地搭配人力资源，充分发挥每个人的特点，团队协作就会达到最优效果。高效的团队包括以下 3 个要点：

第一，角色齐。唯有角色齐全，才能实现功能齐全。正如贝尔宾博士所说的那样：“用我的理论不能断言某个群体一定会成功，但可以预测某个群体一定会失败。”所以，一个成功的团队首先应该是 9 种角色的综合平衡。

第二，容人短处，用人所长。知人善任是每一个管理者都应具备的基本素质。管理者在组建团队时，应该充分认识到各个角色的基本特征，容人短处，用人所长。在实践中，真正成功的管理者对下属人员的秉性特征的了解都是很透彻的，而且只有在此基础上组建的团队，才能真正实现气质结构上的优化，成为高绩效的团队。

第三，尊重差异，实现互补。对于一份给定的工作，完全合乎标准的理想人选几乎不存在——没有一个人能满足我们所有的要求。但是一个由个人组成的团队却可以做到完美无缺——它并非单个人的简单罗列组合，而是在团队角色及团队的气质结构上实现了互补。也正是这种系统上的异质性、多样性，才使整个团队生机勃勃，充满活力。

（四）创业团队的特征

1. 团队有明确的目标

团队目标既是团队发展的航标，也是团队前进的动力。远大的目标能统一团队成员的认识，并激发成员的团队精神和创造力。团队的目标必须以团队成员的认可为基础，只有团队成员对目标的意义和价值有了清楚的认识并完全接纳，才能激励团队成员把个人目标升华为团队目标，同时产生前进的动力和信念。

2. 团队以协作为基础

互助协作是优秀团队的精髓，是一个团队发挥最强力量的关键要素，也是团队保持稳定的关键要素。团队作用的发挥，强调的不仅仅是个体的力量，还要强调的是团队的整体力量和团队成员的互助协作，团队协作可以激发团队成员最大的潜力，让每个成员都能发挥出最高的水平。在工作中，团队协作往往建立在相互信任的基础之上，团队成员互相包容、互相鼓励、互相交流，以团队成员间的友善激发团队的活力。

3. 团队有共同的规范

团队为了实现目标，往往都会有准则约束团队成员的思想、信念与行为。这种准则即团队规范。团队规范是一个团队价值观、团队精神的重要体现，好的团队规范往往都是团队成员认可的、拥护的，是团队成员行动的指南。一般来说，团队规范包括奖惩、培训、组织制度等，是团队成员权利和义务的保障。团队规范通常是不断发展、变化的，随着团队战略的变化，团队规范会不断调整和革新，使之与团队战略相适应。

4. 团队有很强的互补性

团队应该具备互补型的结构。创建团队，要考虑的不仅仅是个体成员的能力与素质，还要考虑成员之间在能力或技术上的互补性，包括能力、性格、技术专长、经验等的互补。对个体成员来说，每个人都有自己的长处，但每个人也都有自己的短处，组建团队的重要目的之一就是要实现个体成员之间的优劣互补，取长补短，凸显个体成员“合体”的完美性。

课堂练习

寻找创业合伙人

每个人找出一件自己最想做的事情，并用一个关键词描述原因或初衷。有意愿成为创业者的同学用 1 分钟的时间公开阐述自己想做的事情及原因或初衷，并向同学们发出邀请，组成 6～8 人的创业团队。同学们在加入创业团队时需判断自己拥有的资源，并根据如图 6-7 所示的创业团队 3H 模式，做好内部成员间的相互认知，指出成员能承担的角色，其中一类角色需指向自己；利用创业团队画布分析、填写团队创业的相关内容；进行创业团队画布展示。

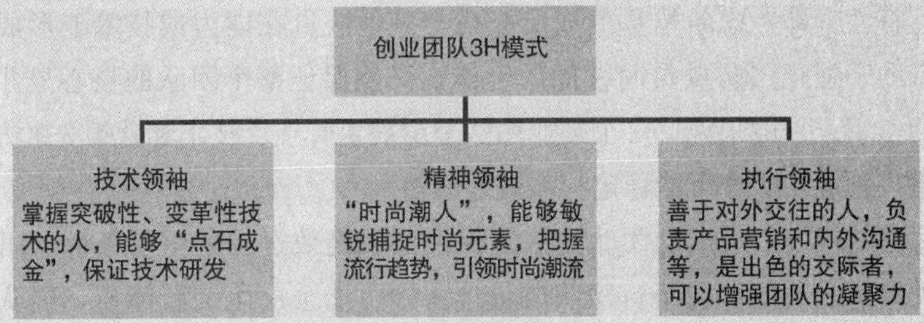

图 6-7　创业团队 3H 模式

二、创业团队的组建

创业团队的组建是一个相当复杂的过程，不同类型的创业项目所需的团队不一样，创建步骤也不完全相同。

（一）创业团队的组建

创业者能否走得更远，取决于创业者和创业团队的基本素质。企业的成长是人才成长的一个集中体现，企业的成功也是人才的成功。组建一支优秀的创业团队，对任何创业者而言都是一项至关重要的工作，它对创业有积极的促进作用。那么，怎样才能组建一支优秀的创业团队呢？创业者组建创业团队前需要了解基本原则，然后按照一定的步骤进行，这样才能使团队更加合理，最大限度发挥团队的作用。

创业者组建优秀的创业团队，主要有以下 6 个步骤。

1. 识别创业机会，明确创业目标

识别创业机会是组建创业团队的起点。如果创业机会的市场层面拥有较多优势，就需要较多的市场开拓方面的人才；如果创业机会的产品层面拥有较多的优势，就需要较多的技术人才。

创业团队的总目标是通过完成创业阶段的技术、市场、规划、组织、管理等各项工作，使企业从无到有、从起步到成熟。确定总目标之后，为了推动团队最终实现创业目标，还需要将总目标加以分解，设定成若干可行的、阶段性的子目标。

2. 制订创业计划

在确定了总目标及各阶段子目标之后，就要开始研究如何实现这些目标，这就需要制订周密的创业计划。创业计划是在对创业目标进行具体分解的基础上，以团队为整体来考虑的计划，它确定了创业团队在不同的创业阶段需要完成的阶段性任务，创业团队通过逐步实现这些阶段性目标来最终实现创业目标。

3. 寻找创业伙伴

招募合适的团队成员是组建创业团队关键的一步。关于创业团队成员的招募，主要应考虑以下 2 个方面：

第一，互补性。即考虑新招募的成员能否与其他成员在能力或技术上形成互补。这种互补性既有助于强化团队成员间彼此的合作，又能保证整个团队的核心战斗力，更好地发挥团队的作用。一般来说，一个创业团队至少需要管理、技术和营销 3 个方面良好的沟通协作关系，创业团队才可能稳定、高效地运转。

第二，适当的规模。适当的团队规模是保证团队高效运转的重要条件。团队成员太少则无法实现团队的功能和优势；团队成员过多则可能会产生交流障碍，团队很可能会分裂成许多较小的团体，进而大大削弱团队的凝聚力。一般来说，创业团队的规模应控制在 2～12 人。

4. 职权划分

为了保证团队成员执行创业计划，顺利开展各项工作，必须预先在团队内部进行职权划分。创业团队的职权划分就是根据执行创业计划的需要，具体确定每个团队成员所要承担的职责以及拥有的相应权限。团队成员间职权的划分必须明确，既要避免职权的重叠和交叉，又要避免由于无人承担某项职责而造成工作上的疏漏。此外，由于团队处于创业起步阶段，面临的创业环境较为复杂，会不断出现新的问题，团队成员可能会不断更换，所以创业团队成员的职权也应根据需要不断地进行调整。

5. 构建创业团队制度体系

创业团队制度体系体现了创业团队对成员的控制和激励能力，主要包括团队的各种约束制度和各种激励制度。需要注意的是，创业团队的制度体系应以规范化的书面形式确定下来，以免造成混乱。

第一，约束制度。创业团队通过各种约束制度（主要包括纪律条例、组织条例、财务条例、保密条例等）约束成员，避免其做出不利于团队发展的行为，以保证团队的稳定。

第二，激励制度。创业团队要实现高效运作需要有效的激励机制（主要包括利益分配方案、奖惩制度、考核标准、激励措施等），使团队成员能够看到随着创业目标的实现，自身利益将会得到怎样的改变，从而达到充分调动成员的积极性、最大限度发挥团队成员作用的目的。创业团队要实现有效的激励，首先就必须界定清楚成员的收益模式，尤其是关于股权、奖惩等与团队成员利益密切相关的事宜。

6. 团队的调整融合

完美组合的创业团队并非创业一开始就能建立起来，很多时候，团队是企业创立一段时间之后，随着企业的发展逐步发展完善的。团队组建初期，随着团队的运作，人员匹配、制度设计、职权划分等方面的不合理之处会逐渐暴露出来，这时就需要对团队进行调整融合。在进行团队调整融合的过程中，最重要的是要保证团队成员间经常进行有效的沟通与协调，培养强化团队精神，提升团队士气。完成了前面的步骤之后，团队应专门针对运行中出现的问题不断地进行调整，直至满足实践需要为止。

（二）组建创业团队的基本原则

创业者组建创业团队时，应遵循以下 7 个原则。

1. 目标明确、合理原则

创业目标必须明确、合理、切实可行，这样才能使团队成员清楚地认识到共同奋斗的方向，才能真正达到激励的目的。

2. 互补原则

创业者之所以寻求团队合作，其目的就在于弥补创业目标与自身能力之间的差距。只有当团队成员相互间在知识、技能、经验等方面实现互补时，才有可能通过相互协作发挥出“1＋1＞2”的协同效应，因此团队成员之间要做到诚实守信、志同道合、取长补短、分工协作、权责明确。

3. 精简高效原则

为了减少创业期间的运作成本，各成员最大比例地分享成果，创业团队成员构成应在保证企业能高效运作的前提下尽量精简。

4. 动态、开放原则

创业是一个充满不确定性的过程，团队中可能由于能力、观念等多种因素不断有人离开，同时也不断有人加入。因此，创业者在组建创业团队时，应注意保持团队的动态性和开放性，吸纳更多有能力且志同道合的团队成员。

5. 扬长避短，恰当使用

以创业者用人的眼光去看，世上的人大致可分为 3 类：一是可以信任而不可重用者，这是那些忠厚老实但本事不大的人；二是可用而不可信者，这是那些钻营取巧，甚至不惜出卖良心的人；三是可信而又可用者。创业者都想找到第 3 种人，但是这种人不易识别，往往与用人者擦肩而过。为了企业的发展，创业者各种人物都要用。只要在充分识别的基础上恰当使用，扬长避短，合理配置，就能最大限度地发挥人才的作用。

6. 既要讲独立，也要讲合作

创业者在创业过程中既要讲独立，又要讲合作。适当的合作（包括合资）可以弥补缺陷，使弱小企业在市场中迅速站稳脚跟。战国七雄尚讲合纵连横，创业者更需要从创业整体规划出发，明确哪些方面的技能和资源是自己所欠缺的，再寻找具备相关技能和资源的合作人，大家的资源和技能实现整合，共同发展。

创业者可能会在创业初期面临各种各样的困难，出现见到光头就以为是和尚、捞到根稻草就以为能救命的情况。这时候就需要鉴别能力，冷静地分析可能的合作伙伴，谁更有利于企业的发展。

7. 志同道合，目标明确

找创业搭档就跟找对象一样重要，对方是你事业上的另一半，在共同的创业过程中是否会与你同舟共济、福难同当是至关重要的。例如，一个拳头由 5 根手指组成，如果 5 个指头握紧打出去，就能发挥巨大的力量；但分散开来，用每根手指去戳人，就软弱无力。

团队的成员应该是认可团队并自愿加入团队的。在明确了一个团队的目标后，团队负责人应该以这个共同的目标为出发点，来召集团队的成员。团队是不能以人数来衡量的。如果你有一群人，但没有共同的理想和目标，那这就不是一个团队，而是一群乌合之众。这样的团队是打不了仗的。所以，你和你的团队成员应是志同道合的，有共同的或相似的价值追求和人生观。优秀的创业团队首先要确保自己的团队内所有核心成员相互认可。

（三）影响创业团队组建的因素

创业团队的组建受多种因素的影响，这些因素相互作用，共同影响着创业团队的组建，并进一步影响着团队建成后的运行效率。

1. 创业者

创业者的能力和思想意识从根本上决定了是否要组建创业团队、团队组建的时间表以及由哪些人组成团队。创业者只有在意识到组建团队可以弥补自身能力与创业目标之间存在的差距时，才有可能考虑是否需要组建创业团队，以及对什么时候需要引进什么样的人员和自己形成互补作出准确判断。

2. 商机

不同类型的商机需要的创业团队的类型不同。创业者应根据自身与商机之间的匹配程度，决定是否要组建团队，何时、如何组建团队。

3. 团队目标与价值观

共同的价值观、统一的目标是组建创业团队的前提，团队成员若不认可团队目标，就不可能全心全意为实现此目标与其他团队成员相互合作、共同奋斗。而不同的价值观将直接导致团队成员在创业过程中脱离团队，进而削弱创业团队作用的发挥。没有一致的目标和共同的价值观，创业团队即使组建起来，也无法有效发挥协同作用。

4. 团队成员

团队成员能力的总和决定了创业团队的整体能力和发展潜力。创业团队成员的才能互补是组建创业团队的必要条件。而团队成员间的互信是形成团队的基础。互信不足将直接导致团队成员间的协作障碍。

5. 外部环境

创业团队的生存和发展直接受到制度性环境、基础设施服务、经济环境、社会环境、市场环境、资源环境等多种外部环境要素的影响。这些外部环境要素从宏观上间接地影响着创业者对创业团队组建类型的需求。

拓展阅读

从前，有两个饥饿的人得到了一位长者的恩赐：一根鱼竿和一篓鲜活硕大的鱼。其中，一个人要了鱼，另一个人要了鱼竿，然后他们分道扬镳了。得到鱼的人原地就用干柴搭起篝火煮起了鱼，他狼吞虎咽，还没有品出鲜鱼的肉香，转瞬间，就连鱼带汤吃了个精光。过不几日，他便饿死在空空的鱼篓旁。另一个人则提着鱼竿继续忍饥挨饿，一步步艰难地向海边走去，可当他已经看到不远处那片蔚蓝色的海洋时，他浑身的最后一点力气也使完了，他也只能带着无尽的遗憾撒手人寰。

又有两个饥饿的人，他们同样得到了长者恩赐的一根鱼竿和一篓鱼，只是他们并没有各奔东西，而是商定共同去找寻大海，他俩每次只煮一条鱼，经过长途跋涉，来到了海边。从此，两人开始了捕鱼为生的日子。后来，他们有了各自的家庭，有了自己建造的渔船，过上了幸福安康的生活。

一个人只顾眼前的利益，得到的终将是短暂的欢愉；一个人目标高远，但也要面对现实的生活。只有把理想和现实有机结合起来，才有可能获得成功。有时候，一个简单的故事，却足以给人意味深长的生命启示。

“对不对，看团队。”“一个篱笆三个桩，一个好汉三个帮。”创业离不开“好兄弟”、好团队。创业需要各种各样的资源和机会，单靠个人是很难满足这些条件的。越来越多的证据表明，创业活动越来越多地基于一个创业团队而非创业个体。由创业团队共同创立的创业企业的绩效往往显著高于由单个创业者创办的创业企业，尤其是高新技术企业。因此，创业团队对企业的成立和成长均起着至关重要的作用。

（四）创业团队管理技巧和策略

初创企业的管理实际上包含公司组织、生产服务、市场营销等方面，初创企业的管理重点一般会落在生产管理、市场、服务等环节上，而忽视团队建设与管理的做法是不科学的。如何管理创业团队呢？主要有以下 7 点。

1. 保持沟通顺畅，营造相互信任的团队氛围

沟通是有效管理团队的重要内容。通用电气前CEO杰克·韦尔奇（Jack Welch）说："竞争、竞争、再竞争，沟通、沟通、再沟通。"顺畅的沟通是企业不断前进的命脉。没有沟通，团队就无法运转。其一，沟通使信息保持畅通，实现信息共享，避免因为信息缺失而出现错误的决策与行为。其二，沟通可以化解矛盾，增强团队成员之间的信任。在长期合作共事的过程中，成员之间难免会有矛盾，缺少沟通可能导致相互猜疑、相互抱怨，矛盾会随着时间的推移越来越大，最后可能导致团队的分裂。而情感上的相互信任是一个团队最坚实的合作基础。团队的成功关键在于人与人的"兼容性"，相互信任就是兼容的"润滑剂"。其三，沟通可以有效地解决认知性冲突，提高团队决策的质量，促进决策方案的执行。在企业经营管理过程中，团队成员对有关问题会产生不一致的意见、观点和看法，这种论事不论人的分歧被称为认知性冲突。优秀的团队并不回避不同的意见，而是进行充分的沟通和交流，鼓励创造性思维。这也有助于推动团队成员对决策方案的理解和执行，提高团队决策的质量，提高组织绩效。

2. 让合适的人做合适的事

从人力资源管理"人岗匹配"的原则来说，让合适的人做合适的事，是科学的用人原则。对个人来说，这样可以保证团队每一名成员得到发展，充分激发团队成员的潜能，激发其工作热情，使其将个人的优势发挥得淋漓尽致；对团队来说，扬长避短无疑是提高效率的最佳配置方式。

3. 制定严格的规章制度

"没有规矩，不成方圆。"一个初创团队如果没有严格的规章制度（如绩效考核制度、财务管理制度、行政管理制度等）作为运转保障，就会成为一盘散沙。因此，最初创业时就要把该说的话说到，该立的规矩立好，把最基本的责、权、利说得明白、透彻，不要碍于情面含含糊糊。规章制度具有明确性的特点，有助于促使团队成员恪尽职守，各司其职，避免初创企业中经常出现的团队成员责、权、利混淆的情况，避免出现因责、权、利等分歧而导致创业团队解散的情况。

4. 建立良好的激励机制

激励是团队管理中极为重要的内容，直接关系到初创企业的生死存亡。如何对创业团队进行有效的激励，现在还没有固定的公式可以套用，但可以通过授权、股权激励、薪酬机制等诸多手段来实现。薪酬是实现有效激励最主要的手段，毕竟收益是创业成功的重要表征。在设计薪酬制度时，应考虑到差异原则、绩效原则和灵活原则，最终目的是以合理的报酬让团队成员感到公平，激发和促进创业团队成员的积极性，实现对创业团队的有效激励。

在初创企业中，一般的股权激励的做法是将公司的股份预留出10%～20%，作为吸引新的团队成员的股份。

5. 建立合理的决策机制

要组建一个有凝聚力的团队，团队核心人物（决策者）必须学会在没有完善的信息、团队成员没有统一的意见时作出决策，而且承担决策的后果。只要自己认为对的事情，不可优柔寡断，必须付诸行动。而正因为完善的信息和绝对的一致非常罕见，决策能力就成为一个团队能否成功的重要因素。但如果一个团队没有建设性的意见和冲突，决策者就不可能学会决策。这是因为只有当团队成员彼此之间热烈地、不设防地争论，直率地说出自己的想法，团队核心人物才可能作出充分集中集体智慧的决策。决策的主要内容是公司发展的长期目标与一定阶段的计划，还有一些是与公司发展相关的重大决策。

6. 马上执行，对结果负责

有了决策，还需要严格地执行，执行力也是显著的生产力。《致加西亚的信》中的上校罗文在接过美国总统的信时，虽然不知道加西亚在哪里，但清楚自己唯一要做的事是进入一个危机四伏的国家并找到这个人。他二话没说，没提任何要求，只是接过信，立即行动。他奋不顾身，排除一切干扰，想尽一切办法，用最快的速度达成了目标。同样，在创业团队中，应高度强调团队成员必须对结果负责，"没有结果就是没做"，没有任何的理由和借口。在团队里，也许我们并不需要每个团队成员都异常聪明，因为过度聪明往往会导致自我意识膨胀，好大喜功；需要的是每个人都具有强烈的责任心和事业心，对于公司制订的业务计划和目标能够在理解、把握、吃透的基础上，细化、量化自己的工作，坚定不移地贯彻执行下去，每一个运作细节和每一个项目流程都要落到实处，对结果负责。

其实，决策者的角色不是一成不变的，决策者应首先以一个执行者的身份来要求自己，只有当自己能完成方案时，才能将类似的方案交给其他执行者去执行。

7. 注重团队凝聚力

团队凝聚力是指团队成员为实现共同目标而团结协作的程度，凝聚力表现为成员的个体动机行为对群体目标任务的信赖性、依从性乃至服从性。在创业过程中，团队所有成员都认同整个团队是一股密切联系而又缺一不可的力量，团队的利益高于团队每一位成员的利益。如果团队成员能够为团队的利益而舍弃自己的小利，团队的凝聚力就会极强。

"没有完美的个人，只有完美的团队。"虽然在创业团队中，每一位成员都可以独当一面，但是合作仍然是团队成员首先要学会的东西。成功的创业公司中，团队的成功远远高于个人的成功。创业者团队核心成员只有相互配合，共同激励，树立同舟共济的信念，才能成就梦想。

拓展阅读

大学生创业团队组建方案

如今，创业逐渐成为越来越多大学生所追求的生活方式。然而创业成功并不能仅靠一人之力，合适的团队成员与科学的组建方案也是必不可少的。下面将从招募方式、团队结构、人员分配和考核机制4个方面为大家介绍大学生创业团队组建方案。

1. 招募方式

首先，寻找创业团队成员的方式非常关键。一般来说，可采用以下3种方式：

一是根据项目需求发布招募信息，吸引有相关技能、经验、兴趣爱好的人士加入；

二是线上招募，在各大招聘网站、社交媒体平台发布招募启事，吸引更多有创业意向的人士加入；

三是结合高校创业教育，发掘有创新创业能力的学生。

2. 团队结构

团队结构包括团队成员数量和角色分工等方面。在选择团队成员时，除了考虑项目所需的技能之外，还要注重考虑成员的心理素质、人际交往能力和性格等因素。在角色分工方面，首先需要确定团队负责人的角色，并设立多个岗位，如技术、市场、营销、财务等，并根据实际需要不断调整优化角色分工。

3. 人员分配

除了确定团队结构，还需考虑人员分配问题。一方面，需要注重整体素质匹配、能力协调性、性格互补等方面，另一方面，也需要注重个人意愿和兴趣爱好。当然，在分配前需要进行充分的交流沟通，了解每一个成员的愿望和能力，合理安排每一个成员的工作任务。

4. 考核机制

为了确保团队成员保持高效、协同的工作状态，考核机制是必不可少的。考核机制主要包括员工绩效考核、任务完成情况考核、风险控制考核等，用于督促团队成员不断完善自己的工作，确保在工作中不出差错，保障项目的进程。

在团队组建的过程中，最重要的是保持高效的沟通，听取各成员的宝贵经验及意见，合理地制定团队组建方案。只有科学、合理、系统地组建团队，才能取得更好的工作效果，高质量、高效率地实现创业梦想。

课堂活动

大雁的团队合作

请阅读下面材料，并回答问题：

仰望天上的大雁时，人们总能发现大雁一会儿呈“人”字形，一会儿呈“一”字形。这是由于大雁有一种合作的本能，在飞行中，大雁会定期变换领导者，为首的大雁在前面开路，能帮助它两边的大雁形成局部的真空。它感到疲倦后，会退到侧翼，由另一只大雁充当领导者。

团队分工与合作一直为人们倡导，请结合你对本内容的学习和理解，谈谈你对创业团队和团队合作的理解。

三、创业团队的管理

团队创业的成功率有时并不是很高，其主要原因不外乎 2 点：一是团队困于利益冲突，二是团队出现严重的决策分歧。利益冲突与决策分歧问题的解决，有赖于创业团队的有效管理。

首先是利益冲突，核心问题之一是股权分配。股权分配关系到项目团队搭建、利益分配与管理，如果股权设计不合理，将会导致三大隐患：一是团队成员之间因为内讧而产生的风险；二是创始人和员工之间因矛盾产生的风险；三是创始人和投资人之间因矛盾产生的风险。

（一）创业团队成员的激励

创业者在创业过程中始终需要考虑的一个问题是：如何更合理地激励创业团队，这也是创业团队成员极为关注的话题。毕竟，取得合理的收益是创业收获的具体表征，能否解决这个问题直接关系到初创企业的存亡。初创企业的报酬制度包括股票、薪金和补贴等经济报酬以及其他非经济报酬，如实现个人发展和个人目标、培养技能等。每个团队成员对报酬的理解不尽相同，这取决于个人不同的价值观、目标和愿望。有人会追求长期的资本收益，而另外一些人可能更偏向于短期的资金安全和收益。

初创企业的报酬制度应该能够激发、促进创业团队的积极性，使团队成员更好地把握企业的商机。它必须贯穿建立团队、增强创业氛围和培养团队有效性的整个过程。是否能吸引到高素质的团队成员并留住他们，在很大程度上取决于给予他们的物质报酬和精神激励。

在考虑创业团队激励和制定相应报酬制度的时候，可以重点考虑以下 5 个方面。

1. 创业思路

创业思路提出者的贡献应当予以充分考虑。尤其是提供对原型产品或服务极为重要的创业机密特定技术，或是对产品、市场进行了调研的当事者。

2. 创业计划书准备

制订一份优秀的创业计划书往往需要花费很多的时间、资金和精力，因此，创业计划书制订者的贡献也要适当考虑。

3. 敬业精神和风险

一个把大部分个人资产投入到企业的团队成员，不仅会在企业失败时承担巨大的风险，还将牺牲一定的个人利益，因此应充分考虑员工的敬业精神和所承担的风险。

4. 工作技能、经验、业绩记录或社会关系

团队成员可能给企业带来工作技能、经验和良好的业绩，或是在营销、金融或技术等方面的社会关系。如果这些对于初创企业而言是至关重要的而且是来之不易的，那么就必须予以考虑。

5. 岗位职责

团队成员在不同的岗位上为企业作贡献，而岗位所需技能和工作强度各不相同，应该考虑为不同的岗位分配不同的权重。

在衡量每一位团队成员的贡献时，需要充分考虑上面列举的各项因素。团队成员不仅要自己协商，达成对各项贡献价值的一致意见，还应该保持充分的灵活性，以适应今后的变化。

案例分析

团结合作、共创辉煌

5 名大学生自发组成一支创业团队，经营起“蔬菜到你家”蔬菜店，做起网上卖菜的生意。客户只需在网站上选购蔬菜或水果，就会有人送货到家。据了解，这支团队的成员全都来自农业院校。

该创业团队牵头人小李，大学毕业后一直有创业的想法，于是在全国各地农业院校发帖，招募愿意一同创业的大学生。随后来自全国各地农业院校的 5 名大学毕业生聚在一起，商议利用专业知识做与农业有关的生意：“现在网络发达，最终我们选择网上卖菜的生意。”网站刚创办一个月，生意十分火爆，小李和团队成员充满了干劲，计划一年内要开 6 家连锁店。可是，理想很丰满，现实很骨感，渐渐地，团队中出现了一些矛盾：

小李认为团队成员之一的思南所花费的销售宣传费用太多，加重了公司的财务压力；而思南则认为小李不懂得市场上的销售宣传规矩，过于刻板。团队成员之一的阿霞非常重视安全问题，想花大笔资金完善安全设施；而小李则对安全方面不太重视，认为安装安全设备的钱不值得花，还不如用这些钱去疏通销售关系……

由于团队成员之间出现了分歧，大家都对彼此有意见，却未及时进行沟通，仅仅过了半年，小李的创业团队就宣告解散，第一次创业也以失败告终。

分析：创业者的价值观不尽相同，使大家感觉自己的付出多于得到的回报，相互指责。而且公司的分工过于松散，没有一个把握全局的领导者，也没有一个完整的发展战略。三驾马车并行，导致效率低下，跟不上市场的变化。同时，公司没有设置销售目标等硬性指标，没有有效的激励制度。沟通不足，使问题越来越严重，最后产生信任危机，影响了创业者的情绪，进而影响公司的运营。如何避免团队矛盾是创业过程中必须要面对的问题。因此，在组建创业团队前，一定要对创业团队的成员进行相应的分工与权责划分，做好准备工作，才能在创业大军中赢得一席之地。

（二）创业团队的冲突管理

1. 创业团队的冲突类型

在创业中，发生冲突几乎是必然的。发生冲突的原因有很多：员工个性差异，信息沟通不畅，利益分配不均，个人价值观与企业价值观不协调，等等。过多的冲突会破坏组织功能，过少的冲突则使组织僵化，而不同的冲突对于企业的发展影响也会不同。总的来说，由此引发的冲突可以分成两大类。

（1）认知性冲突

主要是指团队成员在企业经营管理过程中出现意见、观点和看法不一致的问题。团队成员之间在经营管理的问题上存在分歧是正常的。尤其在数字化时代，第三场景办公或居家办公的趋势直线上升。团队成员通过屏幕和语音传递信息、观点，很容易产生歧义和理解上的偏差，很多问题隔着屏幕无法得到有效解决，反而可能引发更多的摩擦。但在一般情况下，认知性冲突将有助于改善团队决策质量和提高组织绩效，也能够促进决策本身在团队成员中的接受程度。

（2）情感性冲突

团队成员目标、观点不一致往往会影响团队整体绩效。冲突理论研究者把这类不一致称为情感性冲突。情感性冲突会阻碍人们参与影响团队的关键活动，团队成员普遍不愿意就问题背后的原因进行探讨，从而降低了团队绩效。情感性冲突将导致团队成员间冷嘲热讽、不信任和回避，从而阻碍开放的沟通和合作程度。研究表明，在初创企业中，情感性冲突大都会带来负面的影响。

2. 冲突管理

由于群体和个人在价值观、目标和需求等方面并不是完全一致的，因此冲突是无法避免的。但是冲突并不一定是坏事，它可能是由企业发展和改革引起的，发挥着创造性的作用。面对这种冲突，只要以理性、客观的态度进行观点交换和方案修改就能够获得新的突破。但是如果冲突是源于个性上的不合，就需要通过其他的方法进行解决。因此，冲突管理主要涉及群体间的冲突管理和人际冲突管理。

按冲突产生的原因，我们可以将冲突分为工作性冲突和人际性冲突，前者因“事”而发生冲突，后者是因“人”而发生，这 2 种冲突在一定条件下可以相互转化。

在过去的几十年中，托马斯-基尔曼冲突模型是冲突解决方案的主要方法（图 6-8）。

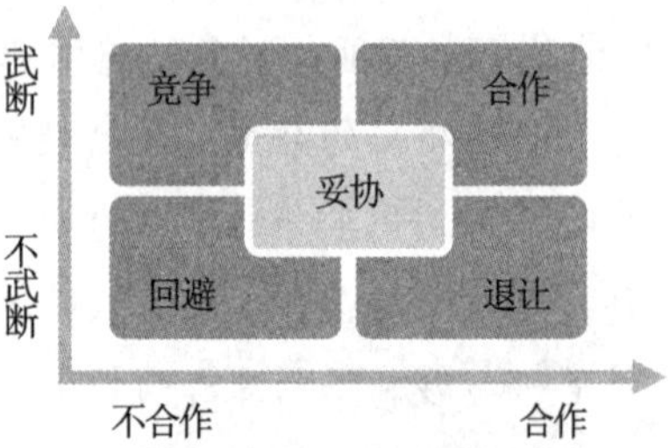

图 6-8　托马斯-基尔曼冲突模型

（1）群体间的冲突管理

处理好群体间冲突的基本原则有 3 个：

① 和平共处。和平共处的目的在于营造一种友好的氛围，鼓励团队成员消除分歧，和平共处。和平共处是一种相对理想的状态，但是在大多数情况下都难以实现。这种方法需要管理者改进沟通方式和技巧，洞悉员工的心理。但是如果管理者不能获悉员工的真实想法，这种方法只能暂时平息冲突，矛盾有可能再次爆发。

② 达成和解。和解是一种妥协，即通过谈判来解决问题，双方都不能够实现自己的全部诉求，实质上是一种消极的方式。这种方式并没有最优选择，达成和解是为了调解分歧，而不是真正解决矛盾。

③ 解决问题。找到真正的问题根源并提出解决方法，而不是调和不同观点的矛盾。它需要由最终实施方案的成员共同进行，并共同承担解决冲突的责任。首先，创业团队成员应当明确问题出在哪里，并且达成共同解决问题的共识。其次，团队成员提出若干解决方案，并反复讨论各个方案的优缺点。最后，团队成员就最佳解决方案以及实施方式达成一致意见。

（2）人际冲突管理

处理团队中的人际关系要比处理群体间的关系更加复杂，因为其掺杂了强烈的个人情感色彩。处理人际冲突的方式主要包括以下 5 种：

① 控制冲突。控制冲突的方法有一个共同点，即通过妥协让步等弱化矛盾的方式暂时性地解决冲突。控制冲突的方法主要包括让步和调解。

让步往往意味着作出让步的一方被迫妥协，让对方占据上风。如果双方都不愿意作出让步，则需要通过讨价还价来实现，以达成双方都可以接受的解决方案。但是这种解决方式只能够暂时性地解决表面冲突，作出让步的成员通常会心有不甘，矛盾会再次爆发。

调解通常由第三方介入，致力于释放冲突双方的紧张情绪，并鼓励团队成员积极处理冲突。调解本身并不关注问题所在，而是关注冲突双方的反应，并不能够指出冲突的本质。

② 建设性对抗。建设性对抗是从根本上解决冲突的最优选择，指的是由第三方营造出探索性的和谐环境，将冲突双方聚在一起，使其理解对方的观点与感受。这是一种进行换位思考、产生理解与认同，能够实现双赢的方式。

冲突双方在第三方的帮助下，以较合作的态度直面冲突，并对当下的形势进行探讨。这种建设性对抗往往是根据具体事件和客观行为来判断，较少关注动机。但是在建设性对抗的过程中，第三方角色的行动难度很大，需要使冲突双方就进行探讨的基本原则达成共识，并减少敌对行为，鼓励冲突双方提出问题出现的原因并产生解决问题的一致愿望。第三方必须尽量保持公平公正，避免表现出更支持或亲近某一方。

③ 竞争性对抗。积极聆听；仔细观察；提出开放性问题；允许冲突双方自由表达；鼓励冲突双方自己解决问题，并制订备选方案；适当提供建议和指导。

用“竞争”的方式处理冲突时，双方各自站在自己的立场上思考问题，各不相让，一定要分出胜负、是非曲直来。这种竞争方式的特征是：正面冲突，直接发生争论、争吵，或其他形式的对抗；冲突双方在冲突中都维护自我利益，而不考虑对他人的影响；竞争的双方都试图以牺牲他人的利益为代价来达到自己的目的，为了争赢而不顾冲突带来的后果。

和竞争方式相反的是“退让”，是指在冲突发生时只考虑对方的要求和利益，不考虑或牺牲自己的要求和利益，把对方的利益放在自己的利益之上。其行为特点为高度合作，不进攻，愿意牺牲自己的目标而使对方达到目标，尽管自己有不同意见，但还是支持他人的想法，为了维护相互的关系，一方愿意作出自我牺牲。

“回避”是指冲突的双方既不合作也不采取进攻行为，“你不找我，我不找你”，双方回避这件事情。回避方式的特征是双方意识到冲突的存在，却试图忽略冲突，都不采取任何行动，不发生正面对抗。

④ 彼此妥协。冲突双方都作出让步，俗话说“你让三分，我让三分”，双方都放弃一部分要求，让出一部分利益，但同时也保存一部分要求和利益。其特点是没有明显的赢家和输家，双方愿意共同承担冲突问题，并接受一种双方诉求都不能彻底满足的解决方案。所以妥协有一个明显的特点，就是双方都倾向于放弃一些东西。冲突双方的基本目标能达成，相互之间的关系也能维持良好，冲突能得到暂时解决，但也有可能留下了下一次冲突的隐患。

⑤ 合作。合作方式是冲突双方既考虑和维护自己的要求和利益，又要充分考虑和维护对方的利益，并能最终达成共识。合作方式的特点是冲突双方相互尊重与信任，对于自己和他人的利益都给予高度关注，冲突双方坦率沟通，澄清差异，并致力于寻找双赢的解决办法。合作的方式能使冲突得到完全消除。

在实际工作中，我们应该根据情况灵活运用这 5 种解决冲突的技巧。

除此之外，我们也可以根据工作的性质来决定采取何种冲突的处理方法。

当冲突事件属于重要不紧急的事件时，我们可以采取合作的方式解决冲突；当冲突事件属于重要而且紧急的事件时，我们可以采取竞争的方式解决冲突；当冲突事件属于不重要不紧急的事件时，我们可以采取回避、退让的方式解决冲突；当冲突事件属于不重要但紧急的事件时，我们可以采取妥协的处理方式。

化解团队冲突的措施往往是临时性的，很多时候是“治标不治本”的行为。作为团队领导，在解决团队冲突之后，还应当思考冲突背后可能揭示的团队内部深层次的管理问题，并采用系统的解决办法，才能清除隐患，促进团队健康发展。

（三）创业团队组建的风险分析

1. 创业团队组建的风险成因

（1）盲目照搬成功的组建模式

创业团队的组建基本可以分成 3 种模式：关系驱动、要素驱动和价值驱动。

第一，关系驱动。关系驱动是指以创业领导者为核心的人际关系圈内成员构成团队。他们因为经验、友谊和共同兴趣结成合作伙伴，发现商业机会后共同创业。

第二，要素驱动。要素驱动是指创业团队成员分别贡献创业所需的创意、资源和操作技能等要素。由于这些要素完全互补，团队成员之间处于相对平等的地位。

第三，价值驱动。价值驱动是指创业成员将创业视为一种实现自我价值的手段，他们的使命感很强，追求成功的欲望也很强。

不同的团队组建模式适用的条件不尽相同。如果盲目照搬某种团队组建模式，会给企业带来巨大的风险。现在应用最广泛的是关系驱动模式，它比较符合中国文化的特点，其团队的稳定性相对较高。但是，关系的远近亲疏经常会成为制约团队发展的因素。要素驱动模式比较符合西方文化的特点，现在的互联网创业团队大多属于这种模式，如果成员之间磨合顺利，可以缩短企业成功所需的时间；但是如果磨合不顺利，就很容易引发解体危机。价值驱动模式下的团队成员虽然是为了追求自我实现组合在一起，但是一旦产生分歧，就没有妥协的余地。

（2）团队成员选择具有随意性和偶然性

创业团队是要将个体的力量整合为集体的力量，并保持这种力量的持久性。但是，在团队组建初期，由于规模和人数的限制，创业团队在成员选择方面考虑不够全面，过于随意和偶然，甚至只是因为碰巧谈到创业问题而一拍即合，之后又没有进行及时的调整；或是在团队中承担某种角色的人才过多，团队成员之间角色和优势重复，这些都会引发各种矛盾，最终导致整个创业团队散伙。

（3）缺乏明确和一致的团队目标

心理学家亚伯拉罕·马斯洛（Abraham H. Maslow）指出：杰出团队的显著特征是具

有共同的愿望与目标。凝聚人心的愿景与经营理念是团队合作的基础。目标则是共同愿望在客观环境中的具化，能够为团队成员指明方向，是团队运行的核心动力。

事实上，在创业初期，创业团队的目标一般并不十分清晰和明确，可能只是一个模糊的发展方向，有些人甚至不明白自己为什么会走上创业的道路。即使创业领导者的目标明确，也不能保证其他成员都能够准确理解团队目标的含义。随着创业进程的推进和外界环境的变化，团队成员可能会发现原先确定的目标和现实之间存在差距，此时必须对目标进行适当调整。如果团队成员之间意见难以调和，或是个人目标与组织目标出现较大的分歧，那么团队就会面临解散的风险。

(4) 激励机制尤其是利润分配方式不完善

有效激励是企业长期保持团队士气的关键。如果缺乏有效的激励，团队或者组织的生命都难以长久。有效激励的重点是给予团队成员合理的"利益补偿"。一项创业管理调查表明，影响中国现阶段创业团队散伙的前 2 个主要原因是团队矛盾和利益分配。团队矛盾的背后或多或少存在利益的影响，因此可以看出，利益分配对于创业团队的长期发展有着重要的影响。

实际上，在团队组建初期，由于企业前途未卜，各成员在创业企业中的作用和贡献无法准确衡量。因此，团队无法给出一个明确的利润分配方案，可能只是简单地采取平均主义的做法。这样，随着企业的发展和利润的增加，团队成员在利润分配时就会出现争议，从而导致创业团队解散。

2. 创业团队的风险控制

(1) 选择合理的团队成员

建立优势互补的创业团队是保持创业团队稳定性的关键，也是规避和降低团队组建模式风险的有效手段。在团队创建初期，人数不宜过多，能满足基本的需求即可。在成员选择上，要综合考虑成员在能力和技术上的互补性，基本保证具备理想团队所需的各种角色。而且，成员的能力和技术应该处于同一等级，不宜差异过大。如果团队成员在对项目的理解能力、表达能力、执行能力、社会资源能力、思维创新能力等方面存在较大的差异，就会产生严重的沟通和执行障碍。

此外，在选择成员时还要考虑创业激情的影响。在企业初创期，所有成员每天都需要超负荷工作，如果缺乏创业激情和对事业的信心，不管其专业水平多高，都可能成为团队中的消极因素，对其他成员产生负面影响。

(2) 确定清晰的创业目标

创业团队要在实践中不断总结和吸取教训，形成一致的创业思路，勾勒出共同的目标，以此作为团队努力的目标和方向。

创业团队的目标必须清晰明确，能够集中体现团队成员的利益，与团队成员的价值趋向一致，并保证所有团队成员都能正确理解，这样才能发挥激励团队成员的作用。此外，创业团队的目标还必须切实可行，既不能太高，也不能太低，而且能够随着环境和组织的变化及时更新和调整。

（3）制定有效的激励机制

正确判断团队成员的利益需求是有效激励的前提。实际上，不同类型的成员对利益的需求并不完全一样，有些成员将物质追求放在第一位，而有些成员则是希望能够获得荣誉、发展机会、能力提高等利益。因此，创业团队的领导者必须加强与团队成员的交流，针对各成员的情况采取合理的激励措施。

创业团队的利润分配体系必须体现个人贡献价值的差异，而且要以团队成员在整个创业过程中的表现为依据，而不仅是某一阶段的业绩。其具体分配方式要具有灵活性，既包括诸如股权、工资、奖金等物质利益，也包括个人成长机会和相关技能培训等内容，并且能够根据团队成员的期望适时调整。

拓展阅读

心理测试：什么样的人适合做你的创业伙伴——你会选哪一个钱包？

A

B

C

D

图6-9　你会选哪一个钱包？

答案：

A. 擅长社交的人

你是一个性格内向的人，不擅长处理人际关系，所以擅长社交的人是适合你的合作伙伴，他正好弥补你不善于交际的不足。你很有想象力，可以根据普通的事物想出新的点子，而你的合作伙伴就负责将你的点子推销出去。他们善于和人打交道，所以你们会成为很好的合作伙伴，能够优势互补，从而取得成功。

B. 乐观积极的人

你适合和乐观积极的人一起创业。你是一个悲观主义者，总是把事情往最坏的角度想。你常常会陷入自我怀疑，作决定总是犹豫不定，结果错过最佳时机。但是乐观积极的人正好和你互补，他们总是看到事情积极的一面，做事果敢坚定，可以帮助你作出最佳选择。在他们面前，你可以畅所欲言，充分地表达自己内心的想法。

C. 办事稳重的人

办事稳重的人适合成为你的创业伙伴。你是一个执行力很强的人，每当你有了新的想法，就会立刻执行。但有时你过于冲动，就会作出错误的选择，从而造成很不好的结果。一个办事稳重的人考虑事情非常周全，他会在你冲动的时候制止你，让你冷静下来。如果有这样一个伙伴，你的投资理财就可以取得不错的收益。

D. 充满激情的人

充满激情的人适合成为你的创业伙伴。你是一个非常稳重的人，但思想过于保守，很难创新。如果你想要创业，你一定要坚定信念。创业道路上会遇到很多的艰难险阻，如果你缺乏激情，就可能会中途放弃。而你的合作伙伴会在一旁给你加油打气，让你看到希望，使你坚定信心一直走下去，这会大大提高你的成功率。

课堂活动

西天取经团队大裁员

众所周知，《西游记》里的取经团队是由4人1马组成的，现在如果要从该团队中裁掉1个成员，你会选择裁掉谁，为什么？请同学们分为4～6人的小组共同讨论，小组成员轮流发表观点。最后每组选择一位代表谈谈在这次活动中获得的关于创业团队的看法。

第七章 设计商业模式

知识要点

1. 商业模式的概念；
2. 商业模式的设计；
3. 财务预算及融资。

学习目标

1. 掌握商业模式的概念；
2. 学会商业模式的设计；
3. 明确财务预算及融资。

在经营企业的过程中，商业模式比高技术更重要，因为前者是企业能够立足的先决条件。由此可见商业模式对于一家公司的重要性。当今社会，企业之间的竞争不仅是产品的竞争，更是商业模式的竞争。商业模式是关系企业生死存亡、兴衰成败的大事。在研究一家公司的过程中，我们常思考公司做的是不是好生意，以及这样的生意能够持续多久。这实际上涉及商业模式的概念。好的商业模式是企业竞争制胜的关键，是商业的本质。因此，创业者在开发出产品后，还要关注商业模式的设计，寻找可持续的盈利模式。

一、商业模式概述

（一）商业模式的概念

商业模式是一种包含了一系列要素及其关系的概念性工具，用以阐明某个特定实体的商业逻辑，或者说，是在特定的宏观社会环境和行业环境下，公司通过其业务系统整合资源，从而实现盈利的模式。它描述了公司所能为客户提供的价值以及公司的内部结构、合作伙伴网络和关系资本等用以实现（创造、推销和交付）这一价值并产生可持续盈利收入的要素。

（二）商业模式的特征

由于不同行业的差异、宏观和微观经济环境的共同影响，没有一个单一的商业模式能够保证在各种条件下都产生可观的财务回报。创业者必须探索、找寻商业模式的属性框架，以便进行商业模式的分析以及创新商业模式的构建。成功的商业模式具有 3 个较为明显的特征。

1. 全面性

商业模式是对企业整体经营模式的归纳和总结。在企业经营层面，创业者需要制定必要的方案来引导基层员工的工作。在企业发展战略层面，创业者必须关注企业的整体发展目标和发展方案。针对不同的管理职能分类，创业者也必须设想可行的经营方案。因此，商业模式反映了创业者是否对创业发展中所遇到的各类问题进行了全面的思考，并准备了相应的应对策略。缺乏全面性的商业模式很可能在某一方面具有优势，但是由于创业者忽略了支持其内在盈利性的某些要素，这种商业模式可能根本无法实现。

当然，全面性并不意味着商业模式需要涵盖所有经营管理中的琐碎事务。它需要提炼归纳，提取更为重要的要素，这样对企业的整体发展才具备更强的指导意义。

2. 独特性

成功的商业模式能提供独特价值。有时候这个独特的价值可能是新的思想，而更多的时候，它往往是产品和服务的独特组合。这种组合要么可以向客户提供额外的价值，要么使得客户能用更低的价格获得同样的利益，或者用同样的价格获得更多的利益。创业者通过确立自己的独特性，来保证市场占有率。

商业模式独特价值的根本来源是创业者所拥有的独特资源以及基于资源独特性所构建的发展战略，这一战略包括了公司层面的发展战略，同时也包括了市场经营层面的竞争策略，比如独特的营销方案或分销渠道等。

3. 难以模仿性

成功的商业模式必须是难以被模仿的。企业通过确立自己的与众不同，如对客户的悉心照顾、无与伦比的执行能力等，来提高行业的进入门槛，从而保证利润来源不受侵犯。一个易于被他人模仿的商业模式，即使其再独特、再全面，也难以维系。迅速跟进的追随者很快就会使得企业的盈利能力大大下降。因此，难以模仿的商业模式首先意味着企业的经营模式是可持续的。创业者至少可以通过有效的手段在一定时间内维持企业的成长速度，而不用太早陷入行业竞争的漩涡中。

对于成功的商业模式来说，这 3 个特征之间的关系类似于通常意义上的木桶效应，任何一个方面存在短板都会对商业模式造成重大伤害。因此，创业者尤其需要警惕那些在其他方面特别突出，但在某一个方面存在严重缺陷的商业模式。

（三）商业模式的类型

从运营方法来看，商业模式可以分为 2 大类。

1. 运营性商业模式

重点解决企业与环境的互动关系，包括与产业价值链环节的互动关系。运营性商业模式创造企业的核心优势、能力、关系和知识，主要包含以下 2 个方面的内容。

（1）产业价值链定位

产业价值链定位的内容：企业处于什么样的产业链中，在这个链条中处于何种地位，企业应如何结合自身的资源条件和发展战略来定位。

（2）盈利模式设计

盈利模式设计的内容：企业从哪里获得收入，获得收入的形式有哪几种，这些收入以何种形式和比例在产业链中分配，企业是否对这种分配有话语权。

2. 策略性商业模式

策略性商业模式是对运营性商业模式的扩展和利用，应该说策略性商业模式涉及企业生产经营的方方面面。

（1）业务模式

业务模式的内容：企业向客户提供什么样的价值和利益，包括品牌、产品等。

（2）渠道模式

渠道模式的内容：企业如何向客户传递业务和价值，包括渠道倍增、渠道集中等。

（3）组织模式

组织模式的内容：企业如何建立先进的管理控制模型，例如建立面向客户的组织结构，通过企业信息系统构建数字化组织等。

每一种新的商业模式的出现，都意味着一种创新、一个新的商业机会的出现，谁能率先把握住这种商业机遇，谁就能在商业竞争中抢占先机。

商业模式具有生命周期。一个世纪前，金·坎普·吉利（King Camp Gillette）通过赠送产品来赢得财富，创造了一种新的商业模式，而今天，当各商家都用打折或买一送一的方式来促销时，这就不再是一种商业模式。商业模式具有可移植性，如果今天生产剃须刀片的企业仍然通过赠送剃须刀来卖刀片，它就不能称之为商业模式。而当新型的网络企业通过各种免费方式赢得眼球时，我们就能称这种免费形式为网络企业的新商业模式。在企业的创办过程中，每一个环节上都有多种创新形式，偶尔的一个创新也许就能改变企业的整个经营模式，也就是说，企业的商业模式具有偶然性和广阔的衍生性。

3. 制造商商业模式

除了以上 2 种商业模式外，特别介绍制造商商业模式。制造商、品牌商、经销商和终端商都有自己独特的商业模式。这里主要针对快速消费品与耐用消费品制造企业，所说的商业模式主要是制造商（含品牌商）商业模式。目前，制造商商业模式主要有如下 6 种形式。

（1）直供商业模式

直供商业模式主要应用在一些市场半径比较小，产品价格比较低或者是流程比较清晰，资本实力雄厚的国际性大公司。直供商业模式需要制造商具有执行力强、现金流状况良好、市场基础平台稳固、市场产品流动速度快的特点。由于中国市场战略纵深很大，市场特点迥异，渠道系统复杂，市场规范化程度比较低，在全国市场范围内选择直供商业模式是难以想象的，因此，即使如可口可乐、康师傅等大规模跨国企业也开始放弃直供商业模式。但是，利润比较丰厚的行业与产业还是会选择直供商业模式，如白酒行业，很多公司就选择了直供的商业模式。云峰酒业为了精耕市场，在全国各地成立了销售性公司，直接控制市场终端；广州云峰酒业、西安云峰酒业、合肥云峰酒业、湖北云峰酒业等公司在当地市场均具备一定的实力与良好的基础。

（2）总代理制商业模式

这种商业模式为中国广大的中小企业所广泛使用。中国的中小企业在发展过程中普遍面临 2 个最为核心的困难，其一是团队执行力比较差，他们很难在短时间内构建一个庞大的执行团队，而选择经销商做总代理可以省去很多当地市场执行层面的困难；其二是普遍资金实力比较薄弱，选择总代理制商业模式，他们可以在一定程度上占有总代理商的一部分资金，更有甚者，可以通过这种方式完成原始资金的积累，实现企业快速发展。

（3）联销体商业模式

随着大量中小企业选择总代理制商业模式，市场上好的经销商成为一种稀缺的战略性资源，很多经销商对鱼目混珠的招商产生了严重的戒备心理。在这样的市场状况下，很多有实力的经销商为了降低商业风险选择与企业进行捆绑式合作，即制造商与经销商分别出资成立联销体机构。这种联销体既可以控制经销商市场风险，也可以保证制造商始终有一个很好的销售平台。联销体模式受到了很多有理想、有长期发展意图的制造商的欢迎。如食品行业的龙头企业娃哈哈就采取了这种联销体的商业模式；空调行业巨头格力空调也选择了与区域性代理商合资成立公司共同运营市场，取得了不错的市场业绩。

（4）仓储式商业模式

仓储式商业模式也是很多消费品企业选择的商业模式。很多强势品牌基于渠道分级成本很高，制造商竞争能力大幅度下降的现实，选择了仓储式商业模式，以价格策略打造企业核心竞争力。例如 20 世纪 90 年代，四川长虹电视的发展如日中天，为降低渠道系统成本，提高企业在市场上的价格竞争能力，长虹集团就选择了仓储式商业模式，企业直接将产品配送到消费者手里。仓储式商业模式与直供最大的不同是，直供模式下企业不拥有直接的店铺，而通过第三方平台完成产品销售，企业将货源直接供应给第三方销售平台；而仓储式商业模式是企业拥有自己的销售平台，通过自己的销售平台完成市场配货。

（5）专卖式商业模式

随着中国市场渠道终端资源越来越稀缺，越来越多的中国消费品企业选择专卖式的商业模式，如 TCL 幸福村专卖系统、五粮液提出的全国两千家专卖店计划、蒙牛乳业提出的蒙牛专卖店加盟计划、云南乳业的牛奶专卖式与牛奶总汇等。选择专卖式商业模式需要具备 3 种资源中的任何一种或者三者兼备：其一是品牌。选择专卖式商业模式的企业基本上具备很好的品牌基础，消费者自愿消费比较多，而且市场认知度也比较高。其二是产品线。一个专卖店要有稳定的利润，专卖店产品结构就应该比较合理，因此，选择专卖渠道的企业必须具备比较丰富的产品线。其三是消费者行为习惯。必须看到，在广大的农村市场，专卖模式可能很难起到推动市场销售的作用，因此，专卖式商业模式需要成熟的市场环境。专卖式商业模式与仓储式商业模式完全不同，仓储式商业模式是以价格策略为商业模式核心；而专卖式商业模式则是以品牌形象为核心。

（6）复合式商业模式

由于中国市场环境异常复杂，很多快速消费品企业在营销策略上也选择了多种模式。复合式商业模式是基于企业发展阶段而作出的策略性选择。但要特别注意的是，一般情况下，无论多么复杂的企业与多么复杂的市场，都应该有主流的商业模式，而不能将商业模式复杂化作为朝令夕改的借口，使得营销系统在商业模式上出现重大的摇摆。而且，我们应该了解，一旦我们选择了一种商业模式，往往需要在组织建构、人力资源配备、物流系统、营销策略等方面作出相应的调整，否则，我们就不能认为这个企业已经建立起了成熟的商业模式。

（四）商业模式的要素

著名商学教授与作家加里·哈默尔（Gary Hamel）认为，商业模式由 4 个要素构成：核心战略、战略资源、伙伴网络和顾客界面。

1. 核心战略

核心战略从企业的使命、产品/市场范围、差异化基础等方面描述了企业如何与对手竞争。

企业的使命就是使命陈述，描述了企业为什么存在、其商业模式与其要实现的目标。在不同程度上，企业使命表达了企业优先考虑的事项，并设置了衡量企业绩效的标准。

企业选择的战略会对它的商业模式产生很大影响。成本领先战略要求商业模式专注于效率最大化、成本最小化和大批量生产。然而，由于专注于低成本而非舒适性，成本领先的企业不会追求产品的新颖。相反，差异化战略要求商业模式集中于开发独特的产品和服务，索要更高的价格。而且，采用差异化战略的企业把大量精力和财力用于创造品牌忠诚上，即顾客对某个品牌产品的忠诚。

2. 战略资源

如果缺乏资源，企业就难以实施其战略，所以企业拥有的资源会影响其商业模式的持续性。2 种重要的战略资源是企业的核心竞争力和战略资产。

核心竞争力是一种资源或者说能力，是企业胜过竞争对手的竞争优势的来源。它是超越产品或市场的独特技术或能力，对顾客的可感知利益有巨大的贡献，并且难以模仿。企业的核心竞争力在短期和长期内都很重要。从长期看，通过核心竞争力获得成长以及在互补性市场上建立优势地位很重要。在短期内，正是核心竞争力使得企业拥有差异化优势，并创造独特价值。

战略资产是企业拥有的稀缺、有价值的事物，包括工厂和设备、位置、品牌、专利、顾客数据信息、高素质员工和独特的合作关系等。企业把自己的核心竞争力和战略资产综合起来可以创造可持续竞争优势。

3. 伙伴网络

企业的伙伴网络是商业模式的第3个构成要素。初创企业往往不具备执行所有任务所需的资源，因此需要依赖其他合作伙伴发挥重要作用。很多时候，企业并不愿独自做所有事情，因为完整地完成一项产品或交付一种服务会分散企业的核心优势。

企业的伙伴网络包括供应商和其他合作者。

（1）供应商

供应商是指向其他企业提供零部件或服务的企业。几乎所有的企业都有供应商，它们在企业商业模式的运作中起重要作用。

过去，企业与供应商维持着一定的距离，并把它们看作竞争对手。需要某种零部件的生产企业往往与多个供应商联系，以寻求最优价格。如今，企业更多地将精力放在如何推动供应商高效率运作的层面上来。

（2）其他合作者

除了供应商，企业还需要其他合作伙伴支持商业模式有效运作。合资企业、合作网络、社会团体、战略联盟和行业协会是合作关系的一些常见形式。普华永道的一项调查发现，超过半数的美国初创企业都建立了多元化的合作关系，以此来支持自己的商业模式有效运作。从这项调查来看，合作关系给被调查企业带来了更多的创新产品、更多有益的机会和高成长率。

创业者创建具有可持续竞争优势的新企业的能力依赖于企业自身技能，也依赖于外部合作伙伴的技能。合作伙伴关系有助于企业保持敏捷，集中精力发展核心竞争力。

当然，合作伙伴关系也包含着风险，在仅有的合作关系成为企业商业模式的关键要素时更是如此。出于种种原因，很多合作关系没能实现参与者初期的愿望。通过研究发现，企业联盟的失败率为50%～70%，失败的原因在于糟糕的计划，或者组织间为实现共同目标而进行文化融合时遇到了困难。企业联盟也有一些潜在劣势，如专有信息丢失、管理复杂化、财务和组织风险、依赖伙伴的风险以及决策自主权的部分丧失等。

4. 顾客界面

顾客界面是指企业如何与顾客相互作用。对初创企业来说，顾客界面的选择对于它如何与对手竞争以及将自身定位于产品或服务价值链的哪个环节非常重要。下面分别从目标市场、销售实现与支持和定价结构3个方面来阐述顾客界面的内容。

（1）目标市场

目标市场是企业追求或尽力吸引的有限的个人或企业群体。企业选择的目标市场影响它所做的每件事情，如获得战略资产、培育合作关系以及开展推广活动等。可以很明显地看出，拥有界定清晰的目标市场将使企业受益。由于目标客户明确，公司能够将自己的营销和推广活动聚焦于目标客户，并且能够发展与特定市场匹配的核心竞争力。

（2）销售实现与支持

销售实现与支持是指企业产品或服务进入市场的方式，或将产品服务送达顾客的方法，也指企业利用的渠道和提供的顾客支持水平。所有这些都会影响企业商业模式的形式与特征。有些企业将自己的产品和服务差异化，通过高水平的服务和支持向顾客提供附加价值，如送货和安装、财务支持、顾客培训、担保和维修、方便的停车等。

假如有一家初创企业开发出一项移动电话技术，同时为此申请了专利。为了制订自己的商业计划，企业在如何把该技术推向市场的问题上有 3 种选择：①将技术以特许经营方式转让给现有移动电话企业；②自己生产移动电话，并建立自己的销售渠道；③与某个移动电话公司合作生产，并通过与移动电话服务提供商的合作关系来销售电话。

企业对销售实现与支持的选择，将深刻地影响企业演化的类型以及开发的商业模式。例如，如果企业对它的技术进行特许经营，那么它很可能建立起一种强调研发的商业模式，从而不断获得领先的技术，并向移动电话制造商授予特许权。如果它决定自己生产电话，就需要建立制造和设计方面的核心竞争力，并且需要发展与移动电话零售商的合作关系。

（3）定价结构

企业的定价结构因企业目标市场与定价原则的不同而不同。初创企业的价格结构必须符合顾客对产品或服务的价值认知，即顾客能够接受的价格就是顾客愿意支付的价格，而不是在产品成本基础上一定比例的加成。创业者一定要避免以低价扩大市场份额的问题，因为这样不能创造高的营业利润。初创企业可以通过市场定位、品牌以及其他营销要素影响顾客的价值认知。

总而言之，初创企业应整体审视自己，理解商业模式的重要作用，根据自身核心战略及资源优势构建适合、有效的商业模式。

案例分析

小米的 3 种商业模式

小米坚持自己是一家互联网公司，以用户体量拓展为目标打造整个商业模式。

① 效率提升：小米把自己的商业模式定义为“铁人三项”，即硬件＋新零售＋互联网，将所有流程最大限度压缩，让工厂到消费者的距离最短，从而提升效率。以用户需

求为导向，以流量经营为思路，以效率提升为方法，打造出一个极富生命力的生态链。因此，小米成为了一家重构人、货、厂、场的新型科技消费品公司。

② 上下游整合：任何一家消费品公司一定会涉及上游供应商和下游渠道，前者为厂，后者为场。采购前者的原材料，加工成产品，然后通过渠道销售给消费者。价值创造过程中，一定会有效率损耗，这也是上下游整合模式存在的原因。整合上游，目的是降低原材料价格，提升原材料质量；整合下游，目的是减小渠道损耗，从而降低产品触达消费者的价格。尽可能去掉一切不必要的中间环节，这是小米供应链的核心特点。通过信息技术，小米直面终端客户，高效实现了产品流、资金流和信息流的三流直达。

③ 生态打造：生态模式的核心是通过扩展品类及品类之间的联系，为消费者提供更大的价值、更好的体验。没有一家做单一手机产品的公司可以拥有50亿用户，三星不行，苹果不行，小米也不行。所以要达到这个目标，必须有新的策略。小米的策略就是卖手机周边产品和用户需要的产品。小米从米聊及MIUI系统开始，就获得了百万用户，后来通过做手机，获得了上亿的用户。再后来，小米开始做生态链产品，比如手环、充电宝、耳机、插线板，将很多不是小米手机、小米电视的用户也圈了进来，使用户群体迅速扩大。小米又通过和淘宝、京东合作，将用户群平台的用户转化成小米的用户。

分析：多维度裂变获取用户成就了小米生态的魅力，也使小米成为迄今全球最大的物联网（Internet of Things，IoT）企业。小米的3种商业模式值得我们学习与借鉴。

二、商业模式的设计

（一）商业模式设计的思路

企业商业模式的设计是在认识企业商业模式本质的基础上，对商业模式的结构要素进行综合设计，形成新的商业模式结构的过程。其设计思路可从以下6个关键点出发。

1. 要突出创意

新的企业商业模式总包含着一定的创意，创意体现在商业模式的实施框架中，是以崭新的思维从根本上重新安排商业模式各要素。商业模式设计的目的在于创造价值和获取价值，而价值要依靠商业模式的创意来实现。有创意的商业模式能够更好地为客户、供应商和企业创造价值。因此，在商业模式设计中要突出创意，进行创意的构思、创意的结构设计和创意模式的运行。

2. 要能够创造价值

初创企业自身的盈利必须得到保证。也就是说，虽然初创企业无法在一开始就保证盈利，但至少要找到可持续的盈利方法。

初创企业必须能够为战略合作伙伴创造更多的价值。企业的战略合作伙伴包括供应商、分销商及其他业务合作伙伴组成的供应链或价值链。在新的竞争环境中，企业面临缩短交货期、提高产品质量、降低成本和改进服务的压力，单个企业仅依靠自己的资源已经不能应对整个供应链中的市场变化。如今的商品竞争已不再是单一企业的竞争，而是供应链或经营网络之间的整体竞争。因此，商业模式的设计必须考虑到企业整体阵营的利益，要使得企业的经营网络能够获得更大的价值，即共赢。

3. 要紧抓市场需求

对于企业来说，如果其价值要在市场端与消费者端显现出来，那么就需要满足不同消费者的需求。初创企业可采取市场区隔分析的方法来明确消费者的需求，进而寻求产品在市场中的定位。

对于大众市场来说，市场细分程度高，基本上都被现有厂商以各种各样的类似产品占据，一项创新的差异化产品想要立即挑战大众市场，这在初创企业的创立初期几乎是不可能完成的任务。因此，创业者在设计商业模式时，需要深入运用市场区隔分析法，挖掘尚未被满足的市场需求，并以差异化产品来满足这类市场需求。

对于新兴科技领域来说，由于市场尚未完全成形，消费者的需求还不是特别明确，企业对目标消费者的了解也十分匮乏，往往缺乏具体的消费者需求信息。这种情况如果持续下去，会在很大程度上影响企业的前进步伐。因此，初创企业在构建自身商业模式时，务必要找到相对明确的利己市场需求。

4. 要明晰企业的利润结构

成熟的商业模式必须要能将成本、收入结构及计划实现的利润目标清晰地体现出来，并且能够让股东知道未来存在的投资回报方式。为实现利润目标，商业模式中有关成本与收入结构设计的内容必须包括定价方式、收费方式、销售方式、收入来源比重、价值链中各项活动的成本与利润配置方式等，具体可由前述市场分析获取初创企业未来将要提供的产品，再由此规划能获取利润的成本和收入结构，以期实现企业的利润目标。

5. 要确保短期内难以被模仿

初创企业要能够自我保护，包括企业自身的专利技术、品牌的差异化、独特的营销网络、商业机密或领先优势等，初创企业要保证在以上几项中占有 1～2 项。其中，专利战是近年来科技公司的重要策略。

6. 要确保能够正常启动

理想过于完美，而实现理想的方法却没有设计好是初创企业犯得最多的错误之一。商业模式是实现理想的方法，是企业能否生存下去的关键所在。因此，想要创业成功，理想固然重要，但如何实现理想更为重要。创业者一定要确保自己选择的商业模式是清晰、明确、可以正常启动的，而不是镜中花、水中月。

（二）商业模式的设计步骤

成功的商业模式往往会被快速复制，所以企业必须不断创新商业模式，以获取竞争优势。而初创企业为了打开市场，更应寻找一个适宜的具有竞争力的商业模式。企业所处的环境不同，拥有的资源和能力不同，所选择的商业模式也就不同。企业应根据自己的实际条件，设计属于自己的商业模式。

商业模式对于每个企业来说都十分重要，不仅初创企业需要设计商业模式，成熟企业也需要创新商业模式。商业模式的设计是大学生创业者及其团队通过思维发散和聚敛，创造出新商业模式的过程，也是他们互动学习达成共识的过程。在当前瞬息万变的市场环境下，企业的商业模式设计有固定的形式，也不是一次性的行为，需要多次迭代，直到找到一个可持续的商业模式。商业模式的设计应遵循科学的流程步骤，采用创新的方法。

1. 做好前期工作

（1）拟建商业模式设计团队

商业模式设计需要获得企业内部人员、行业专家、客户等人群的支持，见表 7-1。

表 7-1　商业模式设计团队人员

人员组成	团队作用
企业内部人员	了解企业具体创业项目，尤其是创业者，要做好商业模式设计的决策工作
行业专家	帮助创业团队加深对行业的了解，可以提供政策咨询，以确保商业模式的可持续性
客户	使商业模式在最初就以客户为导向，减少后期验证成本

（2）分析企业环境

商业模式的设计需要结合企业的内外部环境，通过对企业整体情况的把控找到能让企业可持续发展并盈利的商业模式。SWOT 分析工具是一个专门用于分析企业内部优劣势，以及外部面临的机会威胁的战略性工具，可以为企业商业模式的设计提供参考，从而更好地帮助大学生创业者发现机会、规避风险、利用优势、避开劣势，以提升商业模式的竞争力。

（3）发散创意

商业模式涵盖了企业的整个运营过程，大学生创业者可以根据商业模式的各种要素对商业模式进行大胆创意和假设，还可根据企业自身优势，选择某一要素作为起点构建企业的价值链，而不必按照某种固定的顺序。

例如，某企业拥有丰富的客户资源，大学生创业者就可以将客户细分作为设计起点构建企业的价值链；若企业有多种接触客户的渠道，大学生创业者则可以将渠道通路作为设计起点。大学生创业者若以价值主张作为设计起点，则可以从低成本、高品质、购买便捷、响应快、服务好、功能强大等入手，搭建出多个不同的商业模式。

(4) 聚焦一个商业模式

大学生创业者虽然可以搭建多个不同的商业模式，但仍需回归企业本身，择优选取，带领团队聚焦一个商业模式。这个商业模式应符合以下原则：

第一，客户需求原则。商业模式理应满足客户需求，团队成员可以通过客户验证选出客户最能接受的商业模式。

第二，核心竞争力原则。团队成员可以利用 SWOT 分析工具分析商业模式的门槛，即自己的商业模式能否被竞争对手复制。

第三，价值最大化原则。商业模式设计是为了实现企业价值最大化，因此团队成员可以借助商业模式画布工具，简单评估利润和成本。

第四，可复制性原则。商业模式应逻辑清晰，自己能够复制自己。

(5) 制作商业模式原型

完成以上工作后，创业者便可以以商业模式画布的形式来制作商业模式原型，用于对客户、投资人、合作伙伴等进行验证。

2. 绘制商业模式画布

商业模式包括以下 8 个构成要素。

(1) 价值主张

价值主张指的是企业或产品为客户提供的独特、有价值的解决方案或特性，以满足客户的需求和痛点。价值主张是企业或产品的核心价值和差异化特征，是企业或产品与竞争对手区分开来的关键。一个好的价值主张需要满足以下 4 个要素：

① 客户需求。价值主张必须满足客户的需求和痛点，以解决客户所面临的问题。

② 独特性。价值主张必须具有独特性，与竞争对手区分开来，使客户选择自己的产品或服务。

③ 价值性。价值主张必须具有实际的商业价值，使客户能从中获得价值，以便实现商业成功。

④ 可行性。价值主张必须符合市场需求和商业模式，以便实现可持续发展。

价值主张可以通过市场调研、客户反馈、竞品分析等方式确定和优化。一个好的价值主张可以帮助企业或产品在市场上获得竞争优势和商业成功。值得注意的是，随着市场和技术的变化，价值主张也需要不断地调整和优化，以适应市场需求和发展趋势。

(2) 客户细分

客户细分指企业对客户群体，包括客户的特征、需求和行为等方面的划分。客户细分是为了更好地了解客户，并根据不同客户的需求和行为进行差异化的市场定位和产品设计，以便更好地满足客户需求、提高客户满意度和获得更高的商业效益。在客户细分中，通常可以考虑以下 10 个方面：

① 客户特征。包括客户的年龄、性别、职业、收入、受教育程度、生活区域等方面

的特征，以便更好地了解客户的基本情况。

② 客户需求。包括客户所需的产品或服务、客户的需求和痛点等方面，以便根据客户需求进行差异化的市场定位和产品设计。

③ 客户行为。包括客户的购买行为、消费习惯、决策过程等方面，以便更好地了解客户的行为和决策过程。

④ 渠道。企业用于销售、分销和推广产品或服务的渠道和方式，包括线上和线下渠道。

⑤ 客户关系。企业与客户之间的关系和沟通方式，包括客户服务、沟通和支持等。

⑥ 收入来源。企业获取收益的方式和来源，包括销售、租赁、订阅、广告等。

⑦ 关键资源。企业所需的关键资源和资产，包括人力资源、技术、设备、知识产权等。

⑧ 关键活动。企业必须进行的关键活动和流程，包括生产、设计、营销、销售等。

⑨ 合作伙伴。企业所需的合作伙伴和合作关系，包括供应商、分销商、合作伙伴等。

⑩ 成本结构。企业的成本结构和管理，包括固定成本、变动成本、人力成本等。

(3) 客户关系

客户关系建立在客户细分的基础之上，旨在建立长期稳定的合作关系。通过建立长期的客户关系，企业可以提高客户忠诚度，促进销售增长，并建立品牌口碑。在商业模式中，客户细分和客户关系是相互依存的。只有通过深入了解不同的客户群体，并与其建立长期稳定的合作关系，企业才能获得客户的信任和支持，并实现盈利目标。因此，在制定商业模式时，企业需要将客户细分和客户关系作为核心组成部分之一，针对不同的客户群体提供个性化的产品和服务，并建立长期稳定的合作关系，以实现持续的商业成功。客户关系的建立需要企业对不同的客户群体采用不同的沟通和交流方式。例如，对于年轻一代的客户群体，企业可以采用更加时尚和新颖的宣传方式，如社交媒体和线上平台等；而对于老年客户群体，则需要采用更加传统和正式的宣传方式，如邮寄传单和面对面沟通等。

(4) 收入来源

在商业模式中，客户细分的收入来源是企业盈利的重要组成部分之一。通过深入了解客户需求和行为，并为其提供个性化的产品和服务，企业可以获得不同的收入来源，并提高企业的盈利能力。因此，在制定商业模式时，企业需要将客户细分和收入来源作为核心组成部分之一，并通过精细的市场分析和客户调研，确定不同客户群体的收入来源，并为其提供定制化的产品和服务，从而获得更多的收入来源和利润。同时，企业还需要密切关注市场变化和竞争对手的动向，不断优化客户细分和收入来源策略，以保持企业的市场竞争力和盈利能力。

收入来源一般可分为 5 个方面：

① 直接销售收入。面向个人消费者的企业通常会将客户按不同的年龄、性别、收入

等进行细分，以便为他们提供不同的产品和服务。通过直接销售产品和服务，企业可以获得客户的消费支出，从而得到收入。

② 订阅收入。订阅模式是一种商业模式，企业通过向客户提供特定的服务或内容，如杂志、音乐、视频等，获得订阅收入。通过对客户细分，企业可以了解客户的偏好和需求，并为其提供定制化的服务和内容，从而提高客户忠诚度和订阅收入。

③ 广告收入。对于以广告为主要收入来源的企业，客户细分可以帮助企业了解不同客户群体的兴趣爱好、消费行为等，以便为广告主提供更加精准的广告投放。企业可以通过精准的广告投放获得广告收入。

④ 交易收入。对于电商平台等企业，交易收入通常是主要的收入来源之一。通过对客户细分，企业可以了解不同客户群体的购买力、支付方式等，以便为其提供个性化的产品和服务，并获得交易收入。

⑤ 服务收入。服务收入是指企业通过提供服务获得的收入。例如，物流企业可以通过为客户提供配送服务获得收入，旅游企业可以通过为客户提供旅游服务获得收入。通过对客户细分，企业可以了解不同客户群体的服务需求，以便为其提供个性化的服务，并获得服务收入。

（5）关键资源

商业模式中的客户细分是企业实现盈利的重要组成部分之一，而客户细分的关键资源是企业用来识别、了解和满足不同客户群体需求的一系列资源。

关键资源是客户细分的重要资源之一。企业需要拥有专业的市场研究人员和数据分析人员，以深入了解不同客户群体的需求和行为，并为其提供个性化的产品和服务。此外，企业还需要拥有高效的销售和客户服务团队，以建立长期稳定的客户关系，并为客户提供优质的服务和支持。

（6）关键活动

商业模式概念下客户细分的关键活动包括以下 5 个方面：

① 定义客户群体。企业需要确定其目标客户群体。这个群体可以是某个地理区域的人群、特定行业的企业或特定的人群。企业需要通过市场研究、数据分析等手段来确定自己的目标客户群体，并进行详细的描述。

② 分析客户需求。了解客户的需求是客户细分的关键活动。企业需要通过市场调研、用户反馈、数据分析等方式了解客户的需求，包括他们的购买行为、购买动机、购买习惯等。

③ 确定客户特征。除了了解客户的需求，企业还需要了解客户的特征，包括年龄、性别、受教育程度、收入水平、职业等。这些特征可以帮助企业更好地了解客户的需求和购买习惯，从而为他们提供更加符合其需求的产品或服务。

④ 分析市场竞争情况。企业需要了解竞争对手的客户细分情况、产品或服务特点以及市场占有率等信息，从而确定自己在市场中的定位和竞争策略。

⑤ 制定客户细分策略。根据以上信息，企业可以制定客户细分策略，将目标客户群

体分为不同的细分市场，并根据他们的需求和特征为他们提供不同的产品或服务。企业还需要制定相应的市场推广策略、产品定价策略等，以满足不同细分市场的需求。

以上是商业模式概念下客户细分的关键活动。通过这些活动，企业可以更好地了解客户的需求和特征，为他们提供更加符合其需求的产品或服务，从而提高客户满意度和市场占有率。

（7）合作伙伴

合作伙伴是指与企业合作的其他机构或个人，包括供应商、分销商、技术合作伙伴、战略合作伙伴等。合作伙伴可以帮助企业扩大市场、降低成本、提高效率、增强竞争力等。在商业模式中，合作伙伴可以帮助企业建立更加完善的价值链，共同创造更大的商业机会。客户细分和合作伙伴是密切相关的。企业需要根据不同的客户群体选择不同的合作伙伴，以便更好地满足客户需求，提供更加优质的产品和服务。同时，企业也可以通过与合作伙伴的协作，共同创造更大的商业价值，实现可持续的商业增长。总之，企业需要认真考虑如何进行客户细分，找到潜在客户的痛点和需求，同时选择合适的合作伙伴，共同创造更加完善的商业价值链，提高企业的竞争力和盈利能力。

（8）成本结构

成本结构是指企业为提供产品或服务而必须支付的成本。通常情况下，成本结构包括直接成本和间接成本 2 个部分。直接成本指与生产或提供产品或服务直接相关的成本，如材料、劳动力、设备等。间接成本则指与生产或提供产品或服务间接相关的成本，如管理费用、市场推广费用、房租等。客户细分和成本结构密切相关。客户细分可以帮助企业更好地控制成本，降低生产或提供产品或服务的成本。通过了解不同客户群体的需求和偏好，企业可以更加精准地预测市场需求，避免生产过剩和库存积压，从而降低成本。此外，企业还可以根据不同客户群体的不同需求，采用不同的成本结构，实现最优的成本控制。例如，企业在客户细分时发现有一部分客户对产品的品质和功能有很高的要求，那么企业可以在生产过程中采用高质量的原材料和先进的生产设备，从而提高产品质量，提高客户满意度。但这样做的成本也较高，如果企业的另一部分客户对产品的品质和功能要求不高，那么就可以采用较低成本的原材料和生产设备，从而实现成本控制。因此，企业需要认真考虑如何进行客户细分，并根据不同客户群体的需求和偏好，采用最优的成本结构，实现利润最大化。

3. 商业模式的检验与评价

（1）商业模式的检验

成功的商业模式一定是一种有效的盈利模式。商业模式必须经受逻辑检验和盈利检验。

① 逻辑检验。从直觉的角度考虑商业模式描述的逻辑性，隐含的各种假设是否符合实际或在道理上说得通。商业模式的逻辑检验要从以下 4 个方面着手：

第一，谁是我们的顾客？

第二，顾客重视的价值是什么？

第三，商业参与各方的动机和目的是什么？

第四，我们商业模式的与众不同之处是什么？

通过分析以上商业模式的基本逻辑是否符合常识，商业模式的潜在优势和限制因素，判断商业模式的逻辑是否顺畅。

② 盈利检验。商业模式的盈利检验主要从以下 4 个方面着手：

第一，基于损益表的检验。

第二，基于资产负债表的检验。

第三，商业怎么实现良性循环。

第四，瓶颈在什么地方。

对市场的规模和盈利率、消费者的消费行为和心理、竞争者的战略和行动进行分析和假设，从而估计关于成本、收入、利润等量化的数据，评价经济可行性。如果测算出的损益达不到要求，那么该商业模式不能通过盈利检验。

(2) 商业模式的评价

一个具有吸引力、成功的商业模式，通常需要具备某些能够创造价值与竞争优势的特点，而这些特点往往影响着创业企业能否成功，也正是商业模式评价不可忽略的重要因素。

① 商业模式的适用性。适用性也可以称为个性，是商业模式的首要前提。由于企业自身情况千差万别，市场环境变幻莫测，商业模式必须突出自己的企业不同于其他企业的独特性。这种独特性表现在它怎样为自己的企业赢得顾客、吸引投资者和创造利润。严格来说，一个企业的商业模式应当只适用于自己的企业，而不可能为其他企业原封不动地搬过去。所谓商业模式，最终体现的是企业的制度和最终实现方式。在这个意义上说，商业模式没有好坏之分，只有是否适用的区别。适用的就是好的，适用长久的就是最好的。

② 商业模式的有效性。有效性是商业模式的关键要素。在经济全球化、信息化的今天，无论哪个行业或企业，都不可能有一个万能、单一、特定的商业模式，来保证自己在各种条件下均产生理想的财务结果。因此，评价商业模式的好坏，最根本的一条在于它的有效性。可以这样理解，有效的商业模式是企业在一定时期、一定条件下，能够选择的为自己带来最佳效益的有效的营利战略组合。

根据埃森哲咨询公司（Accenture）对 70 家企业的商业模式的研究分析，这种盈利战略组合应当具有以下 3 个共同特点：

第一，它必须是能提供独特价值的。有时，这个独特价值可能是新的思想；而更多的时候，它是产品和服务的独特组合。这种组合要么可以向客户提供额外的价值，要么使得客户能用更低的价格获得同样的利益，或者是用同样的价格获得更多的利益。

第二，它必须是难以模仿的。企业通过确立自己与众不同的商业模式，如对客户的悉心照顾、无与伦比的实力等，来提高行业的准入门槛，从而保证利润来源不受侵犯。

第三，它必须是脚踏实地的。脚踏实地就是实事求是，就是把商业模式建立在对客户的准确理解和把握上。

所以，有效的商业模式是丰富和细致的，并且它的各个部分要互相支持和促进，改变其中任何一个部分，它就会变成另外一种模式。搞得不好，就可能影响它的有效性。

③ 商业模式的前瞻性。前瞻性是商业模式的灵魂所在。商业模式与企业的经营目的相联系，一个好的商业模式要和企业的最高目标相结合。商业模式实际上就是企业为达到自己的经营目的而选择的运营机制。企业的运营机制反映了企业持续达到其主要目标的最本质的内在联系。企业以盈利为目的，它的运营机制必然突出确保其成功的独特能力和手段——吸引客户、雇员和投资者，在保证盈利的前提下向市场提供产品和服务。但是，仅仅如此是不够的，因为这只是商业模式的“现在式”，而商业模式的灵魂和活力则在于它的“将来式”，也就是前瞻性，即企业必须在动态的环境中保证自身商业模式能灵活反应、及时修正、快速进步和快速适应，简单来说，就是具有长久的适用性和有效性，以达到持续盈利的目的。

案例分析

拼多多的商业模式

21世纪以来，随着科学技术的发展和移动互联网的普及，网络购物模式逐渐兴起并成为人们主要的购物方式之一。至2015年，我国电商行业基本被阿里巴巴和京东2家占领，淘宝、天猫和京东商城成为广为人知的网络购物平台。在电商行业市场基本已成定局，创业者在该领域没有太多机会的前提下，拼多多却于当年9月成立，并在之后的时间里急速发展，成功挤入几乎饱和的电商市场，升至行业头部，成为国内首家同时在纽约和上海敲钟上市的企业。

实际上，任何企业的崛起，都与其商业模式有关。拼多多的成功，就在于其商业模式的创新之处。

拼多多成立并发展于电商领域大力提倡“消费升级”的2015年和2016年。当时，京东商城、天猫对尾部小商家的扶持有限，导致许多中小型商家在消费升级中被不断排挤。与此同时，智能手机开始在三、四线城市普及，而这些下沉用户作为一种新兴、未被开发的流量却未被阿里巴和京东发掘利用。黄铮看准了这些下沉用户，并抓住了两大市场红利：一是源于供给端的广大农村市场、制造市场；二是来自消费端的移动互联网用户。黄铮由此为中小型商家和这些下沉用户搭建起一座桥梁。事实上，拼多多的成功也证明了低端消费市场非常大。

拼多多初期的商家多为自产自销的小厂商或与厂商合作的低端商家，所售商品多为非品牌，又因中间流通环节少，所以成本更加低廉，这为商家让利奠定了基础。拼多多的目标用户群体是“价格敏感型用户”，这类用户的消费能力较低、可支配收入较低，追求性价比。双方在供需上具有一致性，这时非常重要的就是如何实现人与货的联结。拼多多早期是采取微信红利的方式来获取大用户，并利用团购拼单如助力免单、红包小程序、砍价免费拿等活动吸引他们的关注和兴趣。有数据显示，拼多多的玩法甚至挖掘出了一大批不使用淘宝但使用微信的消费空白用户。

拼多多基于团购模式整合了产品的供给与经销渠道，能够做到短时间内获取大量订单，用大需求撬动生产商，减少中间环节成本，且团购模式可以使集中起来的用户在同一时间内有对同一产品的共同需求，从而使商家得到足够的需求信息。这有利于制造商在一定时间段内合理规划生产，降低成本，而成本的降低又扩大了商家的让利空间，有助于其进一步吸引和巩固用户，形成一个正循环。这既能够使拼多多持续吸引和巩固用户和商家，又证明了其低价优惠销售商品、利用社交分享、满足用户求廉心理、帮助商家建立品牌的价值主张的可行性。

拼多多的用户可以参与付费拼团，成功则获得商品，失败则获得退款；拼多多的商家交押金就可以上线商品，还可以报名参加平台活动，进行商品销售。拼多多的成本结构较简单，主要是销售营销费用、平台运营和研发费用。收入模式则主要是商家服务费和交易佣金。其最大合作伙伴腾讯微信，为拼多多积累原始客户也提供了许多帮助。

拼多多还以品牌和技术搭建自己的核心资源。例如，拼多多通过“分享式宣传”和高强度的赞助提升自己的影响力，并成为农产品上行的渠道之一，帮扶建档立卡扶贫家庭，创造了许多助农订单，在电商扶贫方面打造了独有的品牌。同时，拼多多基于平台海量数据的挖掘与分析，开发完成假货识别算法，研发构建一系列模型以评估和发现假货，进而采取限制措施。此外，拼多多还采用“分布式 AI”的算法模式，实现公有数据对所有用户开放，这就相当于每个个体用户拥有了专属的智能代理。

随着拼多多的发展，其一、二线城市的用户占比也逐步上升，因为这类人群多数并不会将对高品质的追求覆盖到消费的所有方面。例如，有些追求高品质生活的人仍会在拼多多购买高性价比的日用品。与此同时，拼多多也开始谋求品牌合作，以尽量解决其在电商市场上的售假售劣问题。现如今，拼多多作为一个基于强社交关系的团购低价和分享导向型模式的新型用户对企业（Customer to Business，C2B）电商平台正被越来越多的用户接受。

分析：拼多多的成功，是低端消费市场的成功，也是其商业模式的成功。从拼多多的商业模式来看，其低价优惠销售商品、利用社交分享、满足用户求廉心理、帮助商家建立品牌的价值主张是其成功的重要因素。其商业模式实现了人与货的联结，并为其技术升级和发展提供了支持。大学生创业者要善于发现机会，创新商业模式，这样，即便是在竞争激烈的市场中，也能抓到发展的生机。

课堂活动

分析淘宝的商业模式

淘宝可谓一大现象级网购零售平台。作为较早崛起的个人对个人（Castomer to Castomer，C2C）的电子商务平台，它极大地拉近了客户与商家之间的消费距离，改变了人们的消费习惯与生活方式。淘宝的兴盛很大程度上得益于其创新、独特的商业模式。请同学们综合网络搜索与自己对淘宝的了解，分析并总结淘宝的商业模式，将自己的结论用商业模式画布的形式呈现出来。

三、财务预算及融资

（一）财务预算

财务预算是企业计划未来一段时间内的财务状况和运营情况的一种工具。它可以帮助企业规划和控制成本，了解预期收入和支出，以及预测未来现金流。财务预算通常包括以下 5 个方面。

1. 收入预算

收入预算是根据过去的销售记录和市场趋势等因素，预测未来一段时间内的收入情况。

2. 成本预算

成本预算是根据过去的成本数据和当前市场价格等因素，预测未来一段时间内的成本情况，包括直接成本和间接成本。

3. 利润预算

利润预算是根据收入预算和成本预算，预测未来一段时间内的利润情况。

4. 现金流预算

现金流预算是根据收入预算和成本预算，预测未来一段时间内的现金流入和流出情况，以及现金余额。

5. 资本预算

资本预算是企业计划未来一段时间内的投资计划，包括购买固定资产、扩建工厂等。

财务预算对于企业非常重要，可以帮助企业制定长期的规划和目标，规划未来的发展方向，为企业决策提供依据，提高企业经营效率和盈利能力。

（二）财务融资

融资是企业为了筹集资金而采取的一种手段。企业需要融资用于扩大业务、购买固定资产、发展新产品、偿还债务等，以满足企业的资金需求。融资方式多种多样，包括股权融资、债务融资、混合融资等。

大学生大多没有个人积蓄，没有房子、车等抵押财产，人脉资源等方面也有所欠缺，因此，大学生创业实际能够选择的融资方式较少，常见的融资方式有向亲戚朋友朋友借款、大学生创业贷款、银行信用贷款和点对点互联网借贷（peer-to-peer lending）等。

1. 向亲戚朋友借款

初创企业早期所需的资金具有高度的不确定性，且需求量较少，因此在这一阶段，除了创业者的个人积蓄外，向亲戚朋友借款是较为常见的资金来源。创业者和这些人之间有一定的亲情、友情关系，更容易建立起信任关系。但这种融资方式具有一定的局限性，一般而言，这种融资方式只适用于家庭物质条件较好的大学生。

当然，创业者也应该全面考虑投资的正面、负面影响及其风险，以公事公办的态度将亲戚或朋友的借款与其他投资者的资金同等对待。任何借款都要明确规定利率以及本息的偿还计划，对所有融资的细节都需达成协议，如资金的用途、资金的数额和期限、企业破产的处理措施等，最后形成一份正规协议。

创业者还要注意，每一个亲戚或朋友的借款都应建立在自愿的基础上，且在接受他们的资金之前，创业者应仔细考虑企业破产可能带来的艰难局面。

2. 大学生创业贷款

2021 年，国务院办公厅印发的《关于进一步支持大学生创新创业的指导意见》中明确提出，要加强大学生创新创业服务平台建设，优化大学生创新创业环境；推动落实大学生创新创业财税扶持和金融政策支持；加大中央高校教育教学改革专项资金支持力度；落实落细减税降费政策，做好纳税服务，强化精准支持。

（1）大学生创业贷款优惠政策

大学生创业贷款是国家为了给高校学生提供创业优惠环境而设立的一种贷款形式。在读大学生或毕业 2 年以内的大学生，只要具有一定生产经营能力或已经从事过生产经营活动，就可以以创业或再创业提出资金需求申请，经银行认可有效担保后，即可获得创业专项贷款。符合条件的借款人，根据个人的资源状况和偿还能力，最高可获得单笔 50 万元的贷款支持；创业达一定规模或成为再就业明星的人员，还可提出更高额度的贷款申请。大学生创业贷款的期限一般为 1 年，最长不超过 3 年，贷款利率一般按照中国人民银行规定的同档利率下调 20%，某些地方政府还对此贴息。因此，大学生创业贷款利率通常较低。

国家对大学生创业贷款只是作出了基本要求，各地政府为了扶持当地大学生创业，也出台了更加细化、更贴近实际的政策，但各地的创业贷款优惠政策可能因地域、政府政策等有所不同，有创业意愿的大学生应该带齐相关材料（毕业证、创业计划书等）到当地政府部门咨询具体信息。如果创业项目能给当地政府带来税收，或者能够增加当地的就业岗位，并且是绿色环保等项目，政府部门有可能给予贴息甚至免息政策。

虽然国家为鼓励大学生进行创业，推出了大学生创业贷款，但大学生创业贷款同样需要担保人。担保人一般需要具备以下条件：担保人年龄必须在18～65周岁之间，具有完全民事行为能力，能提供合法有效的二代居民身份证；担保人有贷款行本地户口或固定住所；担保人需要有稳定的工作和固定的收入来源，能提供工作证明和近期银行流水账单；担保人需要有良好的个人信用，无逾期贷款或单签逾期欠款的个人征信记录；具有代为清偿债务能力的法人、其他组织或公民，可以作保证人。

(2) 大学生创业贷款的申请条件

申请大学生创业贷款一般需要满足如下条件：

① 申请者年满18周岁，具有合法、有效的身份证明和贷款行所在地合法居住证明，有固定的住所或营业场所。

② 申请者持有工商行政管理机关核发的营业执照及相关行业的经营许可证，从事正当的生产经营活动，有稳定的收入和还本付息的能力。

③ 申请的投资项目已有一定的自有资金。

④ 贷款用途符合国家有关法律和银行信贷政策规定，不允许用于股本权益性投资。

⑤ 在银行开立结算账户，营业收入经过银行结算。

3. 银行贷款

(1) 银行信用贷款

银行信用贷款是指银行仅凭对借款人资信的信任而发放的贷款，借款人无须向银行提供抵押物或担保。相对抵押贷款而言，银行信用贷款更加便捷和人性化，没有抵押，手续便捷，对借款人的要求也比较低，只要借款人工作稳定，征信记录良好，如信用报告、信用评估、信用信息良好，就能获得贷款。办理过信用卡的大学生，如果信用卡多次逾期还款就会影响自己的征信，从而不利于银行信用贷款，或贷款的额度会降低。

我国银行信用贷款渐趋流行，但银行对信用贷款的信用审核严格，贷款额度相对较低，一般在10万元以内，适合创业者的短期小额贷款。但是创业者在贷款时仍需考虑还款能力，良好的信誉能获得更多的贷款，所以，需要在日常生活中注重维护良好的信誉。

(2) 其他银行贷款方式

大学生创业者可以选择门槛相对较低的融资方式筹集创业资金，家庭环境较好、有条件的大学生，也可选择质押贷款、抵押贷款和贴现贷款等银行贷款方式进行创业融资。

① 质押贷款。质押贷款是指以借款人或第三人的动产或权利作为质押物发放的贷款。创业者可用自己甚至亲朋好友（需要本人书面同意）未到期的存单、国债、国库券及人寿保险单等作为质押物，从银行获取有价证券面值80%～90%的贷款。与抵押贷款相比，

质押贷款转移了借款人或第三方提供的财产的占有现状，移交银行占有。

② 抵押贷款。抵押贷款是指以借款人或第三人的财产作为抵押物发放的贷款。办理抵押贷款时，应有银行保管抵押物的有关产权证明，且抵押贷款的金额一般不会超过抵押物评估价的 70%。

③ 贴现贷款。贴现贷款是指借款人在急需资金时，以未到期的票据向银行申请贴现而融通资金的贷款方式。贴现贷款具有流动性高、安全性大、自偿性强、用途确定、信用关系简单等特点。贴现贷款与质押贷款的区别是：贴现是由银行购买借款人的未到期票据，而质押则是转移了财产的所有权。

上述提到的融资方式属于债券融资，债券融资是指创业者以一定条件，向资金供给者借钱，到期偿还本金和利息的融资方式。债券就是不卖出自己的股权，投资人不做创业者的合伙人或者股东，而只借款给创业者，并收取一定的利息。

案例分析

小丽大学毕业后在一家建筑公司担任设计师，2 年的工作时间让小丽掌握了户外广告设计的精髓，也有了一笔小额的积蓄，她决定和同学一起成立一家小型设计工作室。工作室的办公地点已经物色好了，但小丽手头现有的资金无法满足创业需求，与同学商量后，她决定通过银行信用贷款获得一笔小额的贷款。

小丽整理好贷款资料后向某银行提交了一份贷款申请。由于小丽的银行信用良好，每月的工资流水较大，15 天后就获得了一笔 5 万元的小额贷款，贷款期限是 3 年，每月 2 000 元左右的本息也在小丽的还款能力范围内。

对于小丽而言，有了这 5 万元资金，创业初期的资金需求已经足够。随即，小丽签订了办公场所的租赁合同，购买了办公设备。由于小丽设计能力突出，踏实肯干，小丽的工作室生意一天比一天好，慢慢就站稳了脚跟，有了稳定的盈利。

分析：目前，有不少公司专门从事信用贷款业务，创业者只需提交身份证、银行流水、征信记录等资料，就可交由这些公司负责信用贷款事项，但这些公司会收取贷款金额 1%～2%的佣金。创业者还可以通过中介公司进行商业贷款，但商业贷款的利率通常高于银行的贷款利率。因此，大学生应该对比多家中介公司，找到合法、信用良好的中介公司。

（三）股权融资

股权融资包括创业者自己出资、争取国家财政投资、与其他企业合资、吸引投资基金投资以及公开向社会募集发行股票等。自己出资是股权融资的初级阶段，发行股票是最高阶段。创业资本融资是当今世界上广泛流行的一种新型融资方式，了解创业资本的含义、特点和融资的技巧，对大学生创业很有帮助。

创业资本在我国又被称为“风险资本”或“风险投资”，是由创业资本家（或其他出资人和机构）出资，投入拟创立的新企业或刚刚诞生的初创企业，既希望得到高回报又承担高风险的一种权益资本。

风险投资的本质是向创业项目或初创企业提供资本支持，并通过提供资本经营服务等一系列的服务，帮助创业者完成创业过程后即退出投资。在退出之后，风险投资者一般希望获得高额回报，但同时也在这一过程中承担巨大的风险。

风险投资者在初创企业发展初期，就开始投入风险资本，此时风险投资者会要求初创企业具备较为成熟的商业计划、经营模式，并且能够预见可获得的盈利。

获得风险投资的企业更容易获得资本市场的认可，因此风险投资具有提升企业价值、为企业开拓市场的作用。待企业发展相对成熟后，风险投资者将通过市场退出机制将所投入的资本由股权形态转化为资金形态，以收回投资。

（四）知识产权融资

《中华人民共和国公司法》对于非货币出资创立的规定使知识产权融资在创业融资中的地位更显重要。知识产权融资既可以采用股权融资的方式，也可以采用债权融资的方式，主要有知识产权作价入股、知识产权抵押贷款、知识产权信托、知识产权证券化等方式。

拟创业者可以了解不同融资方式的相应规定，按照企业的发展规划进行选择。

案例分析

丁磊在股权控制上比较保守，创业之初的网易为其个人全资拥有，创业伙伴并未拥有股权。直到谋划上市，重新搭建公司架构之时，丁磊才开始向外转让股份。除了向风险投资机构转让外，他先后几次向包括高管在内的公司员工转让了数量不等的股权。尽管如此，他持有的网易股份仍在50%以上，对公司拥有绝对控制权。造假风波后，丁磊不再担任具体管理职务，只保留了首席架构设计师的头衔，但在公司发展战略规划上，依然保持着足够的影响力。

王志东则在创立新浪之初便引入了风险投资，此后又经历多次融资，在新浪上市之后，其个人所持股份仅在6%左右。2001年6月，在网络泡沫破裂之后，王志东由于与华尔街资本大鳄的意见分歧，从新浪黯然离职，这与其在资本层面没有实质性控制权有重要关系。

分析：假设王志东在股权控制上与丁磊一样保守，也许故事就会重新书写。所以，在进行公司发展战略规划时，要将股权控制作为一个重要因素加以考虑。

（五）财务融资的原则

筹集创业资金时，创业者应尽可能以较低的成本及时获得足额创业资金。一般来说，创业融资应遵循合法性、合理性、及时性、效益性、杠杆性等原则。

1. 合法性原则

创业融资作为一种经济活动，影响着社会资本及资源的流向和流量，涉及相关经济主体的经济权益。创业者必须遵守国家的有关法律法规，依法依约履行责任，维护相关融资主体的权益，避免非法融资行为的发生。

2. 合理性原则

在创业的不同时期，企业资金的需求量不同，能够采用的融资方式可能也不同。创业者应根据创业计划，结合企业不同发展阶段的经营策略，运用相应的财务手段，合理预测资金需求量，详细分析资金的筹集渠道，确定合理的资本结构（包括股权资金和债权资金的结构）以及债权资金内部的长短期资金的结构等，为企业持续发展植入一个“健康的基因”。

3. 及时性原则

市场经济条件下机会稍纵即逝的特性，要求创业者必须能够及时筹集所需资金，将可行的项目付诸实施，并根据初创企业投放时间的安排，使融资和投资在时间上协调一致，避免因资金不足影响生产经营的正常进行，同时也防止资金过多造成的闲置和浪费，将资金成本控制在合理的范围之内。

4. 效益性原则

创办和经营企业的根本目的是获得一定的经济利益，所以，创业者应在进行成本效益分析的基础上决定资金筹集的方式和来源。鉴于投资是决定融资的主要因素，投资收益和融资成本的对比便是创业者在融资之前要做的首要工作，只有投资的报酬率高于融资成本，才能够使创业者实现创业目标；而且投资所需的资金数量决定了融资的数量，对创业项目投资资金的预估也会影响融资的方式和融资成本。因此，创业者应在充分考虑投资效益的基础上，确定最优的融资组合。

5. 杠杆性原则

创业者在筹集创业资金时，应选择有资源背景的资金，以便充分利用资金的杠杆效应，在关键时刻为企业发展助力。大多数优秀的风险投资往往会在企业发展的特殊时期与企业家一起，将有效的资源进行整合，如选择投行、券商，进行首次公开募股（initial public offering，IPO）路演等，甚至还参与企业决策。这种资源是无价的。因此，创业者不能盲目地信奉“拜金主义”，找到一个有资源背景的基金更有利于企业的持续快速发展。

俗话说：“创业容易守业难。”创业者获得创业资金后创办企业，只是创业最初始的阶段，要想把企业经营下去还需要面对更多的考验。因此，创业者还要认真学习企业经营、管理等方面的知识，在提升自己能力的同时，加强对企业的管理，脚踏实地、一步一步地迈向成功。

拓展阅读

帮助创业者估算创业启动资金的途径

1. 同行

管理咨询集团的老板斯蒂芬·贝茨（Stephen Bates）认为："经营和你类似业务的企业家，是计算创业初期运营成本的最佳信息来源。"你未来的竞争对手可能不想帮助你，但是只要业务上没有竞争关系，他们都是非常乐意帮忙的。

2. 供应商

供应商也是一个研究创业成本不错的信息来源。美国南加州大学格雷夫创业中心的凯瑟琳·艾伦（Kathleen Allen）教授说："创业者可以给直接供应商打电话，告诉他因为你打算创业，所以想了解某个行业的费用。他们通常都非常乐意帮助，因为他们也想从你身上寻找生意机会。"

然而艾伦也警告大家不要过分相信初次接触的供应商，她建议"作些比较，你会发现创业成本会有很大的差异"。要向供应商询问设备租赁、大量购买的折扣额、信用条件、启动的库存量以及可能降低前期成本的其他选择。

3. 行业商会

艾伦说："和同行以及贸易商一样，商会是一个非常好的信息来源，因为你可以直接跟特定的市场打交道。"根据不同的行业，商会可以提供启动费用明细和财务报表的样本、行业内相关的企业家和供应商名单、市场调研的数据和其他有用的信息。供应商的行业商会也是很好的信息来源。

4. 退休企业高管

在美国，由小企业协会赞助的SCORE（美国退休经理人服务公司）也是对创业非常有价值的资源。除了出版创业的相关刊物，SCORE还可以为创业者推荐非常有经验的退休企业家，指导创业者完成公司启动的整个过程，指明方向，并建议创业者使用可能忽视的资源。当然，除了向创业者提供顾问指导服务，SCORE还提供便捷的网络服务，为全美用户提供超过12 400位创业辅导员。弗莱德·托马斯（Fred Thomas）是SCORE前任总裁，也是佛蒙特州SCORE赛特福德中心的一名辅导员，据他介绍："无论你是想要一位拥有销售、餐饮、特许经营经验，还是其他任何经验的辅导员，只要输入详细说明，就能得到拥有相应资格的辅导员名单。"

5. 创业指南

创业者可以从一些独立的出版社和商会获得创业启动指南。这些指南，尤其是信誉卓著的行业指南是研究创业启动资金的有利资源。要确保指南没有过时，也要记得不同地区的费用会相差很大。在阅读的过程中，注意那些能帮你降低启动成本的小提示。

6. 连锁加盟机构

如果你想取得特许经营权，特许经营权拥有者会给你启动费用的相关数据。然而，不要把这些数据当作绝对值，因为费用会由于地区不同而有所变化。贝茨建议："要通过自己的努力来检验特许经营权拥有者的结论对不对。"创业者可以给现有的特许经营商打电话，问问他们实际的启动费用是否符合特许经营权拥有者的预测值。

7. 创业相关文章

报纸和杂志的文章很少会为一个特定地区的特定业务逐项列出创业所需的费用。然而，创业相关的文章可以让你大致估算所需的启动成本，并帮助你列出需要调查的费用清单、可经常使用的可靠的信息来源。同时请记得查阅相关的行业杂志，了解供应商信息、行业所需成本和最新行业动态。

8. 创业顾问

一个合格的创业顾问可以提供关于启动资金的相关建议，甚至为创业者做很多调查，也可以帮创业者将自己的调查变成有用的财务预测和具体方案。但是聘用专家需要费用。如果创业者决定要与顾问合作，记得要找熟悉自己所处行业、有创业经验和实际运营经验的人。

单一的途径并不能帮助创业者了解具体创业成本的所有信息，但是通过不断努力研究估算启动资金，创业者应能最终得到需要的具体数字。艾伦建议使用一个她称之为"三角测量"的方法，也就是对于每项费用，从3个不同途径获取3个数字，然后"权衡3个数字，最后得出一个你认为正确的数字"。

科学细致的调研可以帮助创业者验证其创业想法是否实际可行，并且为创业者提供建议，从而提升创业成功的概率。只有创业者完成了创业启动成本估算，并且根据这个数字制订出相应的商业计划，才能说创业者已经为创业准备好了一切。

课堂活动

模拟填写财务预算表

企业要开始运营，首先要有启动资金，启动资金用于购买企业运营所需的资产及支付日常开支。在估算启动资金时，最重要的是要保障启动资金能够满足企业正常运营的需求。创业之初，各项开支往往非常大，销售收入根本无法满足各项支出需求，因而创业者常常低估对这部分资金的需求量，这样有可能导致企业现金流出出现一些问题，影响企业正常运营。

设想你马上要创办一家企业，请将预估的启动资金填写在表 7-2 中。

表 7-2　财务预算表

支出项目	支出额度	计算依据
办公用品		
家具		
车辆		
企业房租		
员工工资		
员工保险		
员工交通费、餐饮费等补助		
员工培训费		
厂房等固定支出		
购买原材料		
货物开支		
广告费用		
水电费		
门店装修费		
其他费用		

第八章　企业创办与风险评估

知识要点

1. 企业概念与企业法律组织形式；
2. 创业公司的注册；
3. 创业风险评估知识。

学习目标

1. 熟悉创办企业的法律流程；
2. 能够进行创业风险评估。

创业过程中非常关键的一步就是创办企业，但一些创业者也许会在这一步遇到问题：应当注册什么类型的企业？注册登记时应该提供哪些资料？因此，学习企业创办与创业风险评估方面的知识尤为必要。

一、企业概述与企业法律组织形式

（一）企业的概念

企业是指在一定的社会经济制度下，以盈利为目的、依法注册成立的经济实体。企业通常包括企业法人、个体工商户、合伙企业等形式。企业在社会经济中具有重要的地位和作用，它们通过生产、销售商品和服务，创造财富和就业机会，为经济发展作出贡献。

（二）企业法律组织形式

"我想创业，我应该注册一家什么样的企业?""我想和同学一起创业，我应该采用什么样的组织形式?"这些问题是创业者在创业之初首先遇到的问题。

毫无疑问，创办企业之前，创业者应该首先确定拟创办企业的法律组织形式。创办企业可采用不同的组织形式，如创业者个人独立创办的个人独资企业、由创业团队创办的合伙企业、具备法人资格的有限责任公司或股份有限公司等。对大学生创业者而言，企业法律组织形式没有绝对的好坏之分，各有利弊，选择合适，便可趋利避害；选择不当，就会为将来的运作带来巨大的隐患。因此，创业者必须根据国家的法律法规和拟创办企业的实际情况，科学衡量各种企业法律组织形式的利弊，选择合适的企业法律组织形式。

1. 个体工商户

个体工商户是我国特有的一种公民参与生产经营活动的形式，是一种非企业经济组织。依照相关法律规定，个体工商户是指在法律允许的范围内，经工商行政管理部门核准登记，从事工商业经营的个体劳动者。个体工商户业主可以是一个自然人或一个家庭，人数上不受过多限制。个体工商户的创办手续比较简单，业主只需要有相应的经营资金和经营场所，到工商部门办理登记手续即可。

个体工商户还可以根据自己的需要起字号。在经营上，个体工商户的全部资产归自己所有，其决策程序比较简单，不受他人制约；利润分配上，个体工商户的全部利润归自己或家庭，但同时个体工商户对外要承担无限责任，相应的风险也比较大。

2. 个人独资企业

个人独资企业是一种很古老也很常见的企业法律组织形式。个人独资企业又称个人业主制企业，是指依法设立，由一个自然人投资并承担无限连带责任，资产为投资人个人所有的经营实体。当个人独资企业的资产不足以清偿债务时，企业拥有者须依法以其个人财产予以清偿。

个人独资企业在业主数量与注册资金上与个体工商户相似，不受过多限制，但设立手续比个体工商户要复杂，需要有合法的企业名称、投资人申报的出资、固定的生产经营场所、必要的生产经营条件以及必要的从业人员。个人独资企业在经营决策与利润分配上与个体工商户相似，其决策程序简单，利润归出资人，同时出资人负无限责任。

3. 合伙企业

如果两个或两个以上的人共同创业，那么可以选择合伙制作为拟创办企业的法律组织形式。根据《中华人民共和国合伙企业法》（以下简称《合伙企业法》），合伙企业是指依法在中国境内设立的由各合伙人订立合伙协议，共同出资、合伙经营、共享收益、共担风险，并对合伙企业债务承担无限连带责任的营利性组织。

合伙企业包括普通合伙企业和有限合伙企业 2 种形式。二者最大的区别在于有限合伙企业有 2 种不同的所有者：普通合伙人和有限合伙人。其中，普通合伙人对合伙企业的债务和义务负责；而有限合伙人仅以投资额为限承担有限责任，且一般不享有对组织的控制权。另外，普通合伙企业合伙人可以用货币、实物、知识产权、土地使用权或者其他财产权利出资，也可以用劳务出资；但有限合伙企业的有限合伙人不得以劳务出资。

除要有合伙企业的名称、经营场所及从事合伙经营的必要条件之外，普通合伙企业的创办条件还包括以下方面：

第一，合伙企业必须由两个及两个以上合伙人创办，且合伙人应当具备完全民事行为能力，能够依法承担无限责任。

第二，应当遵从平等、公平、诚实、信用原则订立合伙协议，合伙协议应载明合伙企业的名称、地点、经营范围、合伙人出资额和权责情况等基本事项。

第三，合伙人应当按照合伙协议约定的出资方式、数额和缴付出资的期限履行出资义务。合伙出资可以用货币、实物、土地使用权、知识产权或者其他财产权利；上述出资应当是合伙人的合法财产及财产权利。合伙人以劳务出资的，其评估办法由全体合伙人协商确定。

4. 有限责任公司和股份有限公司

公司是现代社会中最主要的企业形式。它是以盈利为目的，由股东出资创办，拥有独立的法人财产，享有法人财产权，独立从事生产经营活动，依法享有民事权利、承担民事责任，并以其全部财产对公司的债务承担责任的企业法人。所有权与经营权分离，是公司制的重要产权基础。根据《中华人民共和国公司法》（以下简称《公司法》），我国的公司分为有限责任公司（包括一人有限责任公司）和股份有限公司 2 种类型。

有限责任公司的股东以其认缴的出资额为限对公司承担责任，公司以其全部资产对公司的债务承担责任。

股份有限公司将全部资产分为等额股份，股东以其认购的股份为限对公司承担责任，公司以其全部资产对公司的债务承担责任。大学生创业者如果设立股份有限公司，就要提供公司名称，建立符合股份有限公司要求的组织机构，有固定的生产经营场所以及必要的生产经营条件。

总之，不同法律组织形式的企业有不同的成立条件、承担责任形式等特征。大学生创业者在创业初期要根据自身情况选择合适的企业法律组织形式。

（三）常见法律风险

1. 盲目选择公司形式的法律风险

公司股东承担有限责任并享有一定分红权益，这对于多数的投资者无疑是具有诱惑力的，实践中在不了解公司其他弊端的情况下，存在大量投资者盲目设立公司，造成风险的情况。该风险包括特定项目周期与公司存续矛盾的法律风险、缺乏法定人数的法律风险等。

2. 合伙企业合伙人选择的法律风险

合伙企业的合伙人往往因私交关系较好决定成立公司，在设立公司时无法客观地从公司实际需要出发。一些人甚至认为自己办企业赚钱，应该让自己的亲戚朋友都沾光，将与自己关系密切的亲朋好友都列为合伙人。一旦企业经营出现问题，所有合伙人承担无限连带责任，其法律风险不容忽视。

3. 盲目建立股份公司的法律风险

企业上市是一种有效的融资途径，在企业发展并不缺乏资金的情况下，盲目改股份制上市必然给企业增加法律风险。公司在严格的监督之下，不规范操作产生的法律风险更容易转化为法律危机，公司识别法律风险和采取相应措施的时间更为紧迫，因此法律风险明显增大。

二、创业公司注册

新办企业，首先要明确它的法律地位，如同办理户口。根据我国法律规定，新办企业必须到工商行政管理部门办理登记手续，领取营业执照。如果从事特定行业的经营活动，还须先取得相关主管部门颁发的经营许可证（如卫生、环保、特种行业许可证等）。

营业执照是企业主依照法定程序申请、规定企业经营范围等内容的书面凭证。企业只有领取了营业执照，拥有了正式户口般的合法身份，才可以开展各项法定的经营业务。企业成立后，还需要进行税务登记、聘请会计人员做财务。其中涉及税法和财务知识，所以，创业需要了解企业的税项。

企业办理注册登记手续一般包括以下 8 个步骤。

（一）核准企业名称

企业名称是一个企业区别于其他企业或组织的特定标志，俗称“公司牌子”。公司牌子是企业的无形资产，是可以世代相传的宝贵财富。拥有一个响亮的企业名称，是让消费者“久闻大名”的前提条件，也有利于提升公司的知名度与竞争力。例如，“可口可乐”“宝马”“家乐福”“苹果”“美的”“联想”等都给人留下了深刻的印象。

1. 企业名称的构成

根据《企业名称登记管理规定》和《企业名称登记管理实施办法》，企业名称应当由行政区划、字号、行业和组织形式依次组成。例如，南京苏宁百货有限公司和北京机械施工集团有限公司。非公司制企业可以申请用“厂”“店”“部”“中心”作为企业名称的组织形式。

案例分析

名字也是生产力——联想之前其实不叫“Lenovo”

1988 年联想在香港创立时早已知道市场上有很多叫“Legend”的公司，但联想当时并没有想到其规模如此庞大，当联想进军国际时“Legend”竟成为绊脚石。

联想在2001年计划走向国际时发现“Legend”这个名字几乎在所有欧洲国家都被注册了，注册范围覆盖计算机、食品、汽车等各个领域。联想公司要想在欧洲市场销售计算机，要么花大价钱买下已经被注册的“Legend”品牌，要么更名。于是，“Lenovo”应运而生。联想总裁杨元庆在解读这个全新的字母组合时表示，“novo”是一个拉丁词根，代表“新意”，“Le”取自原先的“Legend”，为继承“传奇”之意，整个单词的寓意为“创新的联想”。报道指出，打江山时需要缔造“传奇”，想基业长青则要不断“创新”，从“Legend”到“Lenovo”，象征着联想从“传奇”走向“创新”。

分析：“名不正则言不顺，言不顺则事不成。”对于公司经营者而言，给产品起一个好名字也是极为重要的一个环节。名字起好了，大家喜欢，消费者容易记住，再加上其他生产经营环节也做好了，产品畅销了，那也就成为品牌了。所以说“名字也是生产力”实不为过。

2. 企业命名的规定

企业名称要符合规范，格式为：企业名称＝行政区划＋字号（2个字以上）＋行业＋组织形式。

例如，湖南智丰众创企业管理有限责任公司。在这里，“湖南”就是行政区划，指代企业所在地的省（包括自治区、直辖市）或县（市辖区）的行政区划名称。企业名称应当冠以企业所在地的省（包括自治区、直辖市）、市（包括州）或者县（包括市辖区）的行政区划名称。“智丰众创”就是字号，字号是该企业区别于其他企业的标志，是企业形象的一种代表。“企业管理”即为行业，行业特征要求的是能够依照国家行业分类标准划分的类别，判断出该企业生产、经营或服务的范围或特点。

企业命名的具体规定如下：

第一，企业只准使用一个名称，在某一个工商行政管理局辖区内，冠以同一行政区划名称的企业，不得与登记注册的同行业企业名称相同或近似。

第二，企业法人名称中不得含有其他法人的名称，企业名称中不得含有另一个企业名称，企业分支机构名称应当冠以所从属企业的名称。例如，内蒙古蒙牛乳业科尔沁有限责任公司。

第三，企业名称应当使用符合国家规范的汉字，不得使用汉语拼音字母、阿拉伯数字。除国务院决定设立的企业外，企业名称不得冠以“国际”“全国”“中国”“中华”“国家”等字样。

第四，企业名称中的行政区划是本企业所在地县级以上行政区划的名称或地名，企业名称中行业用语表述的内容应当与企业经营范围一致，企业名称不应当明示或者暗示超越经营范围的业务。

第五，企业名称中的字号应当由2个以上的汉字组成，企业名称可以使用自然人投资人的姓名作字号。

第六，企业名称不得含有下列内容和文字：有损于国家、社会公共利益的；可能对公众造成欺骗或者引起误解的；外国国家（地区）名称、国际组织名称；政党名称、党政军机关名称、群众组织名称、社会团体名称及部队番号；其他法律、行政法规规定禁止的名称。

第七，非法人企业名称中的组织形式可以选用“厂”“店”“馆”“部”“站”“行”“中心”等字样，但不得使用“公司”“有限”字样。法人企业名称中必须包含“有限公司”“有限责任公司”或“股份有限公司”字样。

3. 新企业名称设计的要点

第一，强化识别功能，选择能够识别企业产品功能和企业功能的名称。

第二，凸显个性，避免毫无特征的名称。

第三，彰显文化底蕴。

第四，注重树立品牌意识，尽量使企业名称与产品商标相统一。

4. 核实企业名称

注册公司的第一步是企业名称审核，即查名。当企业取好名称后，登录工商行政管理局官网，进行名称查重。如果这一名字未被别人使用，即可在网上进行名称核准申请。

申办人也可以前往工商行政管理局查名并办理名称核准，需要提供法人和股东的身份证复印件，申办人公司名称 2～10 个，写明经营范围、出资比例。审核通过者，工商行政理局会发放盖有工商行政管理局名称登记专用章的“企业名称预先核准通知书”。

（二）经营项目审批

经营范围内如果有需特种许可经营的项目，须报送审批章。需要前置审批的事项有些是法律规定的，有些是国务院规定的。如特种许可项目涉及旅馆、印铸刻、拍卖、典当、旧货、信托寄卖等行业，需要消防、环保、治安、科委等行政部门审批。特种行业许可证办理，根据行业情况及相应部门规定不同，分为前置审批和后置审批。具体参见工商行政管理局《工商登记前置审批事项目录》。下面为部分行业办理公司营业执照前需要进行前审批的项目：

医疗器械销售、生产（一类医疗器械除外）（区药监局）、药品（区药监局、卫生局）。

图书、报刊出版物零售、印刷（区文化管理所、市新闻出版局）。

音像制品销售（区文化管理所）。

酒类批发（区酒类专卖局）。

食品（区卫生局）。

医疗机构设立（区卫生局）。

香烟销售（烟草专卖局）。

餐饮（区环保局、区卫生局、区消防处）。

旅馆、客房（区公安局、区消防处、区卫生局）。

塑料制品、水性涂料生产加工（区环保局）。

道路运输、水路运输（交通局）。

汽车、摩托车维修（市交委维修管理处）。

人才中介（区人事局）。

劳务服务（区劳动局）。

废旧金属收购（区公安局、区环保局）。

成品油经营、储存（市经委、公安局）。

加工、销售、回收金银（市人民银行金融处）。

文物经营（文物管理委员会）。

经营性舞厅（市文化局、卫生局、公安局、消防处）。

国画书法（市文化局）。

咖啡馆、酒馆（卫生、公安、市酒类专卖局）。

报关业务（海关总署）。

水泥生产（市建委）。

（三）申领“五证合一”的营业执照

申请人需准备好相关材料：法定代表人身份证原件和全体股东身份证复印件；各股东间股权分配情况；名称核准通知书原件；公司的经营范围（国家专营专控的行业需要提供批文）；公司场所的租赁合同（租期一年以上）一式两份及相关产权证明（非住宅）；如公司为生产型企业，必须有公安局消防科的消防验收许可证。接下来即可向工商行政管理局申领“五证合一”的营业执照。

经审核，申请资料齐全并符合法定形式的，应向申请人出具“五证合一”受理通知书，市场监管登记窗口在承诺时间（内资 2 个工作日，外资 3 个工作日）内完成营业执照审批手续后，将申请资料和营业执照信息传至平台。质监窗口在收到平台推送的申请资料和营业执照信息后，要在半个工作日内办理组织机构代码登记手续，并将组织机构代码传至平台。税务部门、统计和人力社保等部门窗口收到平台推送的申请资料、营业执照和组织构代码信息后，要在半个工作日内分别办理税务登记证、统计登记证和社会保险登记证相关手续，并分别将税务登记证号、统计登记证号、社会保险登记证号传至平台。综合窗口收到各相关部门核准（或确认）的登记信息后，在“五证合一”系统平台上打印出载有注册号、组织机构代码、税务登记证号、社会保险登记证号和统计登记证号的营业执照。申请人凭“五证合一”受理通知书或有效证件到综合窗口领取“五证合一”营业执照。

在申请营业执照时，企业需要提交以下材料：

① 公司法定代表人签署的“公司设立登记申请书”。

② 董事会签署的“指定代表或者共同委托代理人的证明”。

③ 由发起人签署或由会议主持人和出席会议的董事签字的股东大会或者创立大会会议记录。

④ 全体发起人签署或者全体董事签署的公司章程。

⑤ 自然人身份证复印件。

⑥ 董事、监事和经理的任职文件及身份证复印件。

⑦ 法定代表人任职文件及身份证复印件。

⑧ 住所使用证明。

⑨“企业名称预先核准通知书”。

（四）刻章备案

公司成立后，需持营业执照、法定代表人身份证明等材料到公安局特行科审批，审批通过后到指定的印章刻制单位刻制公章。企业公章、法人章、全体股东章、财务章、银行账户、牌匾、信笺所使用的名称应当与登记注册的名称相同。

篆刻公司印章需要准备以下材料：

① 营业执照副本原件及复印件。

② 法人身份证原件及复印件。

③ 委托人身份证原件及复印件。

注册公司需要篆刻的印章有：

① 企业公章。

② 企业财务章。

③ 企业法定代表人个人印鉴。

④ 企业合同章。

⑤ 企业发票专用章。

（五）验资

按照《公司法》规定，投资者需按照各自的出资比例，提供相关注册资金的证明，由审计部门进行审计并出具验资报告。

（六）办理税务登记证

税务登记证应到当地国税局办理。办理税务登记证应提供的材料包括：企业营业执照本、组织机构代码证副本、经营场所产权证及租赁合同复印件、法人身份证、公司章程、验资报告及公章。具体的税务登记包括以下流程：

① 到开户行（带上相关文件）签订扣税协议。

② 到国税局报到，填写公司基本信息。

③ 持扣税协议找税务专管员办理网上扣税，办理后核定缴纳何种税（一般是营业和

附加税），一般会给公司一个用户名、密码（和税务局签订或绑定网上扣税，如有国税、地税都要去办理；如无国税，则只办理地税）。

④ 到地税局报到，填写“财务制度及软件备案报告”。报表种类：资产负债表。损益表折旧方法：直线折旧法。摊销方法：五五摊销法。

⑤ 买发票（有国税，则国税、地税都要买；无国税，只买地税）。

（七）开立银行账户

企业开立银行账户是与银行建立往来关系的基础。依据法律规定，每个独立核算的经济单位都必须在银行开户，各单位之间办理款项结算，除现金管理办法规定外，均须通过银行结算。

1. 银行账户的种类

按照国家现金管理和结算制度的规定，每家企业都要在银行开立存款结算账户（即结算户），用来办理存款、取款和转账结算。银行存款结算账户分为以下 4 种。

基本存款账户：基本存款账户是企业的主要存款账户，开立企业银行账户主要用于办理日常转账结算，现金收付，存款单位的工资、奖金等现金的支取。该账户的开立须报当地人民银行审批并核发开户许可证，开户许可证正本由存款单位留存，副本交开户行留存。一家企业只能在一家商业银行的一个营业机构开立一个基本存款账户。

一般存款账户：一般存款账户是企业在开立基本存款账户以外的银行开立的账户。该账户只能办理转账结算和现金的缴存，不能办理现金的支取业务。

临时存款账户：临时存款账户是企业的外来临时机构或个体工商户因临时开展经营活动需要开立的账户。其可办理转账结算以及符合国家现金管理规定的现金业务。

专用存款账户：专用存款账户是企业因基本建设、更新改造或办理信托、政策性房地产开发、信用卡等特定用途开立的账户。该账户支取现金时，必须报当地人民银行审批。

2. 银行开户手续的办理

手写开户申请书并提供有关证明文件。开立不同的账户，所需的材料也不同，具体应遵循以下规定。

基本存款账户：需提供当地工商行政管理机关核发的企业法人执照或营业执照正本。

一般存款账户：需提供基本存款账户的开户人同意其独立核算单位开户的证明。

临时存款账户：需提供当地工商行政管理机关核发的临时执照。

专用存款账户：需提供有关部门批准的文件。

3. 银行销户手续的办理

开户人可以根据需要撤销其在银行开立的存款结算账户。开户人撤销存款结算账户时，应与银行核对账户余额，经银行审查同意后，办理销户手续。销户时，企业应交回开户许可证副本和剩余的重要全空白凭证。办理银行销户手续时应遵循以下规定：

一般存款账户余额不得超过企业在开户银行的借款余额，超过部分开户行将通知开户单位5日内将款项划转至基本存款账户，逾期未划转的，银行将主动代为划转。一般存款账户借款清偿后要办理销户。

临时存款账户的使用期限不得超过一年，超过一年的将予以销户。

企业销货款、异地汇入款项中除基建或专项工程拨款外的非专项资金不得进入专用存款账户。

开户人改变账户名称的应先撤销原账户，再开立新账户。

对一年内未发生收付活动的单位账户，开户行将对开户人发出销户通知，开户人应当自收到通知之日起30日内（以邮戳日为准）到开户行办理销户手续，逾期不办理将视为自愿销户。

4. 办理税务登记

初创企业领取由工商行政管理部门核发的加载有统一社会信用代码的营业执照（即“五证合一”）后，虽然无须再次进行税务登记，办理税务登记证，但仍需要前往税务机关办理相应的后续事项，才能进行正常缴税。

初创企业纳税人需要办理国税地税一户通。国税地税一户通实际上是企业、银行与税务机关三方签订的扣款协议，用于企业网上申报税扣款。办理方法比较简单，到税务机关的办公地点（行政服务中心税务窗口）办理即可。现在社保已经全面实行“银行缴费”了，所以企业主在公司开户的时候可以顺便把社保缴费处理一下。

（八）注册费用

对于公司注册的费用问题，随着第三方服务平台的纷纷崛起，在注册公司的过程中，很多企业都免费帮创业者注册公司。一般来讲，公司注册的费用各地区不尽相同，大致费用如下。

核名：免费。工商执照：免费。刻章：600～900元。

开基本户：800～1 500元（每个银行收费未统一，不在公司注册范围内）。

注册地址（虚拟地址）：不等（每个地区收费未统一，不在公司注册范围内）。

案例分析

大学生创办电影网站遭60万元索赔

大学生小捷在校期间创办了一家免费电影网站，被杭州某影视公司以“版权侵权”起诉，索赔60万元。

临近毕业的小捷和几名低年级同学共同投资2万元创办了一家免费电影网站。然而他怎么也想不到等待他的竟是一场官司。“我们网站上的电影都是通过迅雷下载的，但我们并不知道其中几部电影是杭州那家公司代理的，60 万元的赔偿对我们这些大学生来说是一个沉重的打击。”已收到温州市中级人民法院的传票并等待开庭的小捷说。他还表示，大学生创业既缺乏经验也缺少创业资本，还容易在无意中触犯法律，他们已经认识到了错误，但这样的索赔数额对于他们来说无疑是个天文数字。

分析：在该案中，小捷的行为已触犯《中华人民共和国著作权法》。版权侵权分直接侵权和间接侵权。直接侵权是指复制、抄袭，如侵权人将版权作品的表达语言复制为另一种语言，或未作任何改编，包括将传统媒体复制为非传统媒体，于互联网上传或下载；将他人的出版作品稍加修改后进行出版。间接侵权是指侵权人将抄袭作品出口、贩卖、出租或做其他商业用途，以及提供方法、器具或地方行侵犯版权的行为。大学生创业者要注意避免侵权行为。

课堂活动

给企业取个好名称

根据前面确定的创业项目拟创办一家企业，同学们结合相关学习内容，分组为企业取一个好名称。具体步骤如下：

① 每人取一个企业名称，并在组内进行投票，选出最令人满意的企业名称。

② 每组代表进行企业名称分享与展示。

③ 全班同学对每组的企业名称展开讨论。

三、创业风险评估

（一）创业风险概述

虽然创业获得的回报往往高于就业，但是相应的，创业面临的风险更高。大学生创业者风险观念相对较弱，想要较好地创业，就更应了解创业的风险，并学会识别风险，从而规避风险。

创业风险是风险的一种，也是创业者在创业过程中无法回避的因素。

1. 风险

通俗地讲，风险就是指发生不幸事件的概率。关于“风险”一词的由来，较为普遍的一种说法是：在过去，以捕捞为生的渔民们在长期的捕捞实践中，深深地体会到“风”带来的无法预测的危险，在出海捕捞打鱼的过程中，“风”即意味着“险”，因此有了“风险”一词。

随着社会的发展，现代人认识的“风险”已经发生了翻天覆地的变化，也超越了以前的定义。一般认为，只要一件事情的发生存在两种或两种以上的可能性，那么这件事情就存在风险。现代意义上的风险有广义和狭义之分。广义的风险具有收益不确定性，即风险产生的结果可能带来损失或无法获利；狭义的风险具有损失不确定性，即风险只表现出损失，没有从风险中获利的可能性。

不管是广义风险，还是狭义风险，其核心含义均是“未来结果具有不确定性或可能产生损失”，因此，也有人进一步地将风险定义为“个人和群体在未来遇到伤害的可能性，以及对这种可能性的判断与认知”。如果采取适当的措施使破坏或损失的概率趋近于零，或采取及时有效的应对措施，风险也可能带来机会。

2. 创业风险

创业风险通常指创业者在创业中面临的风险，即由于创业环境的不确定性、创业机会的复杂性、创业者能力与实力的有限性等原因，导致创业活动偏离预期目标的可能性及后果。创业风险一般与创业过程中的缺失（缺口）有关。创业过程中常见的缺口有以下 5 个。

（1）融资缺口

融资缺口是最常见的一种缺口，创业者通常可以通过可行性论证来证明其创业方向可行，但往往没有足够的资金来实现创业项目的商品化，因而融资缺口会给创业带来一定的风险。现在，创业者可以通过一些途径填补这个缺口，如早期项目的风险投资、政府资助计划等。

（2）研究缺口

在将预想的产品转化为商业化产品的过程中，需要大量复杂且可能耗资巨大的研究工作，这种研究工作的缺口也可能造成创业风险。

（3）资源缺口

创业者在创业过程中如果缺乏必备的外在或内在资源，将可能受制于人，甚至可能无法起步。

（4）管理缺口

形成管理缺口的可能原因有 2 种：一是创业者是技术方面的专业人才，他凭借某一新技术进行创业，但不一定具备专业的管理才能，从而形成管理缺口；二是创业者往往有很多“奇思妙想”的商业点子，但可能不擅长管理具体的事务，从而形成管理缺口。

（5）信息和信任缺口

信息和信任缺口一般存在于技术人才和管理者（或投资者）之间，本质上是不同观念的冲突。技术人才从技术层面对产品进行把握，而管理者则比较了解将新产品引进市场的程序。双方各有专攻，需要相互依存，但如果技术人才和管理者不能充分信任对方，不能进行有效的交流，则将带来较大的风险。

案例分析

研究缺口导致公司走入困境

李全的朋友研究计算机远程控制，找李全合作成立一家公司，主营计算机远程控制护栏灯。考虑到该技术先进，同类竞争产品少，李全想都没想就将自己的全部“身家”投入了这家公司。李全和朋友的设计刚刚完成，就有客户找上门来，看到计算机模拟演示效果后，便签订了一个数额巨大的工程订单，由于工期较紧，公司便直接开始大批量生产。然而，护栏灯发到客户手上后却发现，在实际使用过程中设备的抗干扰性能不过关。客户要求退货，李全和朋友的公司面临巨大的经济损失。

公司刚成立就遭受不合格产品积压、资金周转不灵的问题，李全的公司陷入了极大的困境。

分析：李全和朋友以新技术为基础进行创业，但在将新技术进行商业化转化的过程中，未能做好充分的技术可行性研究，因而成为研究缺口，带来创业风险。

（二）创业风险的特征

创业风险种类繁多，贯穿并交织于整个创业活动。创业风险具有一些共同的特征，了解并学会识别创业风险的特征可以帮助大学生创业者更好地规避风险。

1. 客观性

创业本身就是一个识别风险和应对风险的过程，风险的出现是不以人的意志为转移的，因此，创业风险的存在是客观的，如天气变化、地质变化等。

客观与主观相对，并不能因为创业风险是客观存在的，就否定了创业风险也可能由主观因素造成的情况。

2. 不确定性

创业所依赖的条件及其影响因素是不断变化、不断发展乃至难以预料的，所以造成了创业风险的不确定性。如产品在创业初期是“热门”的，但研发生产出来后，可能由于市面上大量同类产品的出现，产品失去了市场竞争力。

3. 双重性

创业有成功或失败两种可能性，创业风险也具有盈利或亏损的双重性。在创业活动中，风险越大的创业项目，往往回报越高，潜能也越大。所以，回避风险同样意味着回避收益。如高收益理财产品就具有明显的双重性。

4. 可变性

随着影响创业的因素发生变化，创业风险的大小、性质也会发生变化。如在一定时期内，资金风险是较大的风险，而一段时间后，由于环境因素的改变，技术风险又成为最主要的风险。

5.　可识别性

创业风险是可以被识别和划分的。可识别性这一特征可以帮助创业者更好地识别风险，进而规避风险。

6. 相关性

创业风险与创业者的行为紧密相连。针对同一风险，采取不同的对策，可能会出现不同的结果。如技术型的创业者进行技术改良型的创业属于低风险，而对于管理型的创业者来说，进行技术改良型的创业则可能表现为高风险。

（三）创业风险的类型

创业风险根据分类标准不同，有不同的分类方式。

1. 按风险的性质划分

风险无处不在，按照风险的性质不同，可将创业风险分为纯粹风险和投机风险。

（1）纯粹风险

纯粹风险是风险的一般状态，即只有损失的可能性而没有获利可能性的风险。

（2）投机风险

投机风险也称为机会风险，该风险既存在损失的可能性，也存在获利的可能性。该风险可能造成 3 种结果，即有损失、无损失和获利。

2. 按风险的来源划分

根据创业风险的来源不同，总体上可将创业风险划分为主观创业风险和客观创业风险 2 类。

（1）主观创业风险

主观创业风险是指由于创业者的心理素质、个人喜好等主观方面的因素导致创业失败的可能性。

（2）客观创业风险

客观创业风险是指在创业阶段，由于市场的变化、政策的变化、竞争对手的出现、创业资金短缺等客观因素导致创业失败的可能性。

3. 按风险的状态划分

创业风险按其状态不同可分为静态风险和动态风险。

（1）静态风险

静态风险是指在社会政治经济环境正常的情况下，由于自然力的不规则变动和人们的错误行为导致的风险。这类风险主要会造成经济上的损失，属于不可避免的风险。

（2）动态风险

动态风险是指由于社会经济、政治和技术、组织结构发生变动而产生的风险。这类风险造成的后果一般来说比较严重，但通常可以避免。

4. 按风险的内容划分

创业风险根据其内容不同可分为以下 6 种类型。

（1）技术风险

技术风险是指由于技术方面的因素及其变化的不确定性而导致创业失败的可能性。

（2）市场风险

市场风险是指由于市场变化而使创业者蒙受损失的可能性。

（3）政治风险

政治风险是指由于战争、国际关系变化或有关国家政策改变而导致创业者或初创企业蒙受损失的可能性。

（4）管理风险

管理风险是指因初创企业管理不善产生的风险。

（5）生产风险

生产风险是指初创企业提供的产品或服务在从小批试制到大批生产的过程中产生的风险。

（6）经济风险

经济风险是指由于宏观经济环境发生大幅度波动或调整而使创业者或创业投资者蒙受损失的风险。

5. 按风险对创业投资的影响程度划分

根据创业风险对创业投资的影响程度不同，创业风险又可划分为以下 3 种类型。

（1）安全性风险

从创业投资的安全性角度来看，不仅创业者获取的实际收益有损失的可能，而且投资者与创业者自身投入的财产也可能蒙受损失，即投资方财产的安全存在危险。

（2）收益性风险

创业投资的投资方资本和其他财产不会蒙受损失，但存在实际收益有损失的可能性。

（3）流动性风险

流动性风险是指投资方的资本、其他财产及实际收益不会蒙受损失，但资金有可能存在不能按期转移或支付而造成资金运营的停滞，使投资方蒙受损失的可能性。

6. 按创业过程划分

在不同的创业阶段，可能产生的风险类型也不相同，主要分为 5 类。

（1）机会的识别与评估风险

机会的识别与评估风险是指在识别与评估机会的过程中，由于各种客观因素，如信息获取量不足、对信息把握不准确或推理失误等，使创业一开始就面临方向错误的风险。另外，机会风险即由于创业而放弃了原有的职业所面临的机会成本风险，也是该阶段存在的风险之一。

（2）团队风险

创业团队的组建基本可以分为关系驱动、要素驱动和价值驱动 3 种模式，不同的组建模式适用的条件不尽相同。如果盲目照搬照套某种组建模式，将给企业带来巨大的风险。此外，对团队成员的选择具有随意性和偶然性，缺乏明确和一致的团队目标，激励机制尤其是利润分配方式不完善等，也会给初创企业带来风险。

（3）准备与撰写风险

准备与撰写风险指在准备与撰写创业计划的过程中存在的风险。创业计划往往是创业投资者决定是否投资的依据，因此，创业计划是否合适将对具体的创业产生影响。创业计划制订过程中各种不确定性因素与制订者自身能力的限制，也会给创业活动带来风险。

（4）确定并获取创业资源风险

确定并获取创业资源风险指由于存在资源缺口，无法及时获得所需的关键资源，或虽可及时获得，但获得资源的成本较高，从而给创业活动带来一定的风险。

（5）管理风险

管理风险主要包括管理方式、企业文化的选择与创建、发展战略的制订以及组织、技术、营销等方面的管理中存在的风险。

（四）识别与评估风险

企业风险评估是指对企业所面临的各种风险进行分析、评估和控制的过程。企业风险评估需要对潜在的、已经存在的以及可能出现的各种风险进行全面的识别，以便企业可以采取相应的措施来降低或者控制这些风险。下面是企业风险评估中识别风险的一些具体步骤和方法。

1. 识别风险的步骤

（1）列出所有可能的风险

企业风险评估需要考虑到各种潜在的和可能出现的风险，这些风险包括但不限于市场风险、操作风险、人力资源风险、法律风险等。需要全面地列出所有可能的风险，以便后续分析和评估。

（2）进行风险分类

将所有可能出现的风险进行分类，根据风险的性质、来源、影响等因素分类，以便后续对各类风险进行更加详细的分析和评估。

（3）进行概率分析

对每一类风险发生的可能性进行概率分析，以便对各类风险的影响进行量化，帮助企业对风险进行更加准确的评估。

（4）进行影响分析

对每一类风险可能对企业造成的影响进行分析，包括但不限于财务影响、声誉影响、品牌影响、安全影响等。

(5) 进行优先级排序

根据风险发生的可能性和影响程度，将各类风险进行优先级排序，以便企业可以针对性地采取相应的控制和管理措施。

2. 风险评估要点

对各类风险进行综合评估，包括但不限于风险发生的可能性、影响程度、优先级等因素，以便企业可以对风险进行综合的评估和管理；除了以上的具体步骤和方法之外，企业还可以采用其他一些常见的识别风险的方法，例如风险评估矩阵、SWOT 分析、场景分析等。企业在进行风险评估时需要注意，风险评估是一个动态的过程，需要不断地对已有的风险进行更新和维护，以便企业能够更好地预防和应对各种潜在企业风险。评估的过程中，还有一些需要注意的要点。

(1) 风险评估需要全员参与

企业风险评估不仅仅是风险管理部门的事情，更需要全员参与。因为每个人都会涉及各种风险，所以只有全员参与，才能够更好地发现和识别风险，从而提高风险评估的准确性和全面性。

(2) 风险评估需要及时更新

企业所面临的风险是不断变化的，因此风险评估也需要及时更新，以保证评估结果的准确性。企业可以制定相应的计划，定期进行风险评估，以便能够及时发现和应对各种风险。

(3) 风险评估需要借鉴经验

企业在进行风险评估的过程中，可以借鉴其他企业的经验，了解其他企业面临的风险和应对措施，以便更好地应对自身面临的风险。

(4) 风险评估需要建立完善的管理体系

企业风险评估需要建立完善的管理体系，包括建立风险评估制度、完善风险管理流程、提高员工风险意识等，以便企业能够更好地应对各种风险。

3. 风险评估内容

以下 7 类是企业风险评估中常见的风险类型。

(1) 市场风险

市场风险是指企业所处市场的变化可能给企业带来的影响。如市场萎缩、市场竞争激烈等都会对企业产生影响。

(2) 金融风险

金融风险是指企业所处的金融市场波动可能对企业产生的影响。如汇率波动、股市变化等都可能对企业产生影响。

(3) 技术风险

技术风险是指企业所使用的技术可能出现的问题。如技术瓶颈、技术过时等都可能对企业产生影响。

（4）管理风险

管理风险是指企业内部管理不当可能对企业产生的影响。如人员管理不当、流程管理不完善等都可能对企业产生影响。

（5）政策风险

政策风险是指政策的变化可能对企业产生的影响。如税收政策变化、政府行为的不确定性等都可能对企业产生影响。

（6）自然灾害风险

自然灾害风险是指自然灾害对企业产生的影响。如地震、洪水等自然灾害都可能对企业产生影响。

（7）合规风险

合规风险是指企业在经营过程中未能遵守相关法律法规所面临的风险。如环境保护、劳动法规等都是企业必须遵守的法律法规，若企业未能遵守，则可能面临罚款、停业等风险。

以上是企业风险评估中常见的风险类型。在评估风险时，需要根据企业的实际情况，制定相应的评估方案，以确保评估结果准确可靠，为企业的决策提供有力支持。

总之，企业风险评估是企业管理中不可或缺的一环。通过全面、准确地识别各种潜在和可能出现的风险，企业可以更好地制定相应的管理和应对措施，从而提高企业的管理水平和风险控制能力，保障企业的可持续发展。

案例分析

无法盈利的公司

2021年，一家名为“嘉亿”的公司在某市设立了大大小小的广告牌，使该市刮起一阵“嘉亿”风。嘉亿的宗旨在于把积极的生活态度、优雅的生活方式和紧密的社区关系带给新一代年轻人。嘉亿凭借优秀的创业方案和出色的核心团队，从某风险投资公司拿到了300万美元左右的融资。

嘉亿致力于服务18～35岁引领经济和文化未来的年轻人。年轻人喜欢的东西就是嘉亿的工作目标，嘉亿做过网站、手表、时装，甚至还拍过电视连续剧，涉足领域十分广泛。

嘉亿的目标是从当前所在的城市发展到整个华北地区，然后扩展到全国，走向全世界。这样的目标虽然是好的，但它脱离了实际情况。为了达到目标，公司设立之初整个布局就很大，组织结构完整，各部门周全，甚至有很多现在看来是闲置的人员。同时，嘉亿在各个媒体渠道进行规模浩大的宣传活动。仅2021年一年的时间，嘉亿在宣传方面的投入就高达 100 万美元。到 2021 年年底，嘉亿在宣传中已投入其半数资产，却仍然无法盈利，此后的转型也一直没有取得成功。2022 年年初，嘉亿被某网站收购。

分析：从上面的案例来看，好的创业方案或是看似周全的计划、优秀的管理团队，乃至已经拥有了高额投资的项目，在市场的检验下，都无法保证创业的绝对成功。创业的风险不仅仅来自资金的缺口。案例中的公司失败的原因主要有 2 个方面：一是缺乏独特的产品，不愿沉下心来帮用户解决实际的问题，仅仅希望通过宣传造势等手段成就一个品牌；二是创业领导者有目标游离、公司整体定位不清晰等问题，自主追求多领域、大规模发展，实际上却由于打磨不精，没有一个产品能经得起考验。

创业成功需要多方面因素的共同配合，规避风险便是其中重要的一环。只有稳扎稳打，尽可能地准备好所有风险的应对措施，才可能兵来将挡，胜券在握。

课堂活动

开办新企业

活动 1：选择企业组织形式

学生小组根据选定的创业项目模拟开办一家新企业，假设本组学生即为该企业的创始人，在对比分析合伙企业、有限责任公司等各种企业组织形式后，作出选择并完整填写表 8-1。

表 8-1　企业组织形式分析

组织形式	设立条件	优势分析	劣势分析
合伙企业			
有限责任公司			
个体工商户			
个人独资企业			
选择			

活动 2：设计企业名称及商标

学生小组根据活动 1 选择的企业组织形式，商讨并设计合法的企业名称及商标，制作 PPT，进行理念介绍及讲解，并将主要内容填入表 8-2。

表 8-2 初创企业名称及商标设计

研究目标	研究成果
企业名称	
企业商标	

活动 3：企业选址

学生小组根据企业选址的原则、影响要素等，结合本企业的实际情况，制订最优选址方案，制作 PPT，要求涵盖选址评价的过程及最优方案的确定等内容，并将主要内容填入表 8-3。

表 8-3 初创企业选址方案

研究目标	研究成果
初选地址	
选址依据	
最终选址	

问题：

1. 通过“开办新企业”活动，你掌握了哪些知识？请画出思维导图。
2. 在完成活动后，你认为自己还有哪些方面需要改进？

第九章　创业计划书撰写

知识要点

1. 创业计划书的概念；
2. 创业计划书的框架与内容；
3. 创业计划书的撰写原则与技巧。

学习目标

1. 掌握创业计划书的概念；
2. 明确创业计划书的框架与内容；
3. 掌握创业计划书的撰写原则与技巧。

创业计划书是创业者进行融资的必备材料，其质量对于是否能顺利获得融资非常重要。创业者选定创业目标与项目，并在资金、市场等方面做好准备后，就需要撰写一份详细的创业计划书，其不仅能帮助创业者清楚并坚定自己的创业目标和创业内容，还可作为说服他人合资、入股的工具，也是创业团队内部梳理项目内容的重要材料。

创业计划书包括创业机会、商业前景的展望，人员、资金、物质等各种资源的整合以及经营思想、战略等，是为创业项目制订的一份完整、具体、深入的行动指南，是一份对与创业项目有关的所有事项进行全方位安排的书面材料。创业计划书主要解决的是“我们现在在哪里”“我们将去哪里”“我们如何到达那里”等问题。在创业过程中，创业计划书可以帮大学生创业者厘清思路，并顺利度过创业起步阶段。

一、创业计划书概述

（一）创业计划书的概念

创业计划书是创业者叩响投资者大门的“敲门砖”，是创业者计划创业的书面材料，一份优秀的创业计划往往会使创业者达到事半功倍的效果。创业计划书主要用来描述与拟创办企业相关的内外部环境条件和要素特点，为业务的发展提供蓝图。一份完善的创业计划书几乎包括投资者所有感兴趣的内容，只有内容翔实、数据丰富、体系完整、装订精致的创业计划书才能吸引投资者，让他们看懂创业者的创业运作计划，并产生浓厚的投资兴趣，才能使创业者的创业目标成为现实。

创业计划书是创业者对企业发展的整体规划，它不仅是企业融资所必须具备的基本工具，更能够使创业者通过计划书的编制重新审视企业的经营情况，深入了解企业的核心竞争力，评估企业的发展策略。

创业计划书可以是商业计划书，是创业者在初创企业成立之前就某一项具有市场前景的新产品或服务，向潜在投资者、风险投资公司、合作伙伴等游说以取得合作支持或风险投资的可行性商业报告，用来描述创办一个新企业时所有的内部和外部要素。创业计划通常是市场营销计划、生产和销售计划、财务计划、人力资源计划等的集成，同时也是提出创业头 3 年内所有中期和短期决策制度的方针。

创业计划书的编写一般是按照相对标准的文本格式进行，应全面介绍公司或项目发展前景，阐述产品、市场、竞争、风险及投资收益和融资需求。

（二）创业计划书的目的

如果有了一份详尽的创业计划书，就好像有了一份业务发展的蓝图一样，它会时刻提醒创业者应该注意什么问题，规避什么风险，并最大限度地帮助创业者获得来自外界的帮助。因此，创业计划书有着非常重要的作用。

1. 帮助创业者自我评价，厘清思路

在创业融资之前，创业计划书首先应该是给创业者自己看的。创业者应该以认真的态度对自己所有的资源、已知的市场情况和初步的竞争策略作尽可能详尽的分析，并提出一个初步的行动计划，通过创业计划书做到“知己”。另外，创业计划书还是创业资金准备和风险分析的必要手段。对初创的风险企业来说，创业计划书的作用尤为重要，一个酝酿中的项目往往很模糊，通过制订创业计划书，把相关情况都书写下来，然后再逐条推敲，创业者就能对这一项目有更加清晰的认识。

2. 帮助创业者凝聚人心，有效管理

一份完美的创业计划书可以增强创业者的自信，使创业者明显感到对企业更容易控制、对经营更有把握。因为创业计划书描述了企业全部的现状和未来发展的方向，也为企业提供了良好的效益评价体系和管理监控指标。创业计划书使得创业者在创业实践中有章可循。

创业计划书通过描绘初创企业的发展前景和成长潜力，使管理层和员工对企业及个人的未来充满信心，并明确要从事什么项目和活动，从而使大家了解将要充当什么角色，完成什么工作，以及自己是否胜任这些工作。因此，创业计划书对于创业者吸引所需要的人力资源、凝聚人心具有重要作用。

3. 帮助创业者对外宣传，获得融资

创业计划书作为一份全方位的项目计划，它对即将展开的创业项目进行可行性分析，也在向风险投资者、银行、客户和供应商宣传拟建的企业及其经营方式，包括企业的产品、营销、市场及人员、制度、管理等各个方面，在一定程度上也是拟建企业对外宣传的文件材料。

优秀的创业计划书需要给风险投资者足够的信心。创业计划是创业的试金石，通过融资潜力基本上可以判断创业计划的价值。

创业计划书的好坏往往决定了投资交易的成败。对初创的风险企业来说，创业计划书尤为重要。当你选定了创业目标与确定创业的动机，在资金、人脉、市场等各方面的条件都已准备妥当或已经累积了相当实力时，就必须提供一份完整的创业计划书。创业计划书是整个创业过程的灵魂。

融资项目要获得投资者的青睐，优秀的融资策划和财务包装是融资过程中必不可少的环节，其中最重要的是编制符合国际惯例的高质量的创业计划书。目前中国企业在国际上融资成功率不高，不是项目本身不好，也不是项目投资回报不高，而是项目方创业计划书编写的草率与策划能力弱让投资者感到失望。

创业计划书的起草与创业本身一样是一个复杂的系统工程，不但要对行业、市场进行充分的研究，而且还要有很好的文字功底。对于一个发展中的企业，专业的创业计划书既是寻找投资的必备材料，也是企业对自身现状及未来发展战略的全面思索和重新定位。

4. 帮助创业者明确方向，优化发展

创业者可以通过撰写创业计划书明确创业方向。同时，创业计划书的制作是个漫长的、需要创业者根据企业的实际情况不断调整和完善的过程。若创业者能在该过程中认识到某一方面的不足或者能更新经营思路等，就有利于企业良性发展。

（三）创业计划书的分类

创业计划书按其使用目的划分，可分为争取风险资金投入的创业计划书、争取政府支持的创业计划书、争取他人合伙的创业计划书和争取银行贷款的创业计划书；按详细程度划分，可分为详细的创业计划书和简单的创业计划书。本章根据编写创业划书的篇幅以及适用情况的不同，主要介绍 2 种类型的创业计划书：完整型创业计划书和简略型创业计划书，其特点见表 9-1。

1. 完整型创业计划书

完整型创业计划书也就是一般意义上的创业计划书。此类创业计划书内容最全面，涵盖了创业的方方面面，通常用于吸引潜在的投资者和合作伙伴。其篇幅一般为 50～80 页，其中包括 5～10 页的辅助文件。通过编写完整型创业计划书，创业者能对整个创业项

表 9-1　创业计划书的类型及特点

类型	篇幅	内容	适用情况
完整型创业计划书	50～80 页	覆盖全面的完整信息	介绍初创企业 希望就关键问题与投资者探讨 详细描述和解释项目 争取大额的风险投资 参加创新创业竞赛
简略型创业计划书	15～20 页	短小精悍的关键信息	享有盛名的企业 申请银行贷款 试探投资者的兴趣 竞争激烈、时间紧迫 参加创新创业竞赛

目有一个较全面的描述，尤其能够较详细地论述计划中的关键部分。

其用途主要是：介绍初创企业；希望就关键问题与投资者探讨；详细描述和解释项目；争取大额的风险投资；参加创新创业竞赛。

2. 简略型创业计划书

这是一种短小精悍的创业计划书，它包括企业的基本情况、市场预测、盈利模式等重要信息，以及少量必要的辅助性材料。简略型创业计划书的篇幅通常为 15～20 页。

简略型创业计划书主要适用于以下情况：享有盛名的企业；申请银行贷款；试探投资者的兴趣；竞争激烈、时间紧迫；参加创新创业竞赛。

近年来，各高校纷纷开设了创新创业课程，创业计划书编写是创业教育的重要内容，可以帮助学生掌握市场分析、商业策略、财务预测和风险管理等关键技能。许多高校和企业都为学生和员工提供创业计划书编写的实践活动，以帮助他们了解创业过程和培养创业精神。下面是一些常见的创业计划书编写的实践活动。

（1）创业比赛

许多高校和企业举办创新创业比赛，要求参赛者提交完整的创业计划书。参赛者需要准备商业计划书、商业模型和 PPT 等，并在比赛中展示他们的创意、市场分析和财务预测。这种实践活动可以帮助参赛者了解如何编写一份成功的创业计划书，以及如何进行有效的商业展示和演讲。

（2）创业营

许多高校和企业为学生和员工提供创业营，要求他们组成团队并编写一份完整的创业计划书。在创业营中，学生和员工将学习如何进行市场研究、制定商业策略、管理财务和风险管控，并编写一份完整的创业计划书。这种实践活动可以帮助学生和员工了解创业过程中的挑战和机遇，并提高他们的创业能力和信心。

（3）创业课程

许多高校和企业为学生和员工提供创业课程，要求他们编写一份完整的创业计划书作为课程作业。在课程中，学生和员工将学习市场研究、商业策略、财务预测和风险管理等关键技能，并在最后编写一份完整的创业计划书。这种实践活动可以帮助学生和员工了解创业的核心概念和技能，并为他们未来的创业实践做好准备。

（4）创业导师

一些高校和企业为学生和员工提供创业指导服务，要求他们编写一份完整的创业计划书，并在导师的指导下不断修改和完善。导师可以提供市场研究、商业策略、财务预测和风险管理等方面的指导和建议，帮助学生和员工更好地理解创业过程，并编写出更成熟的创业计划书。

（5）创业实践

一些高校和企业为学生和员工提供创业实践机会，要求他们在实践中编写一份完整的创业计划书。在实践中，学生和员工将了解如何把商业计划转化为实际行动，并实现商业模型和策略的实施。这种实践活动可以帮助学生和员工了解创业的现实挑战和机遇，并增强创业能力和丰富实践经验。

总的来说，创业计划书编写的实践活动可以帮助学生和员工了解创业过程和相关核心概念，掌握市场分析、商业策略、财务预测和风险管理等关键技能，并编写一份完整的创业计划书。这些实践活动是创业教育不可或缺的一部分，可以帮助学生和员工培养创新精神、创业意识和创业能力，为他们未来的创业实践奠定坚实的基础。

除了以上提到的实践活动，创业计划书编写还可以结合其他的教学方法和工具，以帮助学生和员工更好地掌握创业技能和知识。下面是一些常见的教学方法和工具：

第一，案例研究。通过对一些成功的创业案例进行深入分析和研究，学生和员工可以了解创业成功的关键因素和策略，并应用到自己的创业计划书中。

第二，创业工具箱。一些高校和企业为学生和员工提供创业工具箱，其中包括市场研究工具、商业模型工具、财务预测工具和风险管理工具等，可以帮助他们更好地编写创业计划书和实施创业策略。

第三，创业导航。一些高校和企业为学生和员工提供创业导航服务，要求他们跟随导航完成一系列的任务和活动，并编写一份完整的创业计划书。这种实践活动可以帮助学生和员工了解创业的具体步骤和要点，并提高创业能力和丰富实践经验。

第四，创业沙龙。一些高校和企业组织创业沙龙，邀请成功的创业者、投资者和专家分享他们的经验和见解，并与学生和员工互动和交流。这可以帮助学生和员工了解创业领域的最新发展趋势，提高他们的创业洞察力和思维能力。

总的来说，创业计划书编写需要借助多种教学方法和工具，以帮助学生和员工掌握创业核心概念和技能，从而编写出更成功的创业计划书。这些教学方法和工具可以帮助学生和员工了解创业的现实挑战和机遇，提高他们的创业能力，丰富他们的实践经验，为他们未来的创业实践做好准备。

除了以上提到的教学方法和工具，还有一些其他的方式可以帮助学生和员工更好地掌握创业技能和知识，进一步提高他们的创业能力和实践经验：

第一，创业实习。一些高校和企业为学生和员工提供创业实习机会，要求他们加入创业团队并参与实际的商业活动。通过实习，学生和员工可以深入了解创业的现实挑战和机遇，并应用他们所学的知识和技能进行实际操作和实践。

第二，创业导师计划。一些高校和企业为学生和员工提供创业导师计划，要求他们与成功的创业者和投资者建立联系，并获得他们的指导和支持。导师可以提供实践经验、专业知识和建议，帮助学生和员工更好地了解创业过程和学习实践技能。

第三，创业网络。一些高校和企业为学生和员工建立创业网络，以帮助他们与其他创业者和投资者互动和交流。通过创业网络，学生和员工可以分享经验、交流想法、寻找投资和资源，并建立重要的人脉关系。

第四，创业活动。一些高校和企业组织创业活动，例如创业讲座、创业展览、创业比赛和创业会议等，以帮助学生和员工了解创业领域的最新发展趋势，并与其他创业者和投资者互动和交流。

此外，在创业实践活动中，也需要注意以下 4 点，以确保学生和员工获得最大的收益：

第一，实践与理论相结合。创业计划书的编写需要实践和理论相结合。在实践中，学生和员工可以了解创业的具体步骤和要点，并应用所学的理论知识进行实际操作。在课堂中，教师可以为学生和员工提供相关的理论知识和背景，并指导他们如何将理论知识应用到实践中。

第二，个性化指导。在实践活动中，需要为每个学生和员工提供个性化的指导和支持。每个人的创业经历和背景都不同，需要针对个人情况提供有针对性的指导和建议。通过个性化指导，可以帮助学生和员工更好地理解创业过程和核心概念，编写出更成熟的创业计划书。

第三，团队合作。创业计划书的编写需要团队合作。学生和员工需要组成团队，共同编写一份完整的创业计划书。在团队合作中，可以相互协作、分享经验，共同解决问题。团队合作可以帮助学生和员工了解团队协作的重要性，并培养团队合作的能力和技能。

第四，实时反馈。在实践和课堂活动中，需要提供实时反馈。教师和导师可以对学生和员工的创业计划书进行评估和反馈，帮助他们发现和纠正问题，并及时调整创业策略。实时反馈可以帮助学生和员工了解自己的优势和不足，并及时调整和完善创业计划书。

最后，创业计划书编写的实践活动需要注意的一个关键点是，应该注重培养学生和员工的创业精神和创新能力。创业不仅仅是一项具体的商业活动，更是一种创造性的思维和行动方式。在实践活动中，应该注重培养学生和员工的创新精神和创业意识，帮助他们认识到创业是一项具有挑战性和创造性的活动，需要具备一定的冒险精神和创新能力。

案例分析

根据创业计划书决定投资

“我现在是万事俱备，只欠东风了。”王先生刚刚创办了一家公司，并且拥有一项非常好的网络防火墙项目，甚至已经有一些企业单位对他的产品表示了浓厚的兴趣，但是，王先生缺少用于招聘人员、购买设备和生产产品的资金。于是，一个朋友帮他联系了一家投资商，经过详细的交流，这家投资商也认为王先生的项目无论在技术上还是市场上都有很好的前景，然而投资商却告诉王先生：“我们现在还不能决定是否能给你投资，你需要给我们提交一份详细的创业计划书。”王先生十分郁闷，明明自己的想法很好，为什么得不到认可呢？

分析：创业不是一件简单的事情，需要进行多方位的思考与调研，其中创业计划书显得十分重要，因为任何一项创业活动都离不开创业计划书，创业计划书的重要性可见一斑。

课堂活动

分析创业计划书

在互联网上搜集一份他人的创业计划书，分析此创业计划书的亮点和不足之处，并站在投资者的角度提出修改意见。

二、创业计划书的框架与内容

（一）创业计划书的框架

创业计划书的内容和形式因实际创业环境、创业者及创业机会的不同而千变万化，应不拘一格。但创业的一些基本要素是相似的，了解和掌握这些基本要素有助于创业者更好地编写创业计划书。编写完善的创业计划书，要求创业者明确创业的关键问题。

编写创业计划书的方法众多，有诸多的结构和模板可以参考。在创意真正转变为创业的过程中，通过提出必须面对和解决的问题，关注创业的关键成功要素，才能保证后期的成功创业。虽然创业计划书没有严格一致的格式与内容要求，但通常创业计划书的结构包括如下 12 个部分，见表 9-2。

表 9-2　创业计划书内容框架

一、封面 二、项目概要 三、项目背景 四、企业介绍 五、产品（服务）介绍 六、人员及组织结构	七、市场分析 八、营销策略 九、项目进展 十、财务管理 十一、风险与风险防控 十二、附录

（二）创业计划书的内容

创业计划书是整个创业过程的灵魂，这份白纸黑字的计划书记载了一切与创业有关的内容，包括团队介绍、竞争力介绍、市场分析、财务管理和风险控制等，在创业的过程中，这些都是不可或缺的元素。在某些时候，创业计划书除了能让创业者明确自己的创业内容，坚定创业的目标外，还兼具说服他人的作用。通过创业计划书，创业者对自己的创业会有比较清晰的认识，甚至可以赚得一笔创业基金。

1. 创业计划的制订问题

（1）关注产品

在经营计划中，应提供所有与企业的产品或服务有关的细节，包括企业所实施的所有调查。这些问题包括：产品正处于什么样的发展阶段？它的独特性怎样？企业分销产品的方法是什么？谁会使用企业的产品，为什么？产品的生产成本及售价是多少？企业发展新的现代化产品的计划是什么？把投资者拉到企业的产品或服务中来，这样投资者就会和风险企业家一样对产品有兴趣。

（2）敢于竞争

在经营计划中，创业者应细致分析竞争对手的情况。竞争对手都是谁？他们的产品是怎样的？竞争对手的产品与本企业的产品相比，有哪些相同点和不同点？竞争对手所采用的营销策略是什么？要明确每个竞争者的销售额、毛利润、收入以及市场份额，然后再讨论本企业相对于每个竞争者所具有的竞争优势。要向投资者展示，顾客偏爱本企业的原因是什么。经营计划要使它的读者相信，本企业不仅是行业中的有力竞争者，而且将来还会是制定行业标准的领先者。在经营计划中，创业者还应阐明竞争者给本企业带来的风险以及本企业所采取的对策。

（3）了解市场

经营计划要给投资者提供企业对目标市场的深入分析和理解。要细致分析经济、地理、职业以及心理等因素对消费者选择购买本企业产品的影响，以及各个因素所起的作用。经营计划中应包括一个主要的营销计划，计划中应列出本企业打算开展广告、促销以及公共关系活动的地区，明确每一项活动的预算和收益。经营计划中还应简述企业的销售战略：企业是使用外部的销售代表还是使用内部职员？企业是使用转卖商、分销商还是特许商？企业将提供何种类型的销售培训？此外，经营计划应特别关注销售中的细节问题。

（4）表明行动的方针

企业的行动计划应该是无懈可击的。经营计划应该明确下列问题：企业如何把产品推向市场？如何设计生产线，如何组装产品？产品生产需要哪些原料？企业拥有哪些生产资源，还需要什么生产资源？企业是买设备还是租设备？生产和设备的成本是多少？解释与产品组装、储存以及运输有关的固定成本和变动成本的情况。

（5）展示管理队伍

把一个创意转化为一个成功的企业，其关键因素就是要有一支强有力的管理队伍。这支队伍的成员必须有较高的专业技术知识、管理才能和多年工作经验，要给投资者这样一种感觉："看，这支队伍里都有谁！如果这个公司是一支足球队的话，他们就会一路闯入世界杯决赛！"管理者的职能就是计划、组织、控制和指导公司实现目标的行动。在经营计划中，应首先描述一下整个管理队伍及其职责，然后再分别介绍每位管理人员的特殊才能、特点和造诣，细致描述每个管理者将对公司所作的贡献。经营计划中还应明确管理目标以及组织机构图。

（6）出色的项目摘要

经营计划中的项目摘要也十分重要。它必须能让读者有兴趣并渴望得到更多的信息，它将给读者留下长久的印象。项目摘要将是创业者所写的最后一部分内容，但却是投资者首先要看的内容，它将从计划中摘录出与筹集资金最相干的细节，包括公司的基本情况、公司员工的能力以及局限性、公司的竞争对手、营销和财务战略、公司的管理队伍等情况。如果公司是一本书，那么项目摘要就像是这本书的封面，做得好就可以把投资者吸引住。它会给风险投资者这样的印象："这个公司将会成为行业中的巨人，我已等不及要去读计划的其余部分了。"

2. 明确创业计划书的内容

创业计划书其实没有一成不变的格式，但所包含的内容通常较为一致。一般来说，创业计划书应该包括创业的种类、资金规划及资金来源、资金总额的分配比例、阶段目标、财务预估、营销策略、风险评估、创业的动机、股东名册、预定员工人数等具体内容。一般包括以下12个方面。

（1）封面

封面的设计要美观精致，一个好的封面会使读者产生最初的好感，形成良好的第一印象。

（2）项目摘要

项目摘要浓缩了创业计划书的精华，涵盖了创业计划的要点，要求一目了然，以便读者能在最短的时间内评审计划并作出判断。

项目摘要一般包括以下内容：公司介绍、管理者及其组织机构、主要产品和业务范围、市场概貌、营销策略、销售计划、生产管理计划、财务计划、资金需求状况等。

在介绍企业时，首先要说明创办新企业的思路，新思想的形成过程以及企业的目标和发展战略。其次，要交代企业现状、过去的背景和企业的经营范围。在这一部分中，要对企业以往的情况作客观的评述，不回避失误。中肯的分析往往更能赢得信任，从而使人认同企业的创业计划书。最后，还要介绍一下创业者自己的背景、经历、经验和特长等。企业家的素质对企业的成绩往往起关键性的作用。在这里，创业者应尽量突出自己的优点并展现自己强烈的进取精神，给投资者留下一个好印象。

在项目摘要中，企业还必须要回答下列问题：

① 企业所处的行业，企业经营的性质和范围；

② 企业主要产品的内容；

③ 企业的市场在哪里，谁是企业的顾客，他们有哪些需求；

④ 企业的合伙人、投资人是谁；

⑤ 企业的竞争对手是谁，竞争对手对企业的发展有何影响。

摘要要尽量简明、生动。特别要详细说明企业自身的不同之处以及企业获取成功的市场因素。如果创业者了解他所做的事情，摘要仅需 2 页纸就足够了。如果创业者不了解自己正在做什么，摘要就可能要写 20 页纸以上。因此，有些投资者就依据摘要的长短来“把麦粒从谷壳中挑出来”。

（3）企业介绍

这部分的内容不是描述整个计划，也不是提供另外一个概要，而是对企业作介绍，因而重点是企业理念和企业的战略目标。

创业计划书的主体部分从企业描述开始。该部分能体现创业者是否善于把抽象的创意转化成具体的企业。公司（企业）描述也叫作项目描述，是对本项目的前期准备和运营或者创意的总体介绍。具体应包括以下 6 个方面：

① 公司简介。主要介绍企业历史、使命、法律地位和主要业务，概要介绍企业的主要业务，使投资者快速了解企业的产品或服务。

② 业务展望。主要介绍企业的战略目标，规划企业未来业务的发展方案，指出关键性发展阶段，突出介绍创意源于何处、怎样进化、由谁负责等方面，让投资者了解企业未来 3～5 年业务的发展方向及其变动理由。

③ 企业组织结构。主要说明企业所有制性质、注册地点、经营范围及企业全称。暂没有办理相关手续的创业团队，也要介绍创业团队的组成结构。

④ 供应商。主要介绍企业生产所需原材料及必要零部件供应商。投资者通常会给名单中的部分或全部供应商打电话以确认该名单的真实性。

⑤ 协作者或分包人。主要说明企业产品生产销售过程中的协作者或分包人，内容包括协作者名单或协作单位名称、地址、联系电话等。

⑥ 专利与商标。主要对企业持有或将要申请的专利与商标进行描述。企业可以通过

对专利与商标的描述来强调其独特性，或者列出企业的专利与商标清单，让投资者自己判断企业的独特性。

(4) 行业分析

在行业分析部分，应该正确评价所处行业的基本特点、竞争状况以及未来的发展趋势等内容。

行业分析的典型问题如下：

① 该行业发展程度如何？现在的发展动态如何？

② 创新和技术进步在该行业扮演了怎样的角色？

③ 该行业的总销售额有多少？总收入为多少？发展趋势怎样？

④ 价格趋向如何？

⑤ 经济发展对该行业的影响程度如何？政府是如何影响该行业的？

⑥ 是什么因素决定着行业的发展？

⑦ 竞争的本质是什么？你将采取什么样的战略？

⑧ 进入该行业的障碍是什么？你将如何克服？该行业典型的回报率有多少？

(5) 产品（服务）介绍

在进行投资项目评估时，投资者最关心的问题之一就是风险企业的产品、技术或服务能否以及在多大程度上解决现实生活中的问题，或者风险企业的产品（服务）能否帮助顾客节约开支，增加收入。因此，产品介绍是创业计划书中必不可少的一项内容。

通常产品介绍应包括以下内容：产品的概念、性能及特性；主要产品介绍；产品的市场竞争力；产品的研究和开发过程；发展新产品的计划和成本分析；产品的市场前景预测；产品的品牌和专利。

在产品（服务）介绍部分，创业者要对产品（服务）作出详细的说明，说明要准确，也要通俗易懂，使不是专业人员的投资者也能明白。一般产品介绍都要附上产品原型、照片或其他介绍。

产品介绍必须回答以下问题：

① 顾客希望企业的产品能解决什么问题，顾客能从企业的产品中获得什么好处？

② 企业的产品与竞争对手的产品相比有哪些优缺点，顾客为什么会选择本企业的产品？

③ 企业为自己的产品采取了何种保护措施，企业拥有哪些专利、许可证，或与已申请专利的厂家达成了哪些协议？

④ 为什么企业的产品定价可以使企业获得足够的利润，为什么顾客会大批量地购买企业的产品？

⑤ 企业采用何种方式去改进产品的质量、性能，企业对发展新产品有哪些计划？

产品（服务）介绍的内容比较具体，因而写起来相对容易。虽然夸赞自己的产品是推销所必需的，但应该注意，企业所作的每一项承诺都是“一笔债”，都要努力去兑现。

要牢记，创业者和投资者所建立的是长期合作的伙伴关系。空口许诺只能得意于一时。如果企业不能兑现承诺，不能偿还债务，企业的信誉必然要受到极大的损害，因而是真正的创业者所不屑为之的。

（6）人员及组织结构

有了产品之后，创业者第二步要做的就是结成一支有战斗力的管理队伍。企业管理的好坏直接决定了企业经营风险的大小，而高素质的管理人员和良好的组织结构则是管理好企业的重要保证。因此，风险投资者会特别注重对管理队伍的评估。

企业的管理人员应该是互补型的，而且要具有团队精神。一个企业必须要具备负责产品设计与开发、市场营销、生产作业管理、企业理财等方面的专门人才。在创业计划书中，必须要对主要管理人员加以介绍，介绍他们所具有的能力，他们在本企业中的职务和责任，他们过去的详细经历及背景。此外，在这部分中，还应对公司结构作简要介绍，包括：公司的组织机构图；各部门的功能与责任；各部门的负责人及主要成员；公司的报酬体系；公司的股东名单，包括认股权、比例和特权；公司的董事会成员；各位董事的背景资料。

经验和过去的成功比学位更有说服力。如果你准备把一个特别重要的位置留给一个没有经验的人，你一定要给出充分的理由。

（7）市场预测

当企业要开发一种新产品或拓展新的市场时，首先要进行市场预测。如果预测的结果并不乐观，或者预测的可信度让人怀疑，那么投资者就要承担更大的风险，这对多数风险投资者来说都是不可接受的。

市场预测首先要对需求进行预测：市场是否存在对这种产品的需求？需求程度是否可以给企业带来所期望的利益？新的市场规模有多大？需求发展的未来趋向及其状态如何？影响需求的因素有哪些？其次，市场预测还要包括对市场竞争的情况——企业所面对的竞争格局进行分析：市场中主要的竞争者有哪些？是否存在有利于本企业产品的市场空当？本企业预计的市场占有率是多少？本企业进入市场会引起竞争者怎样的反应？风险企业对市场的预测应建立在严密、科学的市场调查的基础上。风险企业所面对的市场本来就有变幻不定、难以捉摸的特点。因此，风险企业应尽量扩大收集信息的范围，重视对环境的预测和采用科学的预测手段和方法。创业者应牢记的是，市场预测不是凭空想象出来的，对市场错误的认识是企业经营失败的最主要原因之一。

市场预测包括市场细分与目标市场选择、消费者行为分析、竞争者分析和年销售额与市场份额预测等信息。

① 市场细分与目标市场选择。市场细分与目标市场选择的目的是确定目标顾客和吸引顾客。很多时候，企业在产业分析部分已经描述了它所在产业的细分情况。有效市场细分的要求如下：

同一个细分市场内的需求具有同质性；

不同细分市场之间的需求具有异质性；

与不同细分市场间的差异相比，细分市场内的差异较小；

细分市场必须足够清晰，足以识别其成员；

细分市场的规模要确定；

细分市场足够大，能确保获利。

进行市场细分之后，选择一个细分市场作为目标。如果企业对于目标市场事先没有规划，创业者一般会选择从专业素质或个人爱好上来说都最为合适的市场。进入前对目标市场发展的趋势等进行评估，仅仅关注单个市场而不是多个市场，对创业者来说是明智的决策，这样能确保拟进入的目标市场有足够规模和足够的增长空间支持企业目标的实现。

② 消费者行为分析。本部分需要明确影响消费者购买决定的主要因素。企业对目标市场的消费者越了解，提供的产品或服务就越能满足消费者的需求；了解产品和服务是高参与购买还是低参与购买，有利于企业制定符合实际的营销策略。高参与购买是指购买者投入相当多的时间和精力收集购买信息；低参与购买则相反。对于高参与购买的产品服务，体验营销或现场活动都是不错的营销策划。

③ 竞争者分析。竞争者分析是对企业竞争对手的详细分析，有助于企业了解竞争者所处位置，掌握在一个或多个领域获得竞争优势的机会。需要提醒的是，千万别轻言“市场空白”“行业培育期”等，一般情况下这样的语言可能意味着对市场调查不够充分，对行业分类不够准确，或许这是他人已经尝试过而且放弃的、无法实现的创意等。竞争者分析的第一步是确定竞争者是谁。

竞争者包括：直接竞争者——与你提供的产品非常相似；间接竞争者——提供与你产品接近的替代品；未来竞争者——虽然目前还算不上直接或间接竞争者，但他们随时可能加入这个行列。

波特五力模型是进行竞争分析的常用工具，该模型能推导出决定行业竞争强度和市场吸引力的 5 种力量，这 5 种力量将大量不同的因素汇集在一个简便的模型中，以此分析一个行业的基本竞争态势。创业者可借助波特五力模型分析企业或项目的竞争优势。

在进行波特五力分析时，可以利用表格与主要竞争者进行对比。

④ 年销售额与市场份额预测。这是支撑计划书的其他部分。测算初始销售额通常有 4 种方法：

第一，联系产业中的首要行业协会，看它们有没有与你所从事业务类似的企业的销售额数据。

第二，寻找一家经营区域之外的可比企业，或出售可比产品的企业。

第三，通过网络调查，在报纸、杂志上找到所在产业内企业的相关文章。

第四，估计产品用户总数、顾客支付的平均价格、可获得的市场份额，或者估计顾客数量和每位顾客的平均支付额度等，计算得出一个合理结果。

(8) 营销策略

营销是企业经营中最富挑战性的环节，影响营销策略的主要因素有：消费者的特点、产品的特性、企业自身的状况和市场环境等。最终影响营销策略的则是营销成本和营销效益因素。

在创业计划书中，营销策略部分应包括以下内容：市场机构和营销渠道的选择、营销队伍和管理、促销计划、广告策略和价格决策。

对创业企业来说，由于产品和企业的知名度低，很难进入其他企业已经稳定的销售渠道。因此，企业不得不暂时采取高成本低效益的营销战略，如上门推销，大打商品广告，向批发商和零售商让利，或交给任何愿意经销的企业销售。对发展中企业来说，它一方面可以利用原来的销售渠道，另一方面也可以开发新的销售渠道以适应企业的发展。

(9) 生产制造计划

创业计划书中的生产制造计划部分应包括以下内容：产品制造和技术设备现状、新产品投产计划、技术提升和设备更新的要求和质量控制和质量改进计划。

在寻求资金的过程中，为了增大企业在投资前的评估价值，创业者应尽量使生产制造计划详细、可靠。一般地，生产制造计划应回答以下问题：企业生产制造所需的厂房、设备情况如何；怎样保证新产品在进入规模生产时的稳定性和可靠性；设备的引进和安装情况，谁是供应商；生产线的设计与产品组装是怎样的；供货者的前置期和资源的需求量；生产周期标准的制定以及生产作业计划的编制；物料需求计划及其保证措施；质量控制的方法是怎样的；等等。

(10) 财务规划

财务规划需要花费较多的精力来作具体分析，其中包括现金流量表、资产负债表以及损益表的制备。流动资金是企业的生命线，因此企业在初创或扩张时，需要对流动资金有周详的计划和进行过程中的严格控制；损益表反映的是企业的盈利状况，它是企业在运作一段时间后的经营结果；资产负债表则反映在某一时刻的企业状况，投资者可以用资产负债表中的数据得到比率指标来衡量企业的经营状况以及可能的投资回报率。

财务规划一般要包括以下内容：预计的资产负债表、预计的损益表、现金收支分析和资金的来源及使用。

可以这样说，一份创业计划书概括地提出了在筹资过程中创业者需做的事情，而财务规划则是对创业计划书的支持和说明。因此，一份好的财务规划对评估风险企业所需的资金数额，提高风险企业取得投资的可能性是十分关键的。如果财务规划准备得不好，会给投资者以企业管理人员缺乏经验的印象，降低对风险企业的评估价值，同时也会增加企业的经营风险。那么如何制订好财务规划呢？这首先取决于风险企业的远景规划——是为一个新市场创造一个新产品，还是进入一个财务信息较丰富的现有市场。

着眼于一项新技术或创新产品的创业企业不可能参考现有市场的数据、价格和营销方式。因此，它要自己预测所进入市场的成长速度和可能获得的纯利，并把它的设想、管理队伍和财务模型推销给投资者。而准备进入一个现有市场的风险企业则可以很容易地说明整个市场的规模和改进方式。风险企业可以在获得目标市场的信息的基础上，对企业头一年的销售模式和财务模型进行说明。企业的财务规划应保证和创业计划书的假设相一致。事实上，财务规划和企业的生产计划、人力资源计划、营销计划等都是密不可分的。要完成财务规划，必须要明确下列问题：产品在每一个周期的发出量有多大？什么时候开始产品线扩张？每件产品的生产费用是多少？每件产品的定价是多少？使用什么分销渠道，所预期的成本和利润是多少？需要雇佣哪几种类型的人？雇佣何时开始，工资预算是多少？

（11）风险与风险管理

风险与风险管理部分应回答以下问题：

① 你的公司在市场、竞争和技术方面都有哪些基本的风险？

② 你准备怎样应对这些风险？

③ 就你看来，你的公司还有一些什么样的附加机会？

④ 在你的资本基础上如何进行扩展？

⑤ 在最好和最坏的情形下，你的五年计划表现如何？

如果你的评估不那么准确，则应该说明你的误差范围到底有多大。如果可能的话，对你的关键性参数做最好和最坏的设定。

（12）附录

附录是创业计划书的组成部分，是对主体部分的补充，其作用在于使正文做到言简意赅，或者展示由于篇幅的限制而没有在正文部分过多描述的内容，如营业执照等相关资质材料、一些实用表格、组织机构图、团队成员的个人简历、财务报表、市场调查问卷及结果、辅助性资料证明等，使其成为正文的有益补充或可靠证据，供投资者和其他阅读者参考。

（三）创业计划书的评价

许多创业计划书编写得很完备，但是在现实工作中并不见得很有效。因此对创业计划书的评价，不仅要从结构方面看其是否完整，而且要看其内容是否表述清楚，方案是否具有可行性，能否吸引投资者，增强投资者的信心。

1. 创业计划的评价主体

创业计划书的评价主体一般有 3 个方面：创业者判断创业计划是否有吸引力和可行性；投资者根据创业计划书判断投资风险和投资回报；企业管理者及员工根据创业计划书预测企业的发展前景。

2. 创业计划书的自我评估

在编写作创业计划书的全过程中，创业者应该站在风险投资者的角度（或立场）对自己的商业计划进行评估，并努力地审视以下 6 个方面的问题：

① 我能获得多少回报？

② 我会损失什么（可能遇到的风险，如所有的投资、贷款担保、法律诉讼、时间）?
③ 谁认为这个计划可行（对商业计划各项内容的第三方验证）?
④ 交易当中还有谁发挥作用（管理团队和投资群体以及他们在各自领域中的地位）?
⑤ 这个市场有多大? 你的企业如何争取到潜在的顾客（对市场开拓能力的验证）?
⑥ 我的投资何时和怎样撤出（公开上市或并购的退出战略）?

拓展阅读

一份成功的创业计划书应该具备的因素

应该：
清楚、简洁；
展示市场调查和市场容量；
了解顾客的需求并引导顾客；
解释顾客为什么会掏钱买你的产品/服务；
行业或者产品背景要十分清晰；
发展营销策略要简洁明了，不要长篇大论，过于冗长；
在头脑中要有一个投资退出策略。
不应该：
过分乐观；
盲目认为某个行业容易创业，而忽略其他因素；
拿出与产业标准相去甚远的数据；
面向产品时过于自信，认为自己的产品一定能够脱颖而出；
忽视竞争威胁；
进入一个饱和的市场。

（四）创业计划书的优化

千篇一律的创业计划书很难吸引目标读者的关注，要提高创业计划书质量，体现出项目特色，受到目标读者的青睐，优化必不可少。可以说，好的创业计划书不是“写”出来的，而是不断“优化”出来的。根据优化对象的不同，创业计划书的优化可分为内容优化和形式优化两大类。

1. 内容优化

创业计划书的内容优化主要是针对创业计划书的篇幅、段落、语句、字词、标点等文字内容部分展开的优化，具体来说包含以下 3 个方面。

（1）篇幅结构优化

内容优化应首先调整创业计划书的整体篇幅，适当调整、归并章节内容，做到详略得当，保持章节平衡。与此同时，创业计划书的内容优化要关注突出重点。创业者在编写创业计划书时应根据目标读者的特点有针对性地组织材料，从目标读者最关心的问题入手，采用独特的呈现方法和叙述思路，做到详略得当、突出重点。此外，对于创业项目的核心技术等机密部分应简化，以防泄密。

（2）语言表述优化

编写创业计划书应采用简明、清晰的表达方式，采用通俗易懂的语言展示市场调查的相关内容和市场容量，确定消费者的需求，解释他们为什么会购买本创业项目的产品（服务），为什么本创业团队最适合实施这一创业项目等。创业计划书相关内容的描述应尽可能做到规范化、科学化，同时需要注意，目标读者中有一部分是没有相关专业知识的银行家、投资者等，因此在编写创业计划的过程中，创业者不应该对技术或工艺进行过于专业化的描述或过于复杂的分析，而应力求简单明了、深入浅出，对必须引用的专业术语及特殊概念在附录中给予必要的解释和说明。此外，创业者还要注意创业计划书中所使用资料的时效，制订周期长的创业计划应及时更新有关资料数据。

（3）文字统一优化

创业计划书的文字表达要顺畅，要求词能达意，谨防出现语病。此外，创业计划书内容多、涉及面广，因此应由创业团队分工完成，但团队负责人应统一协调定稿，保持前后逻辑严谨，以免出现内容零散、不连贯、文风相异等问题。

2. 形式优化

创业计划书的形式优化主要是针对文字内容以外的部分展开的优化，整体要求为使创业计划书既美观大方，同时又能凸显本创业项目的特色。一般而言，创业计划书的形式优化应重点做好图表处理、排版设计和封面制作的工作。

（1）图表处理

① 图表美化。创业计划书应尽量选用清晰度高的图片，并将全文图片的大小设置为一致，尽量避免图片模糊、大小不一。在此基础上，创业者可利用各软件自带的“快速样式”功能来快速美化图片。

制作表格应尽量保持各行各列分布均匀，表格内字体统一，避免表格过大甚至超出页面。创业者可直接利用各软件自带的“表格样式”或“新建表格样式”功能来达到美化表格格式的效果。

② 设置编号与标题。图片和表格应按在创业计划书中出现的顺序依次编号、确定标题，并分别列于图片下方、表格上方。

③ 排版。除有特殊需要外，单一图表一般采用居中排版。图片较多时，创业者可借助 SmartArt 图形或表格快速实现多图排版和图文排版。

（2）排版设计

创业计划书要美观大方，应恰当使用不同的字体、字号、文字颜色、段落间距等。

为凸显某些重要信息，还可以加粗文字以及为文字添加下划线、颜色底纹等。

① 字体设置。主体部分统一字体，全篇字体数量尽量控制在2～3种。与正文相比，标题应当字号更大且更粗。尽量使用简洁的字体，如宋体（标宋、书宋、大宋、中宋、仿宋、细仿宋）、黑体（中黑、平黑、细黑、大黑）、楷体（中楷、大楷、特楷）、等线体（中等线、细等线）、圆黑（中圆、细圆、特圆），这些字体是标准的基础字体，虽然普通却很耐看，一般内文都使用这些字体。花体的装饰性太强，具有特殊的美化效果，一般只能在篇幅较小的地方使用，比如标题。

② 确定字号大小。为保持创业计划书在视觉上风格统一，其每个层级的文本元素在不同的版面上应相同，因此在排版时，每个层级应使用一种字体和字号，避免不同版面显得杂乱。一般来说，字号逐级变小，字号级数不可太多。

③ 确定间距。为保持文字清晰，字与字之间、行与行之间需要保持合适的间距。

字间距：为了让读者有良好的阅读感受，应避免字间距过窄。一般来说，字距由字体决定，如楷体对字间距的要求较低，而黑体和宋体由于对文字四边的空间利用率较高，字间距需要稍大才能使读者感觉舒适。如果需要集中排版，就要选择更小的字体，从而空出适当的间距。

行距：适当地增大行距更能增强文字内容的易读性。一般而言，除追求特殊的效果外，汉字的行距要比字距大，如10磅的字号对应的行距应为12磅。

④ 对齐。对齐主要是指让创业计划书的头尾对齐、段落对齐。为保持文段的完整性，不要让标点出现在行头和行尾。

⑤ 增强阅读舒适性。在完成前述排版工作的基础上，创业者可考虑利用首字下沉、添加文本阴影、文字环绕、添加任意形状的文本框、设置气口等，让枯燥的文本块产生一定趣味性，从而增强阅读舒适性。

（3）封面制作

创业计划书的封面应包括文字信息和图片元素两大内容。封面的文字信息部分可以列明创业项目名称、企业名称、创业团队的主要成员和创业计划书的编写日期，此外还可用一句话概括创业项目的主题、特色和愿景。图片元素不仅应美化封面，更应突出创业项目的特色，让人耳目一新，给人留下深刻的印象。

此外，为体现创业项目的特色，形式优化还可通过采用特殊开本、调整整体色彩、选用不同图标等来实现。

（五）优秀创业计划书的特点

创业计划书是投资者接触新企业项目的第一步，为了编写一份出色的创业计划书，向投资人展示计划及项目机会，不同的创业者编写的创业计划书都不一样。但是成功的创业计划书有一些相同的特征，这些特征也是创业者编写创业计划书时应该注意的问题。成功的创业计划书是对一项新业务所带来的机遇和风险明确的综合评估，这是一份成功的创业计划书必备的特点。

1. 结构清楚

投资者应当能够在计划书中找到他们所关注问题的答案，很容易找到他们特别感兴趣的话题，这就要求创业计划书必须有一个清楚的结构，使读者能够灵活地选择他们想要阅读的部分。

说服投资者不仅仅是靠数据分析，还要靠论点和基本论据的组织结构。因此，对任何能使投资者感兴趣的话题，都应该进行充分而准确的讨论。

投资者阅读创业计划时，创业者可能并不在场，因此不能及时地回答问题并提供解释，考虑到这个因素，计划书的正文必须能够自圆其说。因此，可能的话，在提交给投资者之前，应当先让一些人“试读”计划书。例如，可以让朋友或者同事，最好是那些对你的创意不了解的人先阅读创业计划书，并提出问题。

2. 以客观性说服投资者

一方面，有些人在讲述他们的创意时会得意忘形。的确，有些事情需要以一种充满激情的方式讲述，但应该尽量使自己的语气比较客观，使投资者有机会仔细地推敲论据是否有说服力。如果一份计划书写得像是煽情的广告，那么它很可能会激怒而不是吸引投资者，结果导致投资者产生怀疑甚至拒绝接受。

另一方面，因以前曾有过某种计算失误或错误，而对自己的项目过度批评也是同样危险的，这将使投资者对你的能力和创业动机产生怀疑。应当尽你所能提供最准确的数据，如果提到弱点或不足，那么一定要同时指出弥补的方法或措施。这并不是说你应当隐瞒重大的弱点或不足，而是说在制订计划时就应当设计弥补这些不足，并在计划书中清楚地表达出来。

3. 通俗易懂

一些创业者认为，可以用丰富的技术细节、精心制作的蓝图以及详细的数据打动投资者，但在多数情况下，简单的说明、草图和照片就足够了。如果计划书中必须包括产品的技术细节和生产流程，则应当把它们放在附录中。

4. 写作风格前后一致

一般情况下，会有几个人合作完成一份创业计划书。最后，必须对全文进行整合，以避免整个计划书风格不一、分析的深度不同，像一块打满补丁的破被子。考虑到这个因素，最好由一个人负责最后定稿的编辑和修改工作。

5. 版面格式统一

最后，创业计划书应当有统一版面格式。例如，字体应当与文章结构和内容协调一致，插入必要的图表时应力求简洁，也可以考虑使用印有（未来的）公司徽标的文头纸。

案例分析

一页纸的执行概要

大四学生王宇计划和志同道合的同学一起创业，于是与同学一起报名参加了某创业比赛。在比赛中，王宇展示了和同学共同研发的室内绿化项目，并引起了投资人的兴趣。投资人对王宇那份一页纸的执行概要尤其感兴趣。王宇的执行概要的内容如下。

(1) 项目简介

本项目着力打造人与自然和谐共处的居住理念。随着社会经济的发展，人们的居住条件得到了改善，但其生存环境却在不断恶化，尤其是装修污染问题日益严重，由于室内空气污染引起的呼吸道疾病和白血病患者的数量也在不断增加。因此，如何通过室内绿化设计达到美化环境、消除污染的目标将成为人们装修时最关注的问题。

(2) 项目进展

项目需要初始投资 100 万元。经过 3 年的发展，公司营业收入及利润将逐年递增，到第 5 年营业收入将达到 460 万元，税后利润达到 120 万元。

(3) 竞争优势

绿化环保产业是国家重点扶持和重点发展的产业。目前，市场上还没有将室内绿化设计与植物的特效功能（如清除有害气体等）联系在一起的企业，所以，该领域属于市场空白。另外，各地方政府对该产业有相关补贴政策。

(4) 产品介绍

通过室内绿化项目，人们可以在健康与舒适的环境中生活，还能减少因室内空气污染而引发的疾病。

(5) 团队介绍

创业团队由一群充满激情与创新精神的大学生组成，该团队拥有园林植物与观赏园艺专业的研究生、经济管理专业的研究生以及植物相关专业的本科生。其中，团队创始人还取得了室内绿化装饰师证书。

分析：通过这份执行概要，王宇不但让投资人明白了该项目的商业价值，还清楚地介绍了所提供的产品，以及该产品是如何解决消费者的问题的。比赛之后，王宇的项目引来了一些投资人和企业的关注。

课堂活动

获奖创业计划书展示

创业计划书是创业者获取风险投资的“敲门砖”，也是创业者展示整个项目，彰显自己思想与才华的重要工具。下面请同学们分析创业计划书，具体步骤如下：

① 请同学们分为5～8人的小组，通过互联网查找到一份获奖创业计划书。

② 每位同学用3分钟浏览与分析创业计划书后，与组内成员谈谈自己对创业计划书作用的认识。

③ 各小组尝试分解创业计划书的结构，对其进行归纳总结，再与其他小组分享讨论，以加深自己对创业计划书的认识。

三、创业计划书的撰写原则与技巧

（一）创业计划书的撰写原则

1. 开门见山，突出主题

创业计划书的目的是获取资源，要开门见山直入主题，不要浪费时间和精力写一些与主题无关、对读者来说毫无意义的内容。此外，编写创业计划书还要考虑目标读者的因素。目标读者不同，对创业计划书的要求和兴趣不一样，创业计划书的内容和侧重点也应不同。

2. 简明扼要，通俗易懂

创业者必须认识到，创业计划书不是文学作品，也不是学术论文，飞扬的文采、深奥的专业术语不仅不能打动目标读者，还不利于他们阅读和理解计划书。因此，创业计划书的语言应该简单明了，尽量避免专业术语，只要能够表达清楚自己的观点即可，不要过分渲染。

3. 结构清晰，内容规范

创业计划书是一种很正式的规范性文件，在结构和内容上都有一定要求。创业计划书要具备完整一致性，应做到要素齐全、内容充实、通俗易懂、结构严谨、风格统一，前后基本假设或预测相互呼应、逻辑合理。创业者在撰写创业计划书时，最好有一份优秀的创业计划书作为模板进行参考。一方面，在结构上必须清晰，创业计划书的各个部分都应该论述到；另一方面，在内容的表述上要做到规范化、科学化，财务分析最好使用图表，形象直观。此外，创业计划书还应该注意格式和排版。

4. 观点客观，预测合理

创业计划书中的所有内容都应该实事求是，力求通过科学的分析和实地调查来表达观点和看法，尤其是市场分析、财务分析等部分不应夸大、吹嘘。对市场占有率、销售收入、利润率等指标的预测要做到科学合理，数字尽量准确，最好不要粗略估计。而且要能明确指出企业的市场机会与竞争威胁，能把握并充分显示创业者对市场现状的掌握情况与对未来发展的预测能力。

5. 展现优势，注意保密

为了获得读者的支持，创业计划书还应该尽量展现自身的优势，如先进的技术、良好的商业模式、广阔的市场前景、高素质的创业团队等，做到一一呈现，详略得当。但是，创业者还要注意保护自己，对一些技术和商业机密的保护是合理且必要的。在实际操作中，通常会在创业计划书中加一条保密条款来保护自己的利益。

6. 团队协作，客观实际

创业计划书要能展现组建团队的思路、团队人员的作用，尽可能突出专家的作用、高管人员的优势和专业人才队伍的水平，明确团队领军人物。同时，创业计划书要有理有据、循序渐进。创业计划书中的一切数字要尽量客观、实际，以具体资料为证，切勿凭主观意愿高估市场潜力或报酬，低估经营成本。创业计划书中对工作的安排要循序渐进、有条不紊、可操作性强。

案例分析

创业计划的重要性

2011 年，彭健毕业于某学院机械设计专业。毕业后，他先后在福建厦门和山东青岛打拼，从事销售和培训行业。虽然在外时间不长，但是过往的人生阅历锻炼培养了他独立思考和勤奋工作的习惯。一年后，彭健回到了家乡宣风镇。

当时的宣风，苗木产业称得上红红火火，远近闻名。“绿色银行”的美好现实和政府部门政策方面的重视倾斜，还有父辈和同乡好友的嘱托相约，让彭健决心就在家乡的热土扎下人生的创业根基，开始自己的创业之路。

彭健说，自己的父亲原本从事建筑行业，与本地苗木行业的大企业有不错的交情。而且当地的众多苗木企业组成的行业协会非常团结，大家齐心协力，互通有无，彼此促进。政府有关部门对他大力支持，是他从创业之初就顺风顺水的重要基础。

他一开始便把目标定位在高端苗木，但他并没有着急去做这件事情，而是先写创业计划书。为了寻找到好苗种，他先后到过湖南、四川、河南、山东、上海、浙江、安徽、福建等省市，前期引进的精品苗木包括华盛顿棕榈、高杆精品桂花、丹桂、高杆精品大红紫薇、高杆樱花、造型罗汉松等。他详细记录了每一种植物的特点、类型，到田间地头去拜访老师傅，将学习来的知识一一记录，并整理成册，便于查看。考察结束后，他将这次考察结果做了详细的总结，并撰写了创业计划书，将其拿给相关专家检验，请专家提出意见。经过几番修改，创业计划书终于完成，并且在实际创业中起到了重要作用。渐渐地，彭健的事业越做越大。

分析：一份具有可行性的创业计划书是获得融资的基本条件，但好的创业计划书无关篇幅的长短。满怀激情的创业者虽然可以在几小时内就写完一份创业计划书，却要花好几个月的时间来调查市场、收集相关信息、分析创业项目的可行性和预测市场前景。从上面的案例中我们不难发现，准备创业计划书的过程实质上是信息收集的过程，是分析并预测环境进而化解未来不确定性因素的过程。只有准确、到位的市场信息和行业信息才能帮助创业者了解市场行情、知晓客户需求、洞悉对手状况，进而明晰自身发展。而市场调查是创业者收集信息的最主要方法，是决定创业计划书的论证是否有理有据，检验创业计划是否切实可行的主要依据。

（二）创业计划书的撰写步骤

1. 准备阶段

创业计划书涉及内容较多，因而撰写前必须进行周密的安排。主要有如下一些准备工作：

确定创业计划的目的与宗旨；

组成创业计划小组；

制订创业计划编写计划；

确定创业计划的种类与总体框架；

制订创业计划编写的日程安排与人员分工。

2. 资料准备阶段

以创业计划总体框架为指导，针对创业目的与宗旨，搜集内部与外部资料，包括创业企业所在行业的发展趋势、产品市场信息、产品测试、实验资料、竞争对手信息、同类企业组织机构状况、行业同类企业财务报表等。资料调查主要包括实地调查与收集二手资料 2 种方法。实地调查可以得到创业所需的一手真实资料，但时间及费用耗费较大；收集二手资料较容易，但可靠性较低。创业者可根据需要灵活采用 2 种调查方法。

3. 创业计划的形成

创业计划形成阶段要完成以下 4 项任务。

拟订创业执行纲要：主要是创业各项目概要。

草拟初步创业计划：依据创业执行纲要，对创业企业的市场竞争及销售、组织与管理、技术与工艺、财务计划、融资方案以及风险分析等内容进行全面编写，初步形成较为完整的创业计划方案。

修改完善阶段：创业计划小组在这一阶段对创业计划进行广泛调查并征求多方意见，

进而提出一份较为满意的创业计划方案。

创业计划书定稿：定稿，并印制成正式的创业计划书文本。

（三）创业计划书的撰写技巧

创业者在撰写创业计划书时需要注意一些技巧，这样既可以提高创业计划书的可读性，又可以提高企业融资的概率。

1. 抓住对方的5分钟

一般来说，投资者阅读一份创业计划书的时间为5分钟左右。对于投资人来说，创业计划书中重要的内容是业务和行业性质、项目性质（债权融资还是股权融资）、资产负债表和团队的项目核心资源等内容，这些也是投资者评判创业项目价值的主要因素。因此，大学生创业者在写创业计划书时要对这4个方面给予重视。

2. 内容要完整

一份好的创业计划书至少要包括以下内容：执行摘要、产品或服务、团队和管理、市场预测、营销策略、生产计划、财务规划和风险分析。创业计划书不应该遗漏任何要素。

3. 投资项目中最重要的因素是人

大学生创业者要按照团队组建原则和团队特点等对创业团队情况如实描述，对团队成员的构成及其分工情况进行重点介绍。

4. 提高撰写水平的途径是阅读他人的创业计划书

阅读他人的创业计划书是帮助大学生创业者提高自己写作能力的有效途径。撰写创业计划书之前阅读并分析十几份他人的创业计划书，将会对大学生创业者产生很大的帮助。

5. 记住43.1%规则

投资者一般会希望在5年内将其投入的资金翻6倍，相当于每年的投资回报率大约是43.1%。因此，一份承诺投资回报率在40%～50%的创业计划书对于投资者来说比较可靠。如果创业计划书的目标是借款，就需要大学生创业者做好还本付息计划。

6. 夹带“小纸条”

做最充分的准备，对创业计划进行最详细的论证，直面所有和创业计划有关的负面问题，都有利于大学生创业者打动投资者。另外，在会见投资者之前，大学生创业者可以用“小纸条”的方式准备尽可能多的有关负面问题的答案，以给自己足够的心理支持和勇气。

7. 利用好投资者名录

取得投资者名录是一种事半功倍的方法。利用好投资者名录，大学生创业者可以预先增进对投资者的认识和了解，以便有针对性地展开融资活动。

8. 做好回答问题的准备

大学生创业者要做好回答投资人提出的各种问题的准备。例如，“你的创业计划书给其他投资者看过吗?”投资者提出的问题的角度和难度具有很大的不确定性，大学生创业者应该遵循诚实守信的原则，如实回答。

9. 正确对待被拒绝

审阅创业计划书是投资者日常工作的一部分，拒绝大多数的创业计划书也是投资者的工作常态。大学生创业者没必要因为创业计划书被拒绝而伤心欲绝，而应该将其作为不断完善创业计划书的手段。大学生创业者如果在每一次被拒绝后，都能够很好地采纳投资者的建议，进一步优化其创业计划书，那么每被拒绝一次就距离被接受更近了一步。

10. 让投资者相信其能快速收回本金

投资者进行投资，其最低的要求都是能把本金收回来。因此，大学生创业者如果能够使投资者相信其能快速将本金收回，那么企业得到融资的概率会大大增加。

案例分析

两家川菜馆

大学毕业前夕，5 位对“吃”颇有研究的同学聚在一起，打算在校园附近开一家川菜馆。身为即将毕业的大学生，他们并没有足够的资金启动这个创业计划，商讨之后，便决定寻找投资人。

当时，校园附近已经有了几家川菜馆，但这几家川菜馆的菜品并不正宗。5 人进行了一番调研后，制作了详细的创业计划书，对川菜馆前景、发展战略、团队优势、市场环境、目标群体、就餐环境、菜品价格、质量控制、营销方法、资金预算、发展计划、风险控制等进行详细介绍。经过一番努力，5 人成功拉到投资，川菜馆正式开业。

开业后，不远处一家定位为“特色川菜”的餐馆也迅速开张，巧的是，这一家川菜馆也是两名大学生开办的。运营一段时间后，两家川菜馆的差距就很明显地体现出来了。前者的运营目标、运营战略都非常明确，会员服务制度也步入正轨，整个川菜馆业绩蒸蒸日上；后者因没有明确的计划，原料的采购、储运以及财务管理与规划等都十分混乱，很快就关门歇业了。

分析：对于大学生创业者来说，一份好的创业计划书具有十分重要的意义，它不仅能帮助大学生创业者获取创业资金，还能让大学生创业者捋清创业初期的发展思路，为创业成功打下坚实的基础。

（四）创业计划书的撰写方法及注意事项

撰写创业计划书的目的是为创业融资、宣传提供依据，同时提供创业实施的规划方案。因此，创业计划书的撰写除尽可能多地展现创业项目的前景及收益水平外，还要展现出创业项目的可实现性。

1. 创业计划书的撰写方法

在撰写创业计划书时，应遵循正确的方法：

第一，做好工作计划，使创业计划书的写作过程有条不紊。

第二，始终围绕创业产品与服务展开，并经常性地评估产品与服务的创业价值。

第三，要充分寻求外部有关人员的指导与协助。

第四，不断修改补充完善创业计划。一般来说，创业计划书的正式文本与创业计划草案可能相差很大，有的甚至面目全非。

第五，要针对创业计划的目标读者设置计划项目的不同侧重点。风险投资者对创业计划书中的市场增长及盈利感兴趣；战略伙伴与主要客户关心产品、服务、市场、盈利及管理团队的运作能力；主要雇员、管理队伍则想知道创业公司过去的成功记录及今后的发展前景。

2. 创业计划书撰写的注意事项

第一，创业计划书要重点突出、注重实效。每一份创业计划书都应有自己独特的个性，要突出每一个创业项目的独特优势及竞争力。另外，要注意创业计划书中所使用资料的时效，制订周期长的创业计划书应及时更新有关资料数据。

第二，描述产品服务使用专业化语言。财务分析要形象直观，尽可能使用图表；阐述战略、市场分析、营销策略、创业团队要使用管理学术语，尽可能做到规范化、科学化。

第三，创业计划书内容多、涉及面广，因此，要求创业小组分工完成，但应由组长统一协调定稿，以免出现创业计划零散、不连贯、文风相异等问题。

第四，创业计划书要详略得当、突出优势，机密部分可简化，以防泄密。

案例分析

胡钟亮团队的创业计划书

2018 年，在“大众创业、万众创新”的感召及高校营造的浓厚的创新创业氛围中，某高校学生因为兴趣组成一个团队，以“爽神汤·三姐家乡油茶品牌策划”项目报名参与“互联网+”大学生创新创业比赛的文化创意服务主题，并最终成功入围省级决赛，获得“就业型创业组”金奖。该项目团队的创业计划书通过封面和目录介绍了项目和团队的基本信息及该计划书的结构。其正文内容如下。

一、项目简介

（一）品牌名称——爽神汤·三姐家乡油茶

本项目计划打造一款有民族文化特色、故事情怀的健康速食产品，“爽神汤·三姐家乡油茶”这一具有民族特色的健康食品品牌名称便应运而生。“爽神健胃·三餐好绝配”的品牌调性定位旨在以品牌的健康理念引起消费者的共鸣，并结合绿色、养生、多变的速食品发展趋势，打造出新的速食品消费市场。

（二）项目现状

1. 产品创新研发基础

打油茶是侗族特有的一种饮食习惯。油茶文化遍及广西各地，如今喝油茶已成为人们饮食休闲的一件趣事。（略）

2. 产品口味特色（略）

3. 产品功效分析（略）

二、团队介绍

本团队是由老师带领学生组建的一个具有销售性质的创业团队。团队成员主要由营销人员、设计创新与创业指导人员、销售人员 3 部分组成。

三、市场分析

（一）目标消费人群——18～80 周岁的成年人

1. 痛点

现在人们的工作、生活节奏快，没时间在家打油茶，也无便捷的油茶自助，想喝一碗油茶却吃不到。

2. 切入点

为缓解现在人们工作、生活的压力，满足其对健康养生产品的渴求，“爽神汤·三姐家乡油茶”不仅扮演了妈妈、姐姐的角色，让人们产生“在家真好”的感觉，还可以调节人们身体亚健康状态。此外，产品包装形象把传奇色彩、方言魅力的趣味性与现代人的生活习惯结合起来，颇有特色。

（二）市场现状（略）

（三）产品市场分析（略）

四、竞品分析

竞品主要有“瑶之味恭城油茶”“瑶乡情浓缩油茶”“侗茶香三江油茶”等。

（一）SWOT 分析

S（优势）：油茶历史悠久，是中国非物质文化遗产，内涵丰富。

W（劣势）：全国大多数地区的人还没有喝过油茶，推广需要过程。

O（机会）：油茶能够搭配任何一种食品食用，具有很大的可塑性和拓展空间。

T（威胁）：就产品而言，如果不能快速地占领市场，就容易被其他品牌仿制。

（二）市场定位（略）

五、营销策略

（一）产品推广策略（略）

（二）产品形象包装定位（略）

（三）产品形象包装背景故事——歌仙刘三姐的故事（略）

（四）包装设计文案策划——方言魅力＋暖心设计

产品包装借用刘三姐的形象、电影《刘三姐》中的对歌情景来绘制角色，文案内容用方言和现代生活的网络词，体现了趣味性，让消费者对产品包装形象过目不忘。（略）

品牌主广告语——爽神健胃·三餐好绝配

（五）产品包装形态描述

产品包装使用纸质碗盒包装、充气包装等便捷包装，打造油茶速食、快餐文化特色，即冲即饮。

（六）营销策略与计划（略）

六、预算与效果评估

产品上市后半年内的品牌形象推广预算、媒体选择以及风险分析。（略）

七、创业愿景描述

（其内容包括首轮融资目标及首轮资金一年投向，内容略。）

后附创业项目提案 PPT 展示。（略）

分析：该创业计划书从项目简介、团队介绍、市场分析、竞品分析、营销策略、预算与效果评估和创业愿景描述 7 个方面对项目进行了全面、完整的介绍，要素较为齐全，目标明确、内容充实、文字精练，体现了客观性，而且凸显了该创业项目的优势和发展前景。对于大学生创业者而言，这是一份非常不错的可供参考、学习的创业计划书模板。

课堂活动

创业计划书撰写训练

假设学校愿意在校内以极低的价格提供一间面积为 30 平方米的房屋供大学生创业使用，要求有意愿的大学生提交一份创业计划书来竞争房屋的使用权，你会以什么样的创业项目去竞争？请你据此撰写一份创业计划书。

第十章 项目路演与答辩

知识要点

1. 路演材料的内容构成；
2. 路演材料的呈现技巧；
3. 项目答辩的技巧。

学习目标

1. 了解路演材料的内容构成；
2. 掌握路演材料的呈现技巧；
3. 学会项目答辩的技巧。

创业者完成创业计划书之后，要如何在短时间内让项目进入评委或投资者的“法眼”？路演是很重要的一环。项目路演是指项目创始人或创业代表在讲台上向评委、投资者讲解项目属性及企业发展计划和融资计划。项目路演是一扇让外界了解企业和项目的窗户。

一、路演材料的内容构成

（一）路演的内涵

路演是创业项目获得社会和投资人认可的重要方式。在大众创业、万众创新的热潮中，大学生创业政策体系越来越完善，越来越多的创业者通过创业项目路演在投资说明会上推介自己的创业计划，在创业大赛中展示自己的创业方案。创业项目路演可以给创业者提供将其所描绘的“空中楼阁”转化、落实到产业实际的机会，是创业者与政府、投资者之间进行交流的桥梁，可以帮助创业者展示创业项目，加强资源整合，获得投资者青睐，实现创业梦想。

路演源于以前国际上广泛采用的证券发行推广方式——“roadshow”，指在企业上市之前，创业者连续在多个重要城市举办公开的交流会，向投资者公开介绍企业、项目产品或创新想法等，以获取投资者的支持，从而在接下来的上市中获得更好的发行和更高的估价。现在，路演的主体不单是企业，也可以是某个项目，对象也不仅是投资者，还可以是合作者。例如，初创企业参加项目路演以获取投资者的青睐；某企业部门推出创新项目，通过参加企业内部项目路演争取企业资源，以做大项目等。

大学生的创业项目路演则指大学生创业者在讲台上向投资者讲解自己企业的产品或服务、发展规划、商业模式、财务现状与预测、经营风险与对策、融资计划、产品远景等。

随着移动互联网技术的发展，项目路演的形式也越来越多元，开始更多地依托多媒体技术。现在的项目路演可以使用PPT、视频，甚至可以制作微电影，形式多样。若是线下路演，创业者则可以在活动专场与投资者进行面对面的沟通与交流；若是线上路演，创业者则可以借助腾讯会议、微信群、QQ群等，以在线视频的形式对项目进行讲解。

（二）路演的作用

通过路演来展示创业项目，能够大大提高融资成功的概率，因为相比文字、PPT和表格，路演更为真实。项目路演的作用如下。

1. 路演是一种信息披露方式

在展现形式上，路演包括文字、图片、视频、PPT演讲和互动问答；在展现内容上，路演包括项目市场分析、竞争分析、产品或服务介绍、技术介绍、商业模式、团队成员、财务指标、融资计划等多方面的完整信息披露，可以使投资者获得关于该创业项目非常详细、全面的信息。

2. 路演是一种增信手段

任何交易都建立在信用和信任的基础上，寻求融资更是如此。信息披露的本质就是建立信任，路演使投融资双方能够面对面地进行零距离接触，增进信任。这一作用在信用体系不够完善的投资场显得更为重要。

3. 路演是一种即时沟通

路演特别强调现场感，必须由项目主要创始人现场讲解。从这个角度来看，事先录好并经过剪辑的视频只能作为路演的辅助参考。路演特别强调即时演讲，没有经过深思熟虑而直面问题的解答，往往更能反映项目的真实情况。尤其是在问答环节，投融资双方通过互动交流，可以将对彼此的了解提升到新高度。

可以说，项目路演是国内外很多企业实现融资的“高速公路”。路演可以实现创业者与投资者的零距离对话、平等交流和专业切磋，增进创业者与投资者的相互了解，最终推动投资进程。

（三）路演的类型

对不同的企业而言，路演的目的各有不同，有的是融资，有的是推介自己的产品，有的则是上市，有的很可能只是做公益，还有的是招商、参加双创赛事。搞清楚路演的目的，然后有针对性地选择恰当的路演类型，才可能让路演成为企业成功的助推器。

1. 招商路演

招商路演就是发布产品经营信息以寻找合适的代理人。一般来说，想做好招商路演，需要做一些准备工作，以增强对客户的吸引力。一是造声势。为路演造声势可以提高企业的知名度，增强对客户的吸引力。造声势的方法有很多，最常见的方法有发传单、铺货、陈列。二是找目标。招商路演的目的性很强，即引起目标代理人的关注，获得目标代理人的认可。

2. 产品推介路演

产品推介路演一般是指在城市比较繁华的地段，如超市、商场等人群密集的地方，利用一些比较博人眼球的节目吸引人们的注意力，在表演的过程中不断加入对产品的介绍，达到大范围宣传推广产品的目的。对一些初创企业而言，在没有雄厚资金投放广告的情况下，精心策划一场产品推介路演，既能起到一定的宣传推广作用，又能减轻企业的资金压力，是产品宣传的不二之选。

3. 上市路演

很多企业在发展到一定阶段后，就会计划上市。而在上市之前，不少企业都会公开发行股票，这个时候就需要路演来为公开发行股票宣传造势。例如，阿里巴巴在上市之前，马云曾经在美国证券交易所公开路演。在马云这位口才出众的演讲者的游说下，仅仅 2 天之后，阿里巴巴的计划募集额度就达到了足额。

4. 融资路演

融资路演很好理解，就是创业者为了获得创业启动资金或后续的发展资金，向潜在的投资者进行演说，进而达到获取资本的目的。初创企业层出不穷，资本市场也异常活跃，资本在寻找好项目，项目也渴望得到资本的扶持，这两股力量的交织就促成了融资路演。

拓展阅读

麦肯锡 30 秒电梯理论

项目路演通常需要创业者有较好的口才，能在较短时间的心理博弈中给出投资人想要的内容，快速打消投资人的疑虑，获得投资人的信任，而麦肯锡 30 秒电梯理论与之如出一辙。据悉，麦肯锡公司某项目负责人为某一重要客户提供咨询服务后，在电梯内偶遇对方的董事长，董事长询问该项目负责人能否介绍一下当时的服务情况。由于该项目负责人没有做好准备，也做不到在电梯下楼的30秒内将事情说清楚，最终，麦肯锡公司失去了这一重要客户。之后，麦肯锡便要求公司员工凡事都要直奔结果，在30秒内将事情表达清楚。该理论也是现在商界流传较广的“电梯法则”，而“黄金30秒”也被认为是非常经典的公众演讲练习活动。

对于电梯法则的价值，某著名风险投资人曾表示：“在进行商业汇报时，尤其就我本人而言，如果不能遵循‘电梯法则’，就不应与任何人讨论。”创业者如果无法在30秒内简明扼要、准确无误地阐述自己的想法，则说明其对资料的理解和结构的梳理还不够到位，这无疑会让其错失良机。

课堂活动

黄金30秒

该活动灵感源于麦肯锡的30秒电梯理论，要求同学们能在30秒内直奔主题，将结果表达清楚，做到有吸引力的呈现。具体步骤如下：

① 每个人设计一个时长为30秒的、精彩的故事开头。

② 每个人有5分钟的准备时间。

③ 同学们对每位同学的分享进行讨论，限时3分钟。

（四）路演材料内容的构成

项目路演竞争十分激烈，项目路演只有用足够的内容价值才能获得投资者的认可，因此项目路演的内容非常重要。与此同时，创业者还应掌握项目路演的技巧，助力项目路演更加成功。

一般来说，项目路演包括以下内容：

Why——为什么做这个项目？

What——项目是做什么的？（产品/服务以及项目的主要业务是什么？准确定义所提供的产品、技术、概念产品和服务）

How——项目是怎么做的？如何盈利？（项目进度、竞品分析、获利方式与商业模式）

Who——项目是由哪些人来做？（项目团队/公司介绍）

How much——项目需要多少资金，能赚多少钱？（融资计划、财务管理）

社会价值——项目带来的社会效益（社会贡献）是怎样的？（社会影响）

二、路演材料的呈现技巧

路演最初是国际上广泛采用的证券推广方式，以起到广而告之和达成销售两个作用。现在路演不仅仅是金融推介形式，也包含很多创业融资、项目介绍和其他台上介绍宣传的方式。例如，有新的创业想法可以参加各种活动、比赛等介绍自己的新项目，这就是一种路演的形式，通过参加活动介绍项目，不仅能介绍宣传自己的项目，还能够帮助你找到客户或直接达成销售。路演材料是十分重要的，所以，在呈现时要注意技巧。

（一）PPT的制作技巧

项目路演的内容最好用PPT来展示，因为路演时间有限，路演PPT可以将核心的内容展示出来，从而让投资者尽快对项目产生兴趣。精心设计的PPT可以让项目路演更加精彩，因此大学生创业者应巧妙构思PPT展示的内容，以便进行更专业的展示。项目路演的PPT制作通常遵循6-6-6法则，即每行不超过6个词语，每页不超过6行，连续6页文字PPT之后有一个视觉停顿（带有图表的PPT）等。一场5～8分钟的路演所用的PPT最好不超过20页。

表10-1所示为推荐的项目路演展示PPT模板，共计20页。展示PPT往往从标题幻灯片页开始。该页要包含项目的名称和标志、创业者的姓名和联系方式等内容。

表10-1　推荐的项目路演展示PPT模板

页码	核心内容	内容安排
1～2	项目概述	对产品或服务进行简要介绍，对该项目的潜在收益（经济效益、社会效益）等进行简单说明
3～4	痛点分析	说明亟待解决的问题（问题在哪儿？为什么会出现该问题？如何解决该问题?）和通过调查证实的问题（消费者的需求是什么？专家有哪些建议？问题的严重性如何?）
5	解决方案	说明项目解决方案与其他解决方案相比的独特之处；展示本项目的解决方案在多大程度上可以改变消费者的生活，以及项目的解决方案有哪些准入壁垒
6～7	目标市场	要清楚定位企业具体的目标市场，对目标市场的广阔前景进行展望；通过图表展示目标市场的规模、预期销售额和预期市场份额等信息
8～9	产品或服务、技术	介绍产品或服务、技术的独特之处。如果产品已经试生产成功，则最好展示样品；描述技术时，尽可能使用通俗易懂的语言，切忌使用太多专业术语；说明产品或服务、技术可能涉及的知识产权问题以及企业采取的保护措施
10	竞品分析	说明自身的竞争优势，详细阐述直接、间接和未来的竞争者，展示创业计划书中的竞争者分析
11～12	商业模式	描述总体的销售过程、销售渠道、定价策略，说明消费者的购买动机、激起消费者欲望的方法以及产品或服务到达消费者手中的方式
13～14	团队介绍	介绍现有管理团队（团队成员的背景和专长及其在企业中将要发挥的作用，如何进行团队合作等）

（续表）

页码	核心内容	内容安排
15	财务规划	介绍企业未来3～5年总体的盈利状况、财务状况及现金流状况，同时做好回答与数据相关问题的准备
16	股权结构	用数据突出已经取得的重大进展，介绍启动资金的来源、构成和使用情况，介绍现有的所有权结构，介绍企业采用的法律组织形式及其原因
17	融资计划	介绍预期的融资渠道及筹集资金的使用方式，同时介绍资金筹集完成后可能取得的重大进展
18～20	社会价值	带动就业、社会影响、媒体报道、项目愿景

另外，PPT整体还应满足以下要求：风格清晰；着色不能超过3种；多用表格和图片，少用大段文字。

（二）路演视频的制作

视频是最直观的展示工具，路演视频往往能够在调动观众感官的同时，带来意想不到的路演效果。通过展示视频，观众能够更好地了解项目状况。在销售路演时，路演者借助视频对企业的产品或服务进行展示，能够让观众对企业的产品或者服务有更清楚的认识；在商业路演时，路演者借助视频展现企业的雄厚实力以及产品优势，能够更好地吸引观众。

制作路演视频的方式多种多样，但一般都围绕3个环节展开。一是前期策划。前期策划相当于策划文案，在进行策划之前，路演者需要事先搜集企业的资料、行业的资料，这样策划出来的文案才会更严谨。二是中期拍摄。在中期拍摄这一步，路演者要确定拍摄重点，这样才不会让拍摄出来的画面毫无意义、毫无重点，也不会让一些不重要的镜头喧宾夺主。三是后期制作。在这一步，路演者要将拍摄出来的镜头整合在一起，配上文字、画外音等形成一个完整的视频。

需要强调的是，路演宣传片几乎就是有“干货”的、格调很高的、会动的PPT，因此必须突出专业性。路演者可聘请专业的媒体公司设计制作。

（三）路演材料的呈现技巧

路演材料的呈现是一项非常重要的能力，它能够帮助公司向投资者和其他利益相关者传达信息并获得信任和支持。以下是一些可能有助于提高路演材料呈现技巧的建议。

1. 清晰和简洁

路演材料应该清晰和简洁，避免使用过多的术语和技术语言，以免造成投资者和其他利益相关者的困惑。路演者应该使用简洁明了的语言和图表，以帮助投资者和其他利益相关者更好地理解其业务和计划。在路演材料的呈现过程中，清晰和简洁的风格非常重要，因为投资者和其他利益相关者希望能够快速地理解公司的业务和计划，而不会被冗长、模糊或复杂的信息所困扰。以下是一些可能有助于路演材料清晰和简洁的技巧。

（1）使用简洁明了的语言

在路演材料中使用简洁明了的语言，避免使用过于专业的术语和技术语言，以确保投资者和其他利益相关者能够理解 PPT 的内容。

（2）突出重点信息

使用数据、图表、图像和精练的文字，强调路演材料的关键信息，以便投资者和其他利益相关者能够快速理解公司的业务和计划。

（3）使用列表或短语而非段落

尽可能使用列表或短语，而不是长段落来传达信息，这样更容易理解。

（4）精简 PPT

尽可能精简路演材料中的内容，将其减少到最必要的信息，以便让听众更轻松地理解 PPT 的内容。

（5）使用易于识别的字体和颜色

选择易于识别的字体和颜色，以确保投资者和其他利益相关者能够更容易地阅读和理解 PPT 中的信息。

（6）显示结构和逻辑

在路演材料中使用适当的标题和子标题，并确保 PPT 的结构和逻辑清晰，以帮助投资者和其他利益相关者更好地理解 PPT 的结构和内容。

（7）避免冗长的段落和句子

尽可能避免冗长的段落和句子，这样可以让信息更清晰，更容易理解。

总的来说，清晰和简洁的演示风格可以帮助投资者和其他利益相关者更好地理解公司的业务和计划，从而增强对公司的信任和支持。

2. 有吸引力的外观

路演材料的外观应该有吸引力，以吸引投资者和其他利益相关者的注意力。公司应该使用高质量的图片、图表和设计元素，以增强其 PPT 的视觉吸引力。有吸引力的外观是路演材料呈现技巧中非常重要的一个方面，因为投资者和其他利益相关者通常会首先通过 PPT 的外观和视觉效果来判断公司的专业水平和业务能力。以下是一些可能有助于路演材料外观有吸引力的技巧。

（1）选择适当的颜色

路演材料的颜色选择应该考虑到品牌形象、目标受众和业务类型等方面，选用适当的颜色能够帮助增强 PPT 的视觉效果。

（2）使用高质量的图片和图表

PPT 中的图片和图表应该具有高质量和高清晰度，这样可以增强 PPT 的专业性和视觉吸引力。

（3）使用视觉元素

除了文字和图表，多使用视觉元素如图像、符号和动画等，可以帮助增强 PPT 的吸引力和视觉效果。

（4）使用简洁一致的排版

PPT 中的排版应该简洁一致，避免使用过多的字体和排版样式，以免分散听众的注意力。

（5）考虑目标受众

在设计路演材料的外观时，应该考虑到目标受众的需求和喜好，以确保 PPT 能够吸引和激励其目标受众。

（6）使用有趣的案例

在 PPT 中使用有趣的案例和故事，可以帮助增强 PPT 的吸引力和趣味性。

（7）考虑呈现方式

在 PPT 中使用动画、视频和音频等多媒体元素，可以帮助增强 PPT 的视听觉效果，使演示更加生动、有趣。

总的来说，有吸引力的外观可以帮助路演材料吸引投资者和其他利益相关者的注意力，加深其对公司的印象和信任，从而增加公司获得投资和支持的机会。

3. 结构化的内容

结构化的内容是路演材料呈现技巧中另一个非常重要的方面，因为它能够帮助投资者和其他利益相关者更好地理解演示文稿的结构和内容，同时也能够帮助演讲者更好地组织演示思路。以下是一些可能有助于路演材料内容结构化的技巧。

（1）使用清晰的标题和子标题

在 PPT 中使用清晰明了的标题和子标题，可以帮助投资者和其他利益相关者更好地理解演示文稿的结构和内容，并快速地找到所需信息。

（2）以引言开始演示

在 PPT 的开始部分，应该使用引言或开场白来介绍公司、业务和计划，以吸引投资者和其他利益相关者的注意力，并概述整个演示的内容。

（3）分析市场和竞争

在 PPT 的中间部分，应该分析市场和竞争环境，以帮助投资者和其他利益相关者更好地理解公司的定位和竞争优势。

（4）提供具体的财务数据和预测

在 PPT 的中间部分，应该提供具体的财务数据和预测，以帮助投资者和其他利益相关者更好地了解公司的财务状况和未来的预期表现。

（5）强调社会责任和家国意识

在 PPT 的结尾部分，应该强调企业的社会责任和家国意识，以帮助投资者和其他利益相关者更好地了解公司的价值观和文化。

（6）突出未来的计划和发展

在 PPT 的结尾部分，应该突出未来的计划和发展方向，以帮助投资者和其他利益相关者更好地了解公司的长期战略和目标。

(7) 确保 PPT 的逻辑性和连贯性

PPT 的结构应该具有逻辑性和连贯性，以确保投资者和其他利益相关者能够轻松地跟随演示的思路和内容，理解 PPT 的逻辑性和连贯性。

总的来说，结构化的内容可以帮助投资者和其他利益相关者更好地理解公司的业务和计划，并能够帮助演讲者更好地组织演示思路，从而提高演示效果和投资获得的机会。

4. 互动和参与

路演材料应该鼓励投资者和其他利益相关者的互动和参与。公司应该考虑使用互动和参与的方式，如投票、问答环节、小组讨论等，以增强投资者和其他利益相关者的参与度和投入感。互动和参与可以帮助投资者和其他利益相关者投入到路演中，从而加深对公司的理解和信任。以下是一些可能有助于路演材料互动和参与的技巧。

(1) 投票

在 PPT 中加入投票环节，让投资者和其他利益相关者投票表达他们对公司业务和计划的看法，可以帮助增强听众对演示的参与度和投入感。

(2) 问答环节

在 PPT 中加入问答环节，让投资者和其他利益相关者提问并得到回答，可以帮助加深听众对公司的理解和信任，也可以帮助演讲者更好地了解听众的关注点和问题。

(3) 小组讨论

在 PPT 中安排小组讨论，让投资者和其他利益相关者就公司业务和计划进行互动和交流，可以帮助加深听众对公司的理解和信任，也可以帮助演讲者更好地了解听众的需求和意见。

(4) 互动游戏

在 PPT 中加入互动游戏环节，让投资者和其他利益相关者在游戏中了解公司业务和计划，可以帮助增强听众对公司的兴趣。

(5) 电子投票

在 PPT 中使用电子投票系统，让投资者和其他利益相关者即时表达他们对公司业务和计划的看法，可以帮助增强听众对演示的参与度和投入感。

(6) 视频互动

在 PPT 中加入视频互动环节，让投资者和其他利益相关者与演讲者进行实时互动，可以帮助加深听众对公司的理解和信任，也可以帮助演讲者更好地了解听众的需求和意见。

总的来说，互动和参与可以帮助投资者和其他利益相关者参与和投入到演示中，从而加深对公司的理解和信任，从而增强演示效果，提高获得投资的概率。

5. 故事性的叙述

路演材料的叙述应该具有故事性，以吸引投资者和其他利益相关者的兴趣。公司应该使用生动的语言和有趣的案例，以展示其业务和计划的吸引力和价值。故事性的叙述可以帮助投资者和其他利益相关者更加深入地理解公司的业务和计划，并在情感上与公司产生共鸣。以下是一些可能有助于路演材料故事性叙述的技巧。

(1) 讲述有关公司的故事

在 PPT 中加入与公司业务相关的故事，可以帮助投资者和其他利益相关者更加深入地理解公司的背景和价值观，并在情感上与公司产生共鸣。

(2) 使用有趣的案例和引人入胜的场景

在 PPT 中使用有趣的案例和引人入胜的场景，可以帮助投资者和其他利益相关者更好地了解公司业务的实际情况，并增强演示的吸引力和影响力。

(3) 使用人物角色和具体的情境

在 PPT 中使用具体的人物角色和情境，可以帮助投资者和其他利益相关者更好地理解公司的业务和计划，并在情感上与公司产生共鸣。

(4) 强调公司的价值观和文化

在 PPT 中强调公司的价值观和文化，可以帮助投资者和其他利益相关者更好地理解公司的品牌形象和企业文化，从而加深对公司的理解和信任。

(5) 使用图像和视频

在 PPT 中使用图像和视频，可以帮助投资者和其他利益相关者更好地了解公司的业务和计划，并增强演示的吸引力和视觉效果。

总的来说，故事性的叙述可以帮助投资者和其他利益相关者更好地理解公司的业务和计划，并在情感上与公司产生共鸣，从而加深对公司的理解和信任，增强演示效果，提高获得投资的概率。

案例分析

国内路演先锋——马强

马强是黑钻石（北京）文化传媒股份有限公司的创始人。他聚焦于路演领域课题，首创了“影视+路演”的商业模式，将影视业习以为常的电影路演成功引入商业领域，进行了高端路演一体化解决方案的开发。他提出“影视+创业孵化器”模式，实现艺术与创业孵化的融合，构建了文创实验室、路演学院、众创空间、路演事务所等业态板块，短短 4 年时间便使公司在上海股权交易中心挂牌。

1980年，马强出生于吉林省榆树市，父母的文化水平都较高。在父母的影响下，马强从小就对文化艺术感兴趣，并养成了阅读的习惯，还非常善于表达，尤其是讲故事。大学毕业后，视觉传达专业出身的马强先后入职不同的影视公司，从事剪辑策划方面的工作。其中有一个公司在业内极具影响力，马强在那里积累了系统的专业技能知识，并因时刻保持创新精神而获得了领导的赏识。这都为马强之后的创业奠定了基础。

后来，马强在收看一档励志创业节目时，被创业者们“励志创新、不断创新”的精神所激励，萌生了创业的想法，但他知道创业需要积累与学习，要具备管理能力。为此，他开始留意公司的管理模式。“因为，你只有当过员工，才知道怎么当领导；打过工，才知道如何管理员工。”

2007年，马强决定在深圳创办个人工作室，为其他公司提供影像宣传服务。刚开始，由于没有成型的作品，所以生意很是冷清。后来，他发现很多公司没有很好的应用影片的能力，就打算探索一条新的道路。以工作室为依托，马强在逐步开拓市场中积累了许多经验，出于工作需要，他与许多创业者和实业家有了深度的沟通。在这个过程中，马强感受到他们对有效宣传的极大需求及无法实现有效宣传的迷茫，就决定将精力和时间集中在公司路演方面。

马强发现，在美国路演非常普遍，许多公司都用这种方式阐述自己的愿景，放大品牌价值。同时，他决定把电影领域的路演放到商业领域。在他看来，电影表达情感和人生认知，是公司传递能量、创造价值的最佳工具。单纯的影视与传统的路演都无法真正满足公司需求，只有将新型的路演系统与影视的力量相结合，才能使价值最大化。

随即，马强决定北上到北京创业。2013年，黑钻石（北京）文化传媒股份有限公司正式成立。他为公司取名“黑钻石”，希望公司能像黑钻石一样稀有，也提醒自己要像打磨钻石一样打磨公司的产品或服务。在北京，黑钻石公司发展很快，其打造的成熟路演系统让公司在面临品牌推广、渠道招商、市场营销时有相应完善的解决方案。

之后，马强创造性地提出了“影视＋创业孵化器”模式，开启了黑钻石公司的众创空间。马强还搭建了用路演吸引政策、资本及市场关注的优质连锁平台——路演事务所，招商引资、打造品牌影响力、提升产业价值。随后借助互联网的发展，形成线上与线下结合的路演模式，实现了从影视产品经营到路演平台经营的转变，成功打造了路演新常态、商业文化领域新业态。最终，黑钻石公司形成了以路演系统培训为切入口、以影像为核心呈现工具、以资源性平台为依托、以路演为表现方式，最终实现“理论＋实践＋资源对接”的平台孵化模式。这种模式可以辅导公司进行文化梳理、品牌战略规划、顶层设计、路演工具建设、路演平台展示、网络媒体推广等，还可以对接公司注册、财务整理、资本资源与事务，让处于资源匮乏阶段的公司能专注于产品研发和服务提升。马强也先后荣获“科技部科技创新创业导师”“中关村金种子项目孵化导师”等称号。在马强看来，路演是一个可以帮助无数公司提升品牌与商业价值的体系，未来将成为一种常态。他也将带领黑钻石公司在路演领域不断开拓新市场。

分析：马强打造了一种路演新业态，推动了路演在商业领域的发展。路演作为一种高效的项目推广方式，在打造品牌价值、营销推广和寻求融资方面有着重要的作用。马强设计的路演系统，将文化艺术与商业资本充分融合，也受到了政府、行业和创业者的高度认可。黑钻石公司强调路演和视频的商业作用，为诸多创业者提供路演服务平台，有利于创业者积聚能量，激发创新创业活力。大学生创业者可以从马强的经历中学习创新路演的精神，也可以寻求类似服务机构的支持，多参与路演活动，学习路演技能。

课堂活动

项目路演训练

结合所学知识，完成下列问题：

① 请你根据本模块知识点，总结项目路演的技巧。

② 请你以创业计划书为基础，尝试制作路演 PPT，并进行一次项目路演。

三、项目答辩的准备与技巧

项目路演与答辩是指在一个特定的时间和场合，向潜在投资者或评委展示自己的创意或企业计划，并回答他们的提问和疑虑，以争取资金、资源或支持的活动。这个过程通常需要借助 PPT 或其他可视化工具来呈现自己的想法和计划。以下是详细的项目路演与答辩的步骤和要点。

（一）准备阶段

在开始项目路演之前，路演者需要做好充分的准备工作。最重要的是确定目标受众：目标受众是谁？他们的兴趣是什么？路演者需要调研和了解受众，以便能够针对他们的需求和兴趣进行演讲和呈现。项目路演和答辩是展示项目成果、获得支持和资金的重要环节，因此确定目标受众至关重要。

在确定目标受众时，需要考虑以下 4 个方面。

1. 投资者和风投机构

项目路演和答辩的主要目的是获得投资和资金支持，因此投资者和风投机构是重要的目标受众。在路演和答辩中，需要向这些受众展示项目的商业模式、市场潜力、竞争优势和未来发展计划等内容，以吸引他们的关注，获得他们的支持。

2. 行业专家和学术界人士

在某些行业或领域中，行业专家和学术界人士可能会对项目的技术或创新性产生浓厚兴趣。他们可以提供专业的意见和建议，帮助项目更好地定位和发展。因此，路演和答辩需要向这些受众详细介绍项目的技术和研究成果，以及未来的研发计划和技术创新。

3. 合作伙伴和客户

项目的合作伙伴和客户是项目成功的重要支持者。路演和答辩可以通过向这些受众展示项目的优势和价值，寻求与他们的合作和支持，建立更好的合作关系和商业伙伴关系。

4. 其他利益相关方

除了上述目标受众外，还有一些其他利益相关方，如媒体、政府机构、社会组织等。路演和答辩可以通过向这些受众展示项目的情况，传递项目的信息和价值，提高项目的知名度和影响力。

综上所述，确定目标受众是项目路演和答辩成功的重要保证。在确定目标受众时，需要根据项目的特点和需求，精准定位受众，针对不同受众制定不同的路演和答辩策略，以取得最佳效果。

（二）制作 PPT 和其他可视化工具

路演者需要准备一系列 PPT，其中包括项目的相关信息、市场调研、商业模式、财务预测等。这些 PPT 应该清晰、简洁、有力地表达路演者的思想，并引起听众的兴趣。在项目路演和答辩中，PPT 和其他可视化工具是非常重要的展示方式。好的 PPT 和可视化工具可以直观地展示项目的情况和价值，吸引观众的关注和支持。以下是制作 PPT 和其他可视化工具的建议。

1. PPT 内容要清晰简洁

PPT 的内容应该清晰简洁，突出项目的核心信息和亮点。不要在 PPT 中放太多文字或图片，以免过于复杂。建议在每张 PPT 上只放置 1～2 个主要信息，以便听众能够更好地理解。

2. 采用图表、图像等可视化工具

采用图表、图像等可视化工具可以更直观地展示项目的情况和数据。例如，可以用柱状图或折线图展示市场规模或增长趋势；用流程图或示意图展示项目的运作流程或技术方案；用照片或视频展示项目的实际应用情况等。

3. 注意设计风格和配色方案

PPT 的设计风格和配色方案需要与项目的定位和品牌形象相符合。建议采用简洁、清新、现代的设计风格以及合适的配色方案。不要使用太花哨的动画效果或颜色搭配，以免分散听众的注意力。

4. 路演者要注重语言表达和演讲技巧

路演者在进行项目路演和答辩时，需要注重语言表达和演讲技巧。建议用简洁明了的语言表达项目的价值和亮点，同时要注意语速、音调、肢体语言等方面的技巧，以增强演示效果。

5. 引入客户案例和成功故事

在PPT和其他可视化工具中，可以引入客户案例和成功故事来展示项目的实际效果和价值。这不仅可以直观地向观众展示项目的可行性和成功经验，还可以增强项目的说服力和吸引力。

综上所述，好的PPT和其他可视化工具是项目路演和答辩成功的关键。在制作这些工具时，需要注意内容的简洁性和直观性，设计风格和配色方案的匹配性，路演者的语言表达和演讲技巧，以及客户案例和成功故事的说服力和吸引力。

（三）练习演讲

路演者需要练习演讲，以确保能够清楚、自信地表达自己的想法和计划。应该注意语速、音调、节奏和表情等方面，以便能够吸引听众的注意力。

以下的步骤和技巧可以帮助路演者准备一个成功的演讲。

1. 确定目标听众

在准备演讲之前，需要先确定目标听众是谁。不同的听众可能对不同的方面感兴趣。例如，投资者可能更关心财务指标和商业模式，而科技专家可能更关心技术细节和问题解决方案的可行性。在准备演讲时，需要根据听众的兴趣和需求调整内容。

2. 制订演讲计划

演讲计划是指演讲的结构和内容。一个好的演讲计划应该包括以下内容。

（1）引言

在演讲的开始部分，需要介绍自己和项目。路演者可以介绍自己的背景，以及是如何想到这个项目的。另外，也可以简单介绍一下团队成员和他们的经验。

（2）问题陈述

在问题陈述部分，需要解释项目是为了解决哪些问题而存在的。可以谈论市场的需求和机会，并解释项目是如何满足这些需求的。同时，也可以介绍目标受众和他们的需求。

（3）解决方案

在解决方案部分，需要详细介绍项目是如何解决这些问题的。可以介绍产品或服务的功能和特点，以及它们是如何满足目标受众的需求的。还可以介绍解决方案的技术架构和关键特点。

（4）商业模式

在商业模式部分，需要解释商业模式如何实现盈利。可以介绍收入来源和成本结构，并解释该商业模式的可行性。还可以谈论收入和利润预期，并解释该商业模式如何与市场趋势和竞争环境相适应。

（5）市场机会

在市场机会部分，需要阐述项目所处的市场机会和竞争优势。可以介绍市场规模和增长趋势，并解释项目如何与市场趋势相符合。同时，还可以谈论竞争环境和竞争优势，例如技术优势、团队优势、市场地位等。

（6）团队介绍

在团队介绍部分，需要介绍团队成员以及他们的经验和能力。可以介绍团队成员的职责和角色，以及他们在项目中的具体贡献。同时，还可以谈论团队成员的专业技能和领导能力，并解释他们为项目带来的价值。

（7）总结

在总结部分，需要概括演讲内容，并强调项目的价值和前景。可以重申项目的目标和解决方案，并强调它们的价值和市场机会。同时，也可以谈论项目的未来发展计划和扩展计划，以及团队如何实现这些计划和目标。

3. 练习演讲

一旦制订好演讲计划，就需要开始练习演讲。练习演讲可以帮助路演者熟悉演讲的流程和结构，增强自信心，并且帮助路演者发现演讲中可能存在的问题和错误。

为了更好地练习演讲，可以采取以下方法：

视频录制。录制演讲视频，然后仔细观察录制内容，找出问题和不足之处。

做笔记。在演讲过程中，注意记录自己的问题和难点，然后针对这些问题加强练习。

朗读练习。多次朗读演讲稿，熟悉演讲内容，同时也可以调整自己的发音和语速。

4. 做好演讲的视觉效果

在演讲过程中，视觉效果也是很重要的，好的视觉效果可以增强演讲的吸引力和说服力。以下是一些常用的视觉效果：

PPT。制作精美的PPT可以帮助路演者更好地展示项目。

图表和数据。使用图表和数据可以更加直观地表达观点和想法，同时也可以提高演讲的可信度。

视频和图片。使用适当的视频和图片可以更好地呈现产品和问题解决方案，同时也可以吸引听众的注意力。

5. 准备答辩

在演讲之后，路演者可能会遇到评委的提问。准备答辩需要路演者对项目和演讲内容有深入的了解，同时也需要路演者对可能会被问到的问题有预判和准备。以下是一些准备答辩的技巧：

针对常见问题进行准备。例如关于商业模式、市场机会、团队等的问题。

强调项目的优点和价值。在答辩过程中，强调项目的优点和价值，同时也需要注意回答问题的客观性和准确性。

给予合适的回答。如果不确定如何回答某个问题，可以请求更多时间去准备答案，或者请对方进一步解释问题。

6. 实践演讲

最后一个重要的步骤是实践演讲。在实践演讲中，路演者需要模拟真实的演讲环境。可以带上朋友或者同事，让他们扮演评委或者投资者的角色，提供反馈和建议。

总之，成功的项目路演和答辩需要充分的准备和实践。通过制订演讲计划、练习演讲、准备答辩以及实践演讲，路演者可以提高演讲技能，并为项目赢得更多的机会和支持。

(四) 答辩阶段

在答辩阶段，需要回答评委或投资者的提问。回答问题时需要注意以下 4 点：

① 确保理解问题。在回答问题之前，需要确保自己理解问题的意思和内涵，以避免误解或者回答偏离问题。

② 简洁明了。在回答问题时，需要简洁明了，突出重点，并尽可能用数据和实例支撑自己的观点。

③ 谦虚客观。在回答问题时，需要谦虚客观，不夸大自己的成就，也不轻视别人的成就。

④ 给予具体回答。在回答问题时，需要给予具体的回答，以证明自己的观点的可行性和可信度。

拓展阅读

大学生路演常见问题

下面是大学生路演时容易出现的 7 个问题。

问题 1：不知所云

这是最常见的问题，也是最严重的问题。具体表现为在路演过程中以自我为中心，演讲完后，评委还不知道你要做什么事。

对策：尽量用 3 句话表达清楚，让普通人能听懂你要做的是什么。

问题 2：技术展示

有时大学生创业者讲起技术来滔滔不绝，却很少涉及实际运作情况、商业模式和财务数据，导致投资者无法作出判断。

对策：在 1 分钟之内，论述技术实验的基本原理、研究成果和应用即可。

问题 3：盲目乐观

企业负责人对未来市场盲目乐观，自身预期远高于实际情况，导致评委及投资者没有沟通的欲望。

对策：客观冷静地评判项目，建议参赛之前和3位以上的投资者就相关情况进行沟通。

问题4：超出时间

路演的时间是有严格限制的，务必在规定的时间内完成路演。评委通常会认为不严格把握时间的创业者准备不足，打分上一般会有所考量。

对策：多次练习，严格控制时间。

问题5：弄虚作假

部分大学生创业者为了增强项目吸引力，会编造数据或者提供假的证据，这是坚决不允许的。因为造假行为很容易被发现，一经发现，大学生创业者的信誉会受到严重影响。所以，这一点一定要注意。

对策：实事求是，坦诚面对。

问题6：答非所问

提问环节，需要准确作答。一部分大学生创业者会出现答非所问、有意拖延的情况。这样的回答往往没有太大作用，还会影响投资者对团队的印象。

对策：建议用30秒到1分钟的时间回答每个问题。一般来讲回答的问题越多，越有利于展示团队形象，使投资者进一步了解项目。

问题7：荣誉说明

参加路演的团队很多是已取得一定成绩和成就的，一般来讲，团队在介绍荣誉时点到即可，一切的路演论述需要以项目为核心。

对策：如实说明各个板块，不要喧宾夺主。

课堂活动

分组项目路演

同学们通过项目路演练习，加深对项目路演的了解，并提升路演能力。活动步骤如下：

① 以自愿报名的形式从所有选手中选拔出4名评委、1名计时员。其他同学分为4～6人的小组，每组准备一个项目。

② 每组派一名选手负责对本组项目进行现场路演，可以采取自愿报名的形式产生选手。

③ 模拟路演采取“5＋3”的模式，即5分钟演讲、3分钟答辩。路演过程中，计时员在每名选手演讲至4分钟时提醒一次。答辩环节，所有同学都可以提问。

④ 全部路演完毕后，全员模拟投资，对每个项目皆可进行投资。其中评委每人拥有 600 万元投资额，普通同学每人拥有 200 万元投资额。每人对单个项目的投资不可超过 100 万元。

⑤ 以项目最后获得的投资额进行项目路演结果排名。

附录一　大学生创新创业赛事介绍

中国国际“互联网+”大学生创新创业大赛

1. 大赛简介

中国国际“互联网+”大学生创新创业大赛是由国务院前总理李克强提议举办，教育部等12个部委和地方省级人民政府共同主办的创新创业赛事。大赛旨在深化高等教育综合改革，激发大学生的创造力，培养造就“大众创业、万众创新”的主力军；推动赛事成果转化，促进“互联网+”新业态形成，服务经济提质增效升级；以创新引领创业、创业带动就业，推动高校毕业生更高质量创业就业。

2. 主办单位

教育部、中共中央统一战线工作部、中共中央网络安全和信息化委员会办公室、国家发展和改革委员会、工业和信息化部、人力资源和社会保障部、农业农村部、中国科学院、中国工程院、国家知识产权局、国家乡村振兴局、共青团中央和同年确定的承办学校所在地的省级人民政府。

3. 参赛对象

请登录“全国大学生创业服务网”（https：//cy. ncss. cn）查看具体内容。

4. 赛事时间

报名时间：每年3～5月。

比赛时间：5～6月高校初赛；7～9月省市复赛；10月全国总决赛（每年的赛事时间都会有所变动）。

5. 赛事组别/赛道

1）参赛组别

(1) 高教主赛道。

本科生组：创意组、初创组、成长组。

研究生组：创意组、初创组、成长组。

(2) 青年红色筑梦之旅赛道：公益组、创意组、创业组。

(3) 职教赛道：创意组、创业组。

2）参赛类别

（1）高教主赛道：新工科类、新医科类、新农科类、新文科类。

（2）青年红色筑梦之旅赛道："互联网＋"现代农业、"互联网＋"制造业、"互联网＋"信息技术服务、"互联网＋"文化创意服务、"互联网＋"社会服务。

（3）职教赛道：创新类、商业类、工匠类。

6. 评审规则

请登录"全国大学生创业服务网"（https：//cy. ncss. cn）查看具体内容。

7. 奖项设置

请登录"全国大学生创业服务网"（https：//cy. ncss. cn）查看具体内容。

8. 大赛网址

https：//cy. ncss. cn

"挑战杯"中国大学生创业计划竞赛

1. 大赛简介

该竞赛是大学生课外科技文化活动中一项具有导向性、示范性和群众性的创新创业竞赛活动，每 2 年举办一届。赛事深入学习贯彻习近平新时代中国特色社会主义思想，聚焦为党育人功能，从实践教育角度出发，引导和激励高校学生弘扬时代精神，把握时代脉搏，将所学知识与经济社会发展紧密结合，培养和提高创新、创造、创业的意识和能力，并在此基础上促进高校学生就业创业教育的蓬勃开展，发现和培养一批具有创新思维和创业潜力的优秀人才。

2. 主办单位

共青团中央、中国科学技术协会、教育部和中华全国学生联合会。

3. 参赛对象

根据参赛对象，分普通高校、职业院校 2 类。

4. 赛事时间

组织发动阶段：当年 11 月；省级初评和组织申报阶段：次年 3～6 月；全国复赛和参赛准备阶段：次年 7～10 月；全国决赛和表彰阶段：次年 10 月（每年的赛事时间都会有所变动）。

5. 赛事组别/赛道

设科技创新和未来产业、乡村振兴和脱贫攻坚、城市治理和社会服务、生态环保和可持续发展、文化创意和区域合作 5 个组别。

6. 评审规则

（1）社会价值

项目结合社会实践、社会观察，履行社会责任的做法与成效。在科技创新、扶贫助困、社会民生、生态环保、交流合作等方面的社会贡献度。未来持续吸纳、带动就业的能力等。

(2) 实践过程

项目通过深入社会、行业、实验场所、实训基地，开展调查研究、试点运营、试验论证，获得实践成果。项目成果对于了解社会现状、掌握第一手资料、解决社会问题等具有参考价值。

(3) 创新意义

项目在科学技术、社会服务形式、商业模式、管理运营、应用场景等方面的创新程度。创新成果对于赋能传统产业、解决社会问题，助力形成新产业、新业态、新模式有积极意义。

(4) 发展前景

项目在商业模式、营销策略、财务管理、发展战略等方面设计完整、合理、可行。目标定位、市场分析清晰、有前瞻性。盈利能力推导过程合理，能够实现可持续发展，前景乐观。

(5) 团队协作

团队成员了解社会现状、关注社会民生，具备一定解决社会问题的能力和水平。团队成员的专业背景、创业意识、创业素质、价值观念与项目需求相匹配。团队组织架构与分工合理，凝聚力、执行力、整体竞争力强。

7. 奖项设置

全国评审委员会对各省（区、市）报送的参赛作品进行复审，评出参赛作品总数的90%左右进入决赛。竞赛决赛设金奖、银奖、铜奖，各等次奖分别约占进入决赛作品总数的10%、20%和70%；各组参赛作品获奖比例原则上相同。

专项赛事将单独设置奖项。

8. 大赛网址

https：//www. tiaozhanbei. net

“挑战杯”全国大学生课外学术科技作品竞赛

1. 大赛简介

“挑战杯”竞赛在中国共有2个并列项目，一个是“挑战杯”中国大学生创业计划竞赛；另一个则是“挑战杯”全国大学生课外学术科技作品竞赛。这2个项目的全国竞赛交叉轮流开展，每个项目每两年举办一届。“挑战杯”系列竞赛被誉为中国大学生科技创新创业的“奥林匹克”盛会，是国内大学生最关注最热门的全国性竞赛，也是全国最具代表性、权威性、示范性、导向性的大学生竞赛。

该竞赛以“崇尚科学、追求真知、勤奋学习、锐意创新、迎接挑战”为宗旨，在推动广大高校学生积极参与学术科技实践、发现和培养创新型人才等方面发挥了积极作用，在高校和社会都获得了积极的反响。

2. 主办单位

共青团中央、中国科学技术协会、教育部、中国社会科学院、中华全国学生联合会和省级人民政府。

3. 参赛对象

至参赛当年6月1日，作品参评人应为在读本科生、硕士生或未通过博士资格考试的硕博连读生、直博生。

4. 赛事时间

组织发动阶段：当年11月；省级初评和组织申报阶段：次年3～6月；全国复赛和参赛准备阶段：次年7～10月；全国决赛和表彰阶段：次年10月（每年的赛事时间都会有所变动）。

5. 赛事组别/赛道

科技发明制作A类作品（科技含量较高、制作投入较大的作品）；科技发明制作B类作品（投入较少，为生产技术或社会生活带来便利的小发明、小制作）；自然科学类学术论文；哲学社会科学类社会调查报告和学术论文。

6. 评审规则

（1）科技发明制作A类

① 先进性：发明制作具有原始创新特征，能代表某一个学科领域的发展方向或是在某一学科领域中处于先进地位；技术水平处于国际领先水平，填补国内技术空白为最佳；多项发明专利形成较高技术壁垒。

② 社会性：发明制作能够解决当前社会热点问题，尤其是公共领域和大型项目领域；原型产品已经在实际场景中有所应用；并且有具备公信力的机构出具的试用报告。

③ 推广性：发明制作有实物呈现，有量产可能，已获意向投资或意向订单。

（2）科技发明制作B类

① 创新性：发明制作有创新点，能够有效带动关联领域的技术革新与相关产业迭代升级；创新思想可延展至多个应用领域。

② 广泛性：发明制作应用领域广泛，应用场景丰富；着力解决日常生活的痛点和难点；发明有专利保护。

③ 商业性：发明制作有商业化可能，已有销售订单或购买合同；在经济效应的基础上兼备社会效应。

（3）自然科学类学术论文

① 选题为国家自然科学基金或重大科研项目的子课题；

② 交叉学科领域的新理论和新思路；

③ 有翔实的实验数据和图表呈现；

④ 研究方法新颖或研究成果突出。

（4）哲学社会科学类社会调查报告和学术论文

① 选题为国家社科基金项目或重大横向课题的子课题；

② 关注中央文件、国家规划、政府工作报告、社会热点等问题；

③ 用新的视角或研究方法进行问题分析；

④ 有效提出基于问题分析的落地解决方案；

⑤ 样本数据有足够的代表性，研究成果可推广或已有机构采纳研究方案；

⑥ 附件材料对研究过程的原始资料或相关证明进行呈现。

7. 奖项设置

参赛的自然科学类学术论文、哲学社会科学类社会调查报告和科技发明制作3类作品各设特等奖、一等奖、二等奖、三等奖。各等次奖分别约占各类报送作品总数的5%、10%、20%、55%。本专科生、硕士研究生2个学历层次作者的作品获奖数与其报送作品数成正比例。科技发明制作类中A类和B类作品分别按上述比例设奖。全国评审委员会对各省级组织协调委员会和发起高校报送的参赛作品进行预审，评出报送作品中的35%左右进入终审决赛，55%左右获得三等奖，10%左右淘汰。在终审决赛中评出特等奖、一等奖、二等奖。同时为激发学生参与基础学科、小众学科的热情，终审决赛各分类小组原则上至少有1件特等奖和1件一等奖。预审和终审前，组织委员会根据作品数量等确定各分类小组授奖数量。

8. 大赛网址

https：//www.tiaozhanbei.net

附录二　创业计划书框架

1. 项目概要/项目概况/项目概述

本部分描述项目背景、项目市场、项目的产品和服务、项目开展情况，重点阐述项目创新性与实践性。用 1～2 页 A4 纸描述清楚项目的核心内容，多使用数据。

2. 市场分析/项目背景/创业机会

本部分描述项目涉及的相关政策、目标客户需求及竞争对手基本情况，包括行业市场份额、项目前景的调研分析、创业机会的识别与评估、竞争对手产品与服务分析、目标客户的确定，市场分析清晰、有前瞻性（建议多用图表表述）。

3. 产品介绍/服务介绍

本部分描述项目所提供的产品（含服务）与技术，包括产品（含服务）创新点、技术壁垒、研发情况、产品（含服务）与技术的优势特色。

4. 项目团队/团队介绍/核心团队

本部分描述项目实施的核心成员基本情况。例如，核心成员的学习与实践经历、能力与专长、业务分工；企业或团队的组织结构、部门功能、作用与职责；校内外指导教师的简要介绍；合作企业或其他资源情况；股权架构和持股情况；融资计划；团队的短板及应对措施。

5. 市场营销/营销策略/商业模式

本部分描述项目的营销策略及其所能带来的良性效果，在商业模式、营销策略等方面设计完整、合理、可行。盈利能力推导过程合理，能够实现可持续发展、前景乐观。包括商业模式、推广渠道、价格策略等。

6. 财务分析/财务管理/财务预测

本部分描述项目已经产生的或是预测可能产生的经济效益和社会效益等，建议做未来 3 年的财务预测，完成财务报表，包括经营成本、已有销售收入、资金需求和使用、预计销售收入等。

7. 社会价值/发展规划/发展战略

本部分描述结合社会实践的做法与成效。在科技创新、扶贫助困、社会民生、生态环保、交流合作等方面的社会贡献度、带动就业情况、社会评价等，发展规划描述项目未来发展计划和创业目标（建议用图表表述）。

8. 风险与防控

本部分描述对项目存在的主要风险和关键问题的分析。包括对项目技术风险、市场风险、管理风险、环境风险的分析及对策等。

9. 附件

技术专利、实践照片、合作协议、其他证明材料等。

附录三　创业计划书目录（参考）

目　录

第五章　团队管理

5.1　团队介绍

5.2　核心团队

5.3　导师顾问团队

5.4　团队激励制度

5.5　团队理念

第六章　社会价值

6.1　社会影响

6.2　带动就业

6.3　引领教育

6.4　校企合作

第七章　风险与应对策略

7.1　市场风险

7.2　技术风险

7.3　运营风险

7.4　应对策略

第八章　附录

8.1　发展历程

8.2　项目实践

8.3　部分合同扫描件

8.4　相关知识产权

附录四　创新创业大赛路演答辩问题梳理（部分）

市场分析

1. 市场容量如何得来的？

2. 行业内做得比较好的同类产品有哪些？你们的竞争优势是什么？

3. 用户在购买本产品及同类产品的时候，最看重、最在意的是什么？你们是如何得知用户需求的？通过实际调研还是网上查阅资料？

4. 你们最主要解决的是哪一个痛点问题？

5. 你们有调查过用户需求吗？他们真正需要的是什么？

6. 你说目前市面上没有同类产品，这个是如何调查出来的？调研查证范围有多广？

产品介绍

1. 单个产品生产成本是多少？对外售价是多少？

2. 产品经过试验了吗？试验次数多少？试验结果如何？

3. 你们取得过……等相关资质许可吗？

4. 产品技术创新点有哪些？

5. 产品复购率是多少？

6. 整个产品中，有哪些是你们团队做的？

7. 看你们有介绍说，产品截至目前试验次数已达……次，请问在哪里试验，每次试验时长需要多久？

8. 请介绍下你们的产品主要应用在哪些地方，应用场景是什么？

9. 产品是否需要维护？每年的维护成本是多少？产品的使用有效期是多久？

知识产权

1. 专利技术的第一发明人是谁？

2. 项目涉及专利……项，核心专利是哪几项？

3. 你们目前没有申请专利就同企业开展合作，如何防止技术信息泄露？

4. 专利中有哪几项是老师的？

5. 学校专利转让到你们公司了吗？

6. 发明型专利是谁的？你们团队成员最高年级是大几的？发明型专利从申请到授权

下证一般……年起步，你是从大一就开始参与技术研发吗？

商业模式

1. 你们的商业模式是什么？

2. 产品生产怎么做？

3. 你们打算如何将产品销售出去？你们团队中有没有人具备销售工作经验？

4. 研发、生产、销售都是你们团队做的吗？

5. 你们的代加工生产商目前是已经签署正式协议还是意向协议？有没有跟该厂商见面洽谈过？你们是怎么找到该厂商的？生产量多少起批？需要预付多少定金？

6. 项目是怎么盈利的？

7. 如何确保产品生产质量？

8. 产品平均生产成本单价是多少？

营销推广

1. 你们的目标客户是谁？

2. 你们面向更多的是企业单位，请问公众号、微博、抖音等新媒体平台上的营销会有效果吗？如果有的话，请阐述下截至目前，有多少客户是通过新媒体找到你们的？客户占比多少？

3. 你们最有效的营销推广方式是什么？

4. 目前谁负责产品销售？请问这位同学有没有相关的销售经验？

5. 你们销售是委托……公司去做，跟他们如何进行利润分成？

6. 你说你们通过校企合作渠道进行第一阶段的获客，那么你们跟客户是如何开展合作的？是基于校企合作，还是独立与客户展开合作？

项目进度（成果）

1. 目前项目进展到哪个阶段了？

2. 项目目前已经合作的客户有多少？

3. 目前产品应用案例有多少？反馈评价怎么样？

4. 你们目前没有成立公司，如何跟企业单位签署应用合作协议？签署双方主体是谁？对方怎么打款？

5. 平台用户数量有多少？

6. 投资意向协议双方签署主体分别是谁？目前有没有转为正式的投资协议？投资有没有对赌内容？目前投资资金到账多少？

7. 你们项目下一步的计划是什么？

8. 你们项目去年获过奖，请问从去年到现在，项目取得过哪些较大的进展和突破？

9. PPT 展示的应用案例都是你们做的吗？你们跟对方是怎么合作的？合作内容是什么？

财务与股权

1. 请介绍下你们项目的股权结构。

2. 你们启动资金需要……万，打算怎么筹集到这笔资金？如果启动资金无法到位，该作何处理？

3. 团队成员中没有一个人绝对控股，遇到决策意见相左争执不下，如何解决？

4. 项目成员中最大控股者是……，占股……，这是融资前还是融资后的股权比例？如果再进行新一轮融资，失去控股权，届时遇到决策争执，该如何解决？

5. 融资金额……万，出让……股份，也就是项目估值……万元，请问这个估值是如何计算得来的？

6. 学校占公司股权吗？占股多少？

7. 你们缴税吗？缴纳税额是多少？按照你们的财务分析，在……年已经实现盈利……万元，怎么会没有缴税呢？

8. 项目的主要营收是什么？占比全部营收多少？

团队管理

1. 你们团队中有……专业的学生或老师吗？没有的话，你们如何确保产品研发的准确度和适应性？

2. 团队从什么时候开始做这个项目的？

3. 你们一周投入多少时间到这个项目？

4. 你们如何协调学习和创业的时间冲突？

5. 最开始的项目成员都有谁？目前留下来的有多少？

6. 指导老师在项目中主要负责什么？起到的作用有哪些？

7. 团队中具备……资质的有多少人？

引领教育

1. 学校对项目的支持有哪些？你们觉得学校的支持起到哪些作用？

2. 引领教育如何体现，怎么做？

3. 你觉得做这个项目，给团队成员带来的意义和价值是什么？

公益属性

1. 你们如何确保项目资金可持续？

2. 团队传承是如何做的？

3. 项目可复制性怎么样？目前有没有典型案例？

4. 项目公益性体现在哪里？

社会效益

1. 项目运营至今，对当地（农民）起到的效果怎么样？

2. 你们助推产业升级体现在哪里？

带动就业

1. 你们目前全职在做这个项目的有多少人？都缴纳社保了吗？

2. 你们间接带动就业的数量是如何计算出来的？

参 考 文 献

[1] 廖益,赵三银.大学生创新创业入门教程[M].北京：北京理工大学出版社,2019.

[2] 刘延,高万里.大学生创新创业基础[M].武汉：华中科技大学出版社,2020.

[3] 马腾文.大学生创新创业基础教程[M].北京：化学工业出社,2021.

[4] 桂舟,张淑谦.大学生职业发展与就业指导[M].2版.北京：清华大学出版社,2018.

[5] 张瑞颖.就业导向下的大学生职业生涯规划与管理研究[M].北京：中国书籍出版社,2020.

[6] 刘霞,宋卫.大学生创新创业基础与实践(慕课版)[M].北京：人民邮电出版社,2021.

[7] 马英红,赵湘铁.高校创新教育理论与实践[M].北京：清华大学出版社,2022.

[8] 熊俐,朱田.创新与创业指导(微课版)[M].北京：人民邮电出版社,2023.

[9] 张敏华,李栋.大学生创新创业基础[M].北京：人民邮电出版社,2021.

[10] 杨京智.大学生创新创业基础(大赛案例版)[M].北京：人民邮电出版社,2020.

